AI时代
Python
量化交易实战

ChatGPT让量化交易插上翅膀

关东升　韩文锋 ◎编著

北京大学出版社
PEKING UNIVERSITY PRESS

内 容 简 介

本书是一本关于在AI时代量化交易的实战指南，以Python编程语言和ChatGPT技术为工具，帮助读者掌握量化交易的核心概念和实际应用。通过深入的讲解和实践案例，本书将引领读者从初学者逐步成长为具有实战能力的量化交易专家。本书讨论了机器学习在量化交易中的应用，包括基本的机器学习算法、特征选择和模型评估等，帮助读者理解机器学习策略的基本原理和实践方法。

通过本书的学习，读者将能够全面了解量化交易的核心概念和方法，掌握Python编程语言和ChatGPT技术在量化交易中的应用，以及各种常见的量化交易策略的实现和优化。无论您是金融从业者、投资者，还是对量化交易和人工智能感兴趣的一般读者，本书都将为您提供丰富而实用的知识，帮助您在量化交易的世界中插上翅膀，实现投资策略的成功和财富的增长。

图书在版编目(CIP)数据

AI时代Python量化交易实战：ChatGPT让量化交易插上翅膀 / 关东升，韩文锋编著. — 北京：北京大学出版社，2024.1
　　ISBN 978-7-301-34485-9

Ⅰ.①A… Ⅱ.①关… ②韩… Ⅲ.①程序语言 – 程序设计 – 应用 – 金融 – 数据处理 Ⅳ.①F830.41-39

中国国家版本馆CIP数据核字（2023）第183901号

书　　　名	AI时代Python量化交易实战：ChatGPT让量化交易插上翅膀
	AI SHIDAI Python LIANGHUA JIAOYI SHIZHAN：ChatGPT RANG LIANGHUA JIAOYI CHASHANG CHIBANG
著作责任者	关东升　韩文锋　编著
责 任 编 辑	王继伟　吴秀川
标 准 书 号	ISBN 978-7-301-34485-9
出 版 发 行	北京大学出版社
地　　　址	北京市海淀区成府路205号　100871
网　　　址	http://www.pup.cn　　新浪微博：@北京大学出版社
电 子 邮 箱	编辑部 pup7@pup.cn　总编室 zpup@pup.cn
电　　　话	邮购部 010-62752015　发行部 010-62750672　编辑部 010-62570390
印 刷 者	北京鑫海金澳胶印有限公司
经 销 者	新华书店
	787毫米×1092毫米　16开本　17.25印张　415千字
	2024年1月第1版　2024年1月第1次印刷
印　　　数	1-4000册
定　　　价	79.00元

前言 ▶ 踏上量化交易的智慧之旅

当我们回顾过去，深情地凝视这个充满机遇与挑战的时代，我们不难发现，自人工智能横空出世以来，世界发生了翻天覆地的变化。AI的飞速发展不仅深刻影响科技、医疗、教育等领域，更将金融市场带入一个前所未有的新时代。在这个充满机遇与变革的时刻，量化交易作为人工智能与金融交汇的结晶，正崭露头角，具有不可估量的潜力。

Python作为一门简洁、灵活且强大的编程语言，傲然登上量化交易的舞台，凭借其开源特性和丰富的工具生态系统，成为投资者和交易员的不二之选。与此同时，ChatGPT作为一种前沿的自然语言处理技术，更是将量化交易推向全新的高度。它不仅可以处理大规模的金融数据，还能进行情感分析和市场预测，为决策者提供前所未有的智能支持。

正是在这样的背景下，我萌生了撰写《AI时代Python量化交易实战：ChatGPT让量化交易插上翅膀》这本书的念头。本书旨在为您打开探索量化交易新世界的大门，让您掌握Python编程的精髓，理解量化交易的核心理念，深入探索ChatGPT的奥秘，并通过实战案例和策略分析，助您在量化交易的征程上翱翔飞跃。

本书的内容分为13个章节，每一章节都贯穿着对知识的深入剖析和实际应用的指导。从ChatGPT、Python编程基础，到量化交易工具库和数据可视化，再到量化交易策略的构建与应用，本书将为您呈现全方位、多角度的学习路径，帮助您从零基础逐步成长为量化交易的高手。

无论您是金融从业者、投资者，还是对量化交易和人工智能感兴趣的一般读者，本书都将为您提供丰富而实用的知识。本书将以通俗易懂的语言、生动活泼的案例，以及充满启发性的思考，带您走进这个精彩而神秘的领域。

在这个充满机遇的时代，量化交易正在引领金融市场的未来。让我们一起携手，让量化交易插上ChatGPT这一智慧之翼，共同追逐成功的投资策略和创造财富的机会。

本书附赠全书案例源代码及相关教学视频等资源，读者可扫描下方左侧二维码关注"博雅读书社"微信公众号，输入本书77页的资源下载码，即可获得本书的下载学习资源。

本书提供答疑服务，可扫描下方右侧二维码留言"北大AI"，即可进入学习交流群。

关东升

目录

C O N T E N T S

第 1 章
ChatGPT、Python和量化交易概述

第 2 章
量化交易Python语言基础

第 3 章

Python 量化基础工具库

第4章

量化交易可视化库

第5章

数据采集与分析

第 6 章

量化交易基础

第 7 章

ChatGPT 与量化交易结合

第8章
趋势跟踪策略

第9章
动量策略

第10章
海龟交易策略

第 11 章

高频交易策略

第 12 章

套利策略

第 13 章

机器学习策略

第 1 章

ChatGPT、Python 和
量化交易概述

ChatGPT是一款强大的自然语言生成 AI 系统，它可以理解人类语言并生成连贯、相关的回应，被广泛应用于聊天机器人和对话系统。Python是金融和量化交易领域的主流编程语言，它简单易用，拥有丰富的科学计算库，且免费开源，受到广大开发者的支持。专门的量化交易库使Python非常适合用于策略开发和回测。

ChatGPT和Python的结合为量化交易带来高度的价值。ChatGPT可以自动生成Python代码，加速开发进程。ChatGPT也可以帮助理解复杂的金融数据和量化模型，为Python分析提供依据。两者结合可以构建智能的量化系统，ChatGPT负责语义理解，Python负责具体运算。

1.1 ChatGPT的应用领域

ChatGPT的主要应用领域包括以下几个方面。

（1）聊天机器人：ChatGPT可以自动生成与人类对话相关且连贯的回应，实现更真实和人性化的交互体验。许多聊天机器人都使用ChatGPT来产生回复。

（2）客户服务：ChatGPT可以应用于在线客户服务，自动解答常见问题，提高响应速度和服务质量。ChatGPT可以理解用户问题并提供恰当的回答，优化人工客服流程。目前包括美团和滴滴在内的公司都在尝试使用ChatGPT提高客户服务效率。

（3）问答系统：ChatGPT可以用于开放域的问答系统，通过理解问题上下文，提供精准和相关的回答。AskGPT就是基于ChatGPT的开放域智能问答系统。

（4）个人助手：ChatGPT使个人助手能够进行更加人性化和连贯的对话，满足不同的任务需求。例如微软的Clara可以基于ChatGPT为用户提供日常指导和交互。

（5）对话系统：ChatGPT为各种任务导向对话系统提供高质量的对话能力。无论是聊天、提问、任务代劳等，ChatGPT都可以产生恰当的回应，使系统与人的对话更加流畅。

（6）其他：ChatGPT还可以用于新闻自动生成、故事生成等其他生成任务。ChatGPT强大的序列到序列的生成能力使它在各种自然语言生成任务方面有着广泛的应用前景。

综上，ChatGPT通过学习大规模人类对话数据，可以获得优秀的对话能力。这使其可以广泛应用于对话系统、聊天机器人等场景，实现更加人性化和连贯的交互体验。

1.2 Python编程在量化交易中的重要性和优势

Python是量化交易的主流编程语言，具有以下重要性和优势。

（1）简单和易读：Python的语法简单易懂，代码可读性高，非常适合初学者。这使Python成为金融工程师的首选语言。

（2）丰富的库：Python有众多用于科学计算、工程、金融的库，如NumPy、SciPy、Pandas等，可以大大提高开发效率。这些库可以为数据分析、模型构建和回测提供强大的支持。

（3）跨平台：Python 可以在 Windows、Linux 和 macOS 等多个平台运行，代码可以随处执行。这使 Python 非常适合用于团队协作开发。

（4）免费和开源：Python 是一门免费并开源的语言，有广大的开发社区支持。这使 Python 拥有海量的第三方库和丰富的学习资源。

（5）量化交易专用库：Python 有专门用于量化交易的库，如 Zipline 可以实现交易策略开发和回测，QuantLib 可以进行定价和风险分析。基于这些库，Python 可以满足各种量化交易需求。

（6）易于 IDE 和 Debug：Python 有丰富的 IDE（如 PyCharm）和 Debug 工具，可以大大提高开发效率和代码质量。

综上，Python 简单易用，功能强大，可专门用于金融量化分析和交易。这使其成为量化交易领域的首选编程语言，可以快速开发出高质量的交易策略、量化模型和回测系统。Python 将继续在量化交易中发挥重要作用，其生态也在不断丰富，为量化交易创造更多可能。

1.3 ChatGPT、Python 结合带给量化交易的价值和应用前景

ChatGPT 和 Python 的结合可以为量化交易带来很高的价值，具体体现在以下几个方面。

（1）ChatGPT 生成的自然语言可以转换为 Python 代码，代替人工编码，大大提高开发效率。ChatGPT 未来可能可以直接输出量化策略和模型的 Python 代码。

（2）ChatGPT 可以帮助理解和分析复杂的金融数据和量化模型，为 Python 代码的量化分析提供依据。ChatGPT 具有较强的语义理解能力，可以解释量化结果并提出改进意见。

（3）ChatGPT 和 Python 可以构建更智能的量化交易系统。ChatGPT 可以提供语义理解和交互界面，Python 可以提供计算和执行能力。二者配合可以实现自动化的数据分析、策略构建和交易执行。

（4）ChatGPT 和 Python 结合可以实现基于自然语言的策略开发。用户只需要向 ChatGPT 描述交易逻辑，ChatGPT 就可以自动生成 Python 策略代码。这可以大幅提高策略研发的效率。

（5）ChatGPT 可以为量化回测提供更详细的语义解释。回测结果可以由 ChatGPT 用自然语言详细解释，而不仅是静态图表。这使量化结果更易于理解和延伸。

总之，ChatGPT 和 Python 的结合可以构建新一代智能高效的量化交易系统。ChatGPT 负责语义理解和交互，Python 负责模型运算和执行，二者相互依存、互为补充，为量化交易带来深度的智能化支持。这两种技术的结合，可以进一步压缩策略开发周期、增强模型解释能力、提高系统自动化程度，赋予量化交易更强的智慧。

综上，ChatGPT 和 Python 的结合是未来量化交易发展的方向。它们可以相互补充、共同推动量化交易的智能进步。基于此，可以开发出新一代智能、高效的量化交易系统。

1.4 本章总结

本章介绍了 ChatGPT 在量化交易中的应用领域和 Python 编程的重要性。ChatGPT 可以用于金融数据分析和市场预测，提供智能支持。Python 在量化交易中具有丰富的工具和灵活性，可用于数据处理和策略开发。结合 ChatGPT 和 Python，可以构建更智能的交易系统，提高决策能力和交易效果。

最后，本章总结了这些重要概念，为后续学习奠定了基础。

AI
时代
Python 量化交易实战
ChatGPT 让量化交易插上翅膀

第 2 章

量化交易 Python 语言基础

量化交易是利用数学和统计模型来进行金融交易的方法，其中 Python 是量化交易中广泛使用的编程语言之一。在本章中，我们将介绍一些在量化交易中使用 Python 语言的基础知识。

2.1 Python解释器

Python 解释器是执行 Python 代码的程序，它将 Python 源代码转换为机器可执行的指令。在安装 Python 后，由于历史的原因，能够提供的 Python 解释器产品有多个，具体如下。

（1）CPython。它是 Python 官方提供的 Python 解释器。一般情况下提到的 Python 就是指 CPython，CPython 是基于 C 语言编写的，它能够将源代码编译为字节码（Bytecode），类似于 Java 语言，然后再由虚拟机执行，这样当再次执行相同源代码文件时，如果源代码文件没有被修改过，那么它会直接解释执行字节码文件，这样会加快程序的运行速度。

（2）PyPy。它是基于 Python 实现的 Python 解释器，速度要比 CPython 快，但兼容性不如 CPython。

（3）Jython。它是基于 Java 实现的 Python 解释器，可以将 Python 代码编译为 Java 字节码，可以在 Java 虚拟机下运行。

（4）IronPython。它是基于.NET 平台实现的 Python 解释器，可以使用.NETFramework 链接库。

考虑到兼容性和其他一些性能，本书将 Python 官方提供的 CPython 作为 Python 开发环境。Python 官方提供的 CPython 有多个不同平台版本（Windows、Linux/UNIX 和 macOS），大部分 Linux、UNIX 和 macOS 操作系统都已经安装了 Python，只是版本有所不同。

下载 Python 的官网页面如图 2-1 所示，读者可以单击"Download Python 3.xx.x"按钮下载 Python 3 解释器。

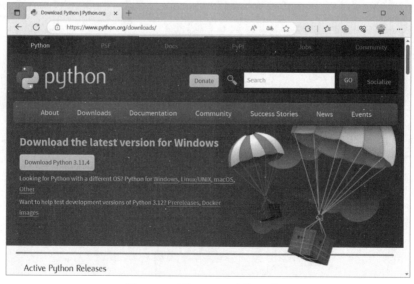

图 2-1 下载 Python 的官网页面

Python安装文件下载完成后就可以安装了。双击该文件开始安装，安装过程中会弹出如图 2-2 所示的"安装内容选择"对话框。选中复选框"Add python.exe to PATH"可以将 Python 的安装路径添加到环境变量 PATH 中，这样就可以在任何文件夹下使用 Python 命令了。选择"Customize installation"可以自定义安装。本例选择"Install Now"，这会进行默认安装。单击"Install Now"开始安装，直到安装结束关闭对话框，即可安装成功。

图 2-2　"安装内容选择"对话框

2.2　IDE工具

在进行量化交易策略的开发和实施时，以下是一些常用的集成开发环境（IDE）工具，可以提供丰富的功能和便捷的开发体验。

（1）PyCharm：它是一款由 JetBrains 开发的强大 Python IDE。它提供全面的代码编辑、调试和项目管理功能，支持代码自动完成、重构、单元测试等。PyCharm专业版还具有更多高级功能，如集成的科学计算和数据分析工具。

（2）Visual Studio Code：它是一个轻量级、跨平台的文本编辑器，支持多种编程语言，包括 Python。它具有丰富的插件生态系统，可以通过安装插件来扩展其功能，如 Python 扩展和 Jupyter 扩展，使其适用于量化交易策略开发。

（3）Jupyter Notebook/JupyterLab：它是交互式的 Python 环境，可以在其中编写和运行 Python 代码，并且能够将代码、可视化内容和文档组合在一起。它们特别适用于探索性数据分析、快速原型开发和可视化量化交易策略。

（4）Spyder：它是专为科学计算和数据分析而设计的 Python IDE。它提供丰富的功能，如代码编辑器、变量查看器、对象检查器等，适合于量化交易策略的开发和调试。

这些IDE工具都有自己的特点和优势，笔者推荐使用Jupyter Notebook工具。此外，还有其他一些Python IDE，如Sublime Text、Atom等，读者也可以根据个人需求进行配置和扩展，进行量化交易策略的开发。

2.2.1 安装Jupyter Notebook

安装Jupyter Notebook时可以使用pip工具。

pip是Python的包管理器，用于安装、升级和卸载Python包。以下是一些常用的pip指令。

（1）安装包。

```
pip install package_name
```

这将从Python Package Index（PyPI）下载并安装指定名称的包。

（2）安装指定版本的包。

```
pip install package_name==version
```

使用"=="运算符可以安装特定版本的包。

（3）升级包。

```
pip install --upgrade package_name
```

这将检查已安装的包的最新版本，并进行升级。

（4）卸载包。

```
pip uninstall package_name
```

这将从系统中卸载指定名称的包。

（5）列出已安装的包。

```
pip list
```

这将列出当前Python环境中已安装的所有包及其版本。

（6）搜索包。

```
pip search search_term
```

这将在PyPI中搜索与指定搜索词相关的包。

（7）查看包的详细信息。

```
pip show package_name
```

这将显示指定包的详细信息，包括版本、作者、依赖关系等。

这些是一些常用的pip指令，可以帮助我们管理Python包和依赖项。我们可以在命令行中运行这些指令，确保已正确设置Python环境和pip命令的路径。

使用pip在命令行中安装Jupyter Notebook的过程如图 2-3 所示。

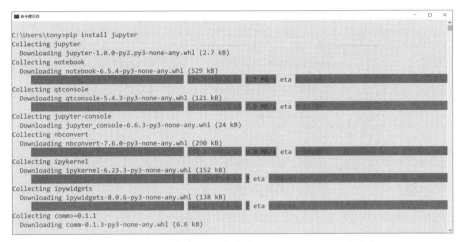

图 2-3　使用pip在命令行中安装Jupyter Notebook的过程

2.2.2　启动Jupyter Notebook

使用Jupyter Notebook工具时，首先需要启动Jupyter Notebook，我们可以按照以下步骤进行操作。

（1）打开终端（在 macOS 或 Linux 系统）或命令提示符（在 Windows 系统）。

（2）在终端或命令提示符中，输入以下命令并按 "Enter" 键：

```
jupyter notebook
```

这将启动 Jupyter Notebook 服务器，并在默认的 Web 浏览器中打开如图 2-4 所示的Jupyter Notebook 的主页。

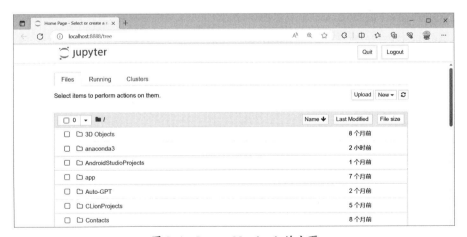

图 2-4　Jupyter Notebook 的主页

如果默认浏览器没有自动打开，终端或命令提示符中会显示一个网址，如图 2-5 所示，我们可以将该网址复制并粘贴到自己喜欢的浏览器中打开。

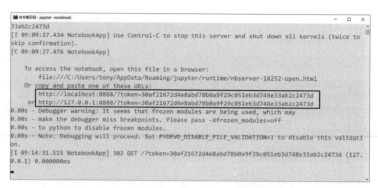

图 2-5　Jupyter Notebook 的主页网址

在 Jupyter Notebook 主页中，我们可以浏览文件和文件夹，新建 Python 笔记本文件（.ipynb），或打开现有的笔记本文件。

单击一个 .ipynb 文件，就可以在 Jupyter Notebook 中打开它，并开始编写和执行代码。

💡 **注意**

Jupyter Notebook 在运行时会持续在终端或命令提示符中显示输出和日志信息。如果你关闭了终端或命令提示符窗口，Jupyter Notebook 服务器也会停止运行。

如果希望在特定目录下启动 Jupyter Notebook，可以在步骤 2 中使用 cd 命令切换到该目录，然后执行 Jupyter Notebook 命令。

2.3　第一个Python程序

"Hello World!" 程序通常是我们在学习编程语言时的第一个示例程序。它用来展示一个基本的输出语句，并且可以验证编程环境是否正确配置。

Python 程序可以通过以下两种方式来运行：

（1）通过交互式解释器运行；

（2）通过脚本文件运行。

2.3.1　编写脚本文件，运行第一个Python程序

首先，使用文本编辑工具编写如下程序代码。

```
print("Hello, World!")
```

笔者使用 Windows 系统的 "记事本" 应用程序编写 Python 程序，如图 2-6 所示。

读者可以根据自己的需求和代码的复杂性，选择适合的方式运行Python程序。交互式解释器运行适用于快速测试和交互式开发，而脚本文件运行适用于执行完整的程序或可重复运行的脚本。

编写后保存文件为"hello.py"，"hello.py"就是脚本文件了，运行脚本文件需要使用Python解释器。可以通过在命令行终端中输入"Python hello.py"来执行脚本文件，如图 2-7 所示。

 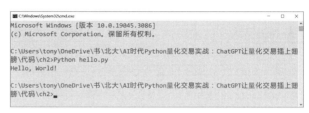

图 2-6 使用"记事本"应用程序编写程序   图 2-7 运行Python脚本文件

2.3.2 使用Jupyter Notebook编写和运行第一个Python程序

Jupyter Notebook是一种交互运行IDE工具，使用Jupyter Notebook编写 Python 程序非常简单。以下是在 Jupyter Notebook 中编写第一个 Python 程序的基本步骤。

（1）启动 Jupyter Notebook：按照前面提到的步骤，在终端或命令提示符中输入 Jupyter Notebook命令，启动 Jupyter Notebook 服务器，并在浏览器中打开 Jupyter Notebook 主页。

（2）创建一个新的笔记本：在 Jupyter Notebook 主页中，单击右上角的"New"（新建）按钮，然后选择"Python 3"（或其他可用的内核）来创建一个新的Python笔记本，如图 2-8 所示。

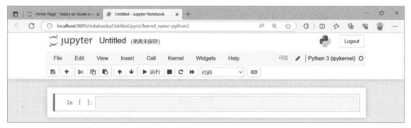

图 2-8 创建一个新的Python笔记本

（3）在笔记本中编写代码：在新创建的笔记本中，我们将看到一个空的代码单元格。单击该单元格，然后开始编写我们的Python 代码。编写和运行代码，如图 2-9 所示。

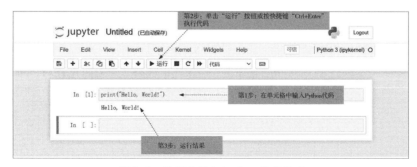

图 2-9 编写和运行Python程序代码

2.4 Python语法基础

本节主要介绍Python中一些最基础的语法，其中包括标识符、关键字、常量、变量、表达式、语句和模块等内容。

2.4.1 标识符

标识符就是由程序员指定的变量、常量、函数、属性、类、模块和包等的名字。构成标识符的字符均有一定的规范，Python语言中标识符的命名规则如下：

- 区分大小写，Myname与myname是两个不同的标识符；
- 首字符可以是下画线"_"或字母，但不能是数字；
- 除首字符外的其他字符，可以是下画线"_"、字母和数字；
- 关键字不能作为标识符；
- 不能将Python内置函数作为自己的标识符。

例如，身高、identifier、userName、User_Name、_sys_val等为合法的标识符，注意中文"身高"命名的变量是合法的，而2mail、room#、$Name和class为非法的标识符，注意"#"和"$"不能构成标识符。

2.4.2 关键字

关键字是类似于标识符的保留字符序列，是由语言本身定义好的，Python语言中有33个关键字。只有3个，即False、None和True需要首字母大写，其他的全部都是小写。关键字的具体内容如表2-1所示。

表2-1 Python关键字

False	def	if	raise
None	del	import	return
True	elif	in	try
and	else	is	while
as	except	lambda	with
assert	finally	nonlocal	yield
break	for	not	
class	from	or	
continue	global	pass	

2.4.3 变量声明

在 Python 中声明变量时不需要指定它的数据类型，只需要给一个标识符赋值就可以声明变量，示例代码如下。

```
_hello = "HelloWorld"                        ①
score_for_student = 0.0                      ②
y = 20                                       ③
y = True                                     ④
```

上述代码解释如下。

- 代码第①②③行分别声明了三个变量，这些变量声明不需要指定数据类型，你赋给它什么数值，它就成为该类型变量了。
- 代码第④行是给 y 变量赋布尔值 "True"，虽然 y 已经保存了整数类型 "20"，但它也可以接收其他类型的数据。

2.4.4 语句

Python 代码是由关键字、标识符、表达式和语句等内容构成的，语句是代码的重要组成部分。语句关注代码的执行过程，如 if 语句、for 语句和 while 语句等。在 Python 语言中，一行代码表示一条语句，语句结束可以加分号，也可以省略分号。示例代码如下。

```
_hello = "HelloWorld"
score_for_student = 0.0;   # 没有错误发生        ①
y = 20


name1 = " 张三 ";name2 = " 李四 "               ②
# 链式赋值语句
a = b = c = 10                                 ③
```

上述代码解释如下。

- 代码第①行在语句介绍使用了分号，但是实际编程时通常省略分号。
- 代码第②行中一行代码有两条语句，但从编程规范的角度讲，这样编写代码是不规范的，Python 官方推荐一行代码只有一条语句。
- 代码第③行采用链式赋值语句，同时将 "10" 赋值给 a、b、c 三个变量。

2.4.5 Python 代码块

在 if、for 和 while 等语句中包含多条代码，这些代码会放在一个代码块中。在 Python 语言中代码块与 C 和 Java 等语言差别很大，Python 是通过缩进界定代码块的，同一个缩进级别的代码位于相同的代码块中。示例代码如下。

```
_hello = "HelloWorld"
score_for_student = 10.0
y = 20
if y > 10:
    print(y)                          ①
    print(score_for_student)          ②
else:
    print(y * 10)                     ③
print(_hello)                         ④
```

上述代码解释如下。

- 代码第①行和第②行是同一个缩进级别，它们位于相同的代码块中。
- 代码第③行和第④行不在同一个缩进级别，它们位于不同的代码块中。

提示

一个缩进级别一般用一个制表符（Tab）或 4 个空格表示，考虑到不同的编辑器制表符显示的宽度不同，大部分编程语言规范推荐将 4 个空格作为一个缩进级别。

2.4.6 模块

Python中一个模块就是一个 .py 文件，模块是保存代码的最小单位，模块中可以声明变量、常量、函数、属性和类等Python程序元素。一个模块可以提供访问另外一个模块的程序元素。

下面通过示例介绍如何创建和使用模块，首先在 "*.ipynb"（Jupyter Notebook 文件）的同级当前目录下使用记事本等文本编辑工具创建一个module1.py 文件，并编辑 module1.py 文件，代码如下。

```
# coding: utf-8                       ①
y = True                              ②
z = 10.10                             ③
```

上述代码解释如下。

代码第①行是一个注释行，用于指定脚本文件的编码格式。在上述例子中，它指定使用 UTF-8 编码来处理脚本文件中的字符。

其他代码不再赘述。

那么如何在Jupyter Notebook代码文件中使用module1 模块呢？可以使用import语句导入module1 模块，具体代码如下。

```
import module1                        ①
from module1 import z                 ②
```

```
y = 20
print(y)   # 访问当前模块变量 y              ③
print(module1.y)   # 访问 module1 模块变量 y    ④
print(z)   # 访问 module1 模块变量 z          ⑤
```

上述代码解释如下。

- 代码第①行使用 import <模块名> 方式导入模块所有代码元素（包括：变量、函数、类等）。访问代码元素时需要加 "模块名."，见代码第④行，在 "module1.y" 中，"module1" 是模块名，"y" 是模块 "module1" 中的变量。
- 代码第②行使用 from <模块名> import <代码元素> 方式指定模块中特定的代码元素。
- 代码第③行访问当前模块变量 y。
- 代码第⑤行访问 module1 模块变量 z 需要注意，当 z 变量在当前模块中也存在时，z 不能导入，即 z 是当前模块中的变量。

在 Jupyter Notebook 中执行上述代码，结果如图 2-10 所示。

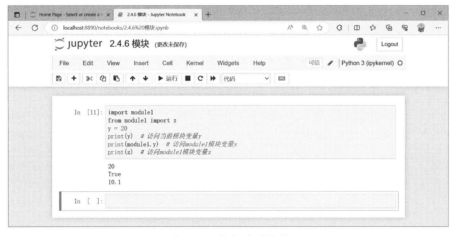

图 2-10　执行代码结果

2.5 数据类型与运算符

数据类型与运算符是构成 Python 表达式的重要组成部分。本节我们将介绍一下 Python 中的数据类型和运算符。

2.5.1 数据类型

Python 有 6 种标准数据类型：数字、字符串、列表、元组、集合和字典，而列表、元组、集合和字典可以保存多项数据，它们每一个都是一种数据结构。

数字类型有 4 种：整数类型、浮点类型、复数类型和布尔类型。需要注意的是，布尔类型也是数字类型，它事实上是整数类型的，本节先介绍数字类。

1. 整数类型

Python 整数类型表示为 int，整数类型的范围可以很大，可以表示很大的整数，这只受所在计算机硬件的限制。

2. 浮点类型

浮点类型主要用来储存小数数值，Python 浮点类型表示为 float，Python 只支持双精度浮点类型，而且与本机相关。浮点类型可以使用小数表示，也可以使用科学记数法表示，科学记数法中会使用大写或小写的 e 表示 10 的指数，如 e2 表示 10^2。

3. 复数类型

复数在数学中是非常重要的概念，无论是在理论物理学，还是在电气工程实践中都经常使用。很多计算机语言都不支持复数，而 Python 是支持复数的，这使得 Python 能够很好地用来进行科学计算。

4. 布尔类型

Python 中布尔类型表示为 bool，bool 是 int 的子类，它只有两个值：True 和 False。注意：任何类型数据都可以通过 bool() 函数转换为布尔值，那些被认为"没有的""空的"值会转换为 False，反之转换为 True。例如 None（空对象）、False、0、0.0、0j（复数）、"（空字符串）、[]（空列表）、()（空元组）和 {}（空字典）这些数值会转换为 False，否则是 True。

示例实现代码如下。

```
# coding=utf-8

# 整数表示
int1 = 28                    ①
int2 = 0b11100               ②
int3 = 0O34                  ③
int4 = 0o34                  ④
int5 = 0x1C                  ⑤
int6 = 0X1C                  ⑥

print('int1 = ', int1)
print('int2 = ', int2)
print('int3 = ', int3)
print('int4 = ', int4)
print('int5 = ', int5)
print('int6 = ', int6)
```

```
# 浮点数表示
f1 = 1.0
f2 = 3.36e2                                    ⑦
f3 = 1.56e-2
print('f1 = ', f1)
print('f2 = ', f2)
print('f3 = ', f3)


# 复数表示
complex1 = 1 + 2j                              ⑧
complex2 = complex1 + (1 + 2j)

print('complex1 = ', complex1)
print('complex2 = ', complex2)

# 测试 bool 函数
print('(bool(0) = ', (bool(0)))    # 0 转换为 False              ⑨
print('(bool(1) = ', (bool(1)))    # 1 转换为 True
print("(bool('') = ", (bool('')))    # 空字符串 '' 转换为 False
print("(bool(' ') = ", (bool(' ')))    # 空格字符串 ' ' 转换为 True
print('(bool([]) = ', (bool([])))    # 空列表 ([] 转换为 False      ⑩
```

示例代码运行后，输出结果如下。

```
int1 =  28
int2 =  28
int3 =  28
int4 =  28
int5 =  28
int6 =  28
f1 =  1.0
f2 =  336.0
f3 =  0.0156
complex1 =  (1+2j)
complex2 =  (2+4j)
(bool(0) =  False
(bool(1) =  True
(bool('') =  False
(bool(' ') =  True
(bool([]) =  False
```

上述代码解释如下。

- 代码第①至⑥行都是整数值28的表示方式。
- 代码第②行是二进制28的表示方式，其前缀是0b或0B。
- 代码第③和④行是八进制28的表示方式，其前缀是0o或0O。
- 代码第⑤和行⑥是十六进制28的表示方式，其前缀是0x或0X。
- 代码第⑦行是使用科学记数法表示的浮点数。
- 代码第⑧行是复数表示。
- 代码第⑨至⑩行是使用bool函数将数值转换为布尔类型数据。

2.5.2 运算符

运算符（也称操作符），包括算术运算符、关系运算符、逻辑运算符、赋值运算符和其他运算符。下面我们重点介绍算术运算符、关系运算符、逻辑运算符和赋值运算符。

1. 算术运算符

Python中的算术运算符用来组织整数类型和浮点类型数据的算术运算，按照参加运算的操作数的不同可以分为一元算术运算符和二元算术运算符。Python中一元运算符有多个，但是一元算术运算符只有一个，即 -，- 是取反运算符，例如：-a是对a的取反运算。二元算术运算符包括 +、-、*、/、%、** 和 //，这些运算符主要是对数字类型数据进行操作，而+和*可以用于字符串、元组和列表等类型的数据操作，具体说明如表2-2所示。

表 2-2　二元算术运算符

运算符	名称	例子	说明
+	加	a + b	可用于对数字、序列等类型数据进行操作，对于数字类型数据是求和操作，对于其他类型数据是连接操作
-	减	a - b	求a减b的差
*	乘	a * b	可用于对数字、序列等类型数据进行操作，对于数字类型数据是求和操作，对于其他类型数据是连接操作
/	除	a / b	求a除以b的商
%	取余	a % b	求a除以b的余数
**	幂	a ** b	求a的b次幂
//	地板除法	a // b	求比a除以b的商小的最大整数

2. 关系运算符

关系运算是比较两个表达式大小关系的运算，它的结果是布尔类型数据，即True或False。关系运算符有6种：==、!=、>、<、>=和<=，具体说明如表2-3所示。

表 2-3　关系运算符

运算符	名称	例子	说明
==	等于	a == b	a等于b时返回True，否则返回False。可以应用于基本数据类型和引用类型比较，引用类型比较是否指向同一个对象，这种比较往往没有实际意义
!=	不等于	a != b	与 == 相反
>	大于	a > b	a大于b时返回True，否则返回False
<	小于	a < b	a小于b时返回True，否则返回False
>=	大于等于	a >= b	a大于或等于b时返回True，否则返回False
<=	小于等于	a <= b	a小于或等于b时返回True，否则返回False

3. 逻辑运算符

逻辑运算符对布尔型变量进行运算，其结果也是布尔型，具体说明如表 2-4 所示。

表 2-4　逻辑运算符

运算符	名称	例子	说明
not	逻辑非	not a	a为True时，值为False，a为False时，值为True
and	逻辑与	a and b	a、b全为True时，计算结果为True，否则为False
or	逻辑或	a or b	a、b全为False时，计算结果为False，否则为True

4. 赋值运算符

赋值运算符只是一种简写，一般用于表示变量自身的变化，例如a与其操作数进行运算结果再赋值给a，算术运算符和位运算符中的二元运算符都有对应的赋值运算符。具体说明如表 2-5 所示。

表 2-5　赋值运算符

运算符	名称	例子	说明
+=	加赋值	a += b	等价于 a = a + b
-=	减赋值	a -= b	等价于 a = a - b
*=	乘赋值	a *= b	等价于 a = a * b
/=	除赋值	a /= b	等价于 a = a / b
%=	取余赋值	a %= b	等价于 a = a % b
**=	幂赋值	a **= b	等价于 a = a ** b
//=	地板除法赋值	a //= b	等价于 a = a // b

示例实现代码如下。

```
print('2 * 3 = ', 2 * 3)
```

```python
print('3 / 2 = ', 3 / 2)
print('3 % 2 = ', 3 % 2)
print('3 // 2 = ', 3 // 2)
print(' -3 // 2 = ', -3 // 2)

a = 10
b = 9

print('a > b = ', a > b)
print('a< b = ', a < b)
print('a>= b = ', a >= b)
print('a<= b = ', a <= b)
print('1.0 == 1 = ', 1.0 == 1)
print('1.0 != 1 = ', 1.0 != 1)

i = 0
a = 10
b = 9

if a > b or i == 1:
    print(" 或运算为 真 ")
else:
    print(" 或运算为 假 ")

if a < b and i == 1:
    print(" 与运算为 真 ")
else:
    print(" 与运算为 假 ")

a = 1
b = 2

a += b  # 相当于 a = a + b

print("a + b =", a)   # 输出结果 3

a += b + 3  # 相当于 a = a + b + 3

print("a + b + 3 =", a)   # 输出结果 8

a -= b  # 相当于 a = a - b
```

```
print("a - b =", a)   # 输出结果 6


a *= b  # 相当于 a = a * b
print("a * b =", a)   # 输出结果 12


a /= b  # 相当于 a = a / b
print("a / b =", a)   # 输出结果 6.0

a %= b  # 相当于 a = a % b
print("a % b =", a)   # 输出结果 0.0
```

示例代码运行后，输出结果如下。

```
2 * 3 =  6
3 / 2 =  1.5
3 % 2 =  1
3 // 2 =  1
 -3 // 2 =  -2
a > b =  True
a< b =  False
a>= b =  True
a<= b =  False
1.0 == 1 =  True
1.0 != 1 =  False
或运算为 真
与运算为 假
a + b = 3
a + b + 3 = 8
a - b = 6
a * b = 12
a / b = 6.0
a % b = 0.0
```

2.6 控制语句

程序设计中的控制语句有 3 种，即顺序、分支和循环语句。Python 程序通过控制语句管理程序流，完成一定的任务。程序流是由若干个语句组成的，语句既可以是一条单一的语句，也可以是复合语句。Python 中的控制语句有以下几类。

- 分支语句：if。
- 循环语句：while 和 for。
- 跳转语句：break、continue 和 return。

2.6.1 分支语句

Python 中的分支语句只有 if 语句。if 语句有 if 结构、if-else 结构和 elif 结构三种。

1. if 结构

如果条件计算为 True 就执行语句组，否则就执行 if 结构后面的语句。语法结构如下。

```
if 条件 :
    语句组
```

if 结构示例代码如下。

```
score = 95

if score >= 85:
    print("您真优秀！")

if score < 60:
    print("您需要加倍努力！")

if (score >= 60) and (score < 85):
    print("您的成绩还可以，仍需继续努力！")
```

示例代码运行后，输出结果如下。

```
您真优秀！
```

2. if-else 结构

几乎所有的计算机语言都有 if-else 结构，而且结构的格式基本相同，语句如下。

```
if 条件 :
    语句组 1
else :
    语句组 2
```

在上述代码中，当程序执行到 if 语句时，先判断条件，如果值为 True，则执行语句组 1，然后跳过 else 语句及语句组 2，继续执行后面的语句。如果条件为 False，则忽略语句组 1 而直接执行语句组 2，然后继续执行后面的语句。

if-else 结构示例代码如下。

```
score = 95
if score >= 60:
    print(" 及格 ")
else:
    print(" 不及格 ")
```

示例代码运行后，输出结果如下。

及格

3. elif 结构

elif结构的语法如下。

```
if 条件1 :
    语句组 1
elif 条件2 :
    语句组 2
elif 条件3 :
    语句组 3
...
elif 条件n :
    语句组 n
else :
    语句组 n+1
```

可以看出，elif结构实际上是if-else结构的多层嵌套，它明显的特点就是在多个分支中只执行一个语句组，而其他分支都不执行，所以这种结构可以用于有多种判断结果的分支中。

elif结构示例代码如下。

```
score = 95
if score >= 90:
    grade = 'A'
elif score >= 80:
    grade = 'B'
elif score >= 70:
    grade = 'C'
elif score >= 60:
    grade = 'D'
else:
    grade = 'F'


print("Grade = " + grade)
```

示例代码运行后，输出结果如下。

```
Grade = A
```

2.6.2 循环语句

循环语句能够使程序代码重复执行。Python 支持 while 和 for 两种循环类型。

1. while 语句

while 语句是一种先判断的循环结构，格式如下。

```
while 循环条件 :
    语句组
[else:
    语句组 ]
```

while 循环没有初始化语句，循环次数是不可知的，只要循环条件满足，循环就会一直执行循环体。while 循环中可以带有 else 语句。

示例代码如下。

```
i = 0

while i * i < 100000:
    i += 1

print("i = ", i)
print("i * i =", (i * i))
```

示例代码运行后，在控制台输出结果如下。

```
i = 317
i * i = 100489
```

2. for 语句

for 语句是应用最广泛、功能最强的一种循环语句。Python 语言中没有 C 语言风格的 for 语句，它的 for 语句相当于 Java 中的增强 for 循环语句，只用于序列，序列包括字符串、列表和元组。

for 语句的一般格式如下。

```
for 迭代变量 in 序列 :
    语句组
[else:
    语句组 ]
```

"序列"表示所有的实现序列的类型都可以使用 for 循环。"迭代变量"是从序列中迭代取出的元素。for 循环中也可以带有 else 语句。

示例代码如下。

```
print("---- 范围 -------")
for num in range(1, 10):  # 使用范围                          ①
    print("{0} x {0} = {1}".format(num, num * num))           ②
print("---- 字符串 -------")
#  for 语句
for item in 'Hello':                                          ③
    print(item)


# 声明整数列表
numbers = [43, 32, 53, 54, 75, 7, 10]                         ④


print("---- 整数列表 -------")


#  for 语句
for item in numbers:                                          ⑤
    print("Count is : {0}".format(item))
```

示例代码运行后，输出结果如下。

```
---- 范围 -------
1 x 1 = 1
2 x 2 = 4
3 x 3 = 9
4 x 4 = 16
5 x 5 = 25
6 x 6 = 36
7 x 7 = 49
8 x 8 = 64
9 x 9 = 81
---- 字符串 -------
H
e
l
l
o
---- 整数列表 -------
Count is : 43
Count is : 32
```

```
Count is : 53
Count is : 54
Count is : 75
Count is : 7
Count is : 10
```

上述代码解释如下。

- 代码第①行 "range(1,10)" 函数用于创建范围（range）对象，它的取值是 $1 \leqslant range(1,10) < 10$，步长为 "1"，总共 9 个整数，范围也是一种整数序列。
- 代码第②行中 format 函数用于字符串格式化输出，"{0}" 是占位符，format 函数中的参数会在运行时替换占位符。
- 代码第③行是循环字符串 "Hello"，字符串也是一个序列，所以可以用 for 循环变量。
- 代码第④行是定义整数列表。
- 代码第⑤行是遍历列表 "numbers"。

2.6.3 跳转语句

跳转语句能够改变程序的执行顺序，实现程序的跳转。Python 有三种跳转语句：break、continue 和 return。本节先介绍 break 和 continue 语句的使用方法。

1. break 语句

break 语句可用于 while 和 for 循环结构，它的作用是强行退出循环体，不再执行循环体中剩余的语句。

示例代码如下。

```
for item in range(10):
    if item == 3:
        # 跳出循环
        break
    print("Count is : {0}".format(item))
```

示例代码运行后，输出结果如下。

```
Count is : 0
Count is : 1
Count is : 2
```

2. continue 语句

continue 语句用来结束本次循环，跳过循环体中尚未执行的语句，接着进行终止条件的判断，以决定是否继续循环。

示例代码如下。

```
for item in range(10):
    if item == 3:
        continue
    print("Count is : {0}".format(item))
```

示例代码运行后，输出结果如下。

```
Count is : 0
Count is : 1
Count is : 2
Count is : 4
Count is : 5
Count is : 6
Count is : 7
Count is : 8
Count is : 9
```

2.7 序列

序列（sequence）是一种可迭代的[①]、元素有序、可以重复出现的数据结构。序列可以通过索引访问元素。图 2-11 所示的是一个班级序列，其中有一些学生，这些学生是有序的，顺序是他们被放到序列中的顺序，可以通过序号访问他们。这就像老师给进入班级的人分配学号，第一个报到的是张三，老师给他分配的是"0"，第二个报到的是李四，老师给他分配的是"1"，以此类推，最后一个序号应该是"学生人数-1"。

序列包括的结构有列表（list）、字符串（str）、元组、范围（range）和字节序列（bytes）。序列可进行的操作有索引、切片、加和乘。

图 2-11　序列

2.7.1 索引操作

序列中第一个元素的索引是"0"，其他元素的索引是第一个元素的偏移量。可以有正偏移量，称为正值索引；也可以有负偏移量，称为负值索引。正值索引的最后一个元素索引是"序列长度-1"，负值索引最后一个元素索引是"-1"。例如"Hello"字符串，它的正值索引如图 2-12（a）所示，负值索引如图 2-12（b）所示。

---

① 可迭代（Iterable），是指它的成员能返回一次的对象。

图 2-12 索引

序列中的元素是通过索引下标访问的，即通过中括号 [index] 方式访问。

示例代码如下。

```
a = 'Hello'                          ①
print('a[0] = ', a[0])               ②
print('a[1] = ', a[1])
print('a[4] = ', a[4])
print('a[-1] = ', a[-1])             ③
print('a[-2] = ', a[-2])
print('a[5] = ', a[5])               ④
```

示例代码运行后，输出结果如下。

```
a[0] =  H
a[1] =  e
a[4] =  o
a[-1] =  o
a[-2] =  l
--------------------------------------------------------IndexError
Traceback (most recent call last)
Cell In[1], line 7      5 print('a[-1] = ', a[-1])        6 print('a[-2] = ',
a[-2])----> 7 print('a[5] = ', a[5])
IndexError: string index out of range
```

上述代码解释如下。

- 代码第①行声明字符串变量a，它是一个列表类型。
- 代码第②行a[0] 表达式获得字符串的第 1 个元素。
- 代码第③行a[-1] 表达式获得负值索引返回 "-1" 是字符串的最后一个元素。
- 代码第④行a[5] 表达式执行时会发送错误 "IndexError"，这是索引越界错误。

2.7.2 序列切片

序列的切片（Slicing）就是从序列中切分出小的子序列。切片使用切片运算符，切片运算符有两种形式。

- [start: end]：start 是开始索引，end 是结束索引。
- [start: end: step]：start 是开始索引，end 是结束索引，step 是步长，步长是在切片时获取元素的间隔。步长可以为正整数，也可为负整数。

 注意

切下的切片包括 start 位置元素，但不包括 end 位置元素，start 和 end 都可以省略。

切片示例代码如下。

```
a = 'Hello'
print('a[1:3] = ', a[1:3])  # el              ①
print('a[:3] = ', a[:3])  # Hel               ②

print('a[0:] = ', a[0:])  # Hello             ③

print('a[0:5] = ', a[0:5])  # Hello
print('a[:] = ', a[:])  # Hello
print('a[1:-1] = ', a[1:-1])  # ell           ④

print('a[1:5] = ', a[1:5])  # ello            ⑤
print('a[1:5:2] = ', a[1:5:2])  # el
print('a[0:3] = ', a[0:3])  # Hel
print('a[0:3:2] = ', a[0:3:2])  # Hl
print('a[0:3:3] = ', a[0:3:3])  # H           ⑥
print('a[::-1] = ', a[::-1])  # olleH         ⑦
```

上述代码解释如下。

- 代码第①行表达式 a[1:3] 是切出 1-3 的子字符串，注意不包括 "3"，所以结果是 "el"。
- 代码第②行表达式 a[:3] 省略了开始索引，默认开始索引是 "0"，所以 a[:3] 与 a[0:3] 切片结果是一样的。
- 代码第③行表达式 a[0:] 省略了结束索引，默认结束索引是序列的长度，即 "5"。所以 a[0:] 与 a[0:5] 切片结果是一样的。
- 代码第④行表达式 a[1:-1] 使用了负值索引，对照图 2-12（b），不难计算出 a[1:-1] 结果是 "ell"。
- 代码第⑤行表达式 a[1:5] 省略了步长参数，步长默认值是 "1"。表达式 a[1:5:2] 步长为 "2"，结果是 "el"。
- 代码第⑥行表达式 a[0:3:3] 步长为 3，切片结果是 "H"。
- 代码第⑦行表达式 a[::-1] 切片的步长为负数，步长为负数时是从右往左获取元素，所以 a[::-1] 切片结果是原始字符串的倒置。

> 💡 **提 示**
>
> 步长与当次元素索引、下次元素索引之间的关系如下：
>
> 下次元素索引 = 当次元素索引 + 步长

2.7.3 可变序列——列表

列表（list）是一种具有可变性的序列结构，我们可以追加、插入、删除和替换列表中的元素。列表可以使用两种方式创建，具体如下。

- 使用中括号 [] 将元素括起来，元素之间用逗号分隔。
- 使用 list([iterable]) 函数。

示例代码如下。

```
# 通过元素之间用逗号分隔创建列表
L1 = [20, 10, 50, 40, 30]                    ①
print('L1: ', L1)


L2 = ['Hello', 'World', 1, 2, 3]             ②


# 通过 list 函数创建列表
L3 = list((20, 10, 50, 40, 30))             ③

a1 = [10]                                    ④
a2 = [10, ]                                  ⑤
print('a1 数据类型是: ', type(a1))            ⑥


print('a2 数据类型是: ', type(a2))


s_list = ['张三', '李四', '王五']
print(s_list)
s_list.append('董六')                        ⑦
print(s_list)
s_list.remove('王五')                        ⑧
print(s_list)
```

示例代码运行后，输出结果如下。

```
L1: [20, 10, 50, 40, 30]
a1 数据类型是: <class 'list'>
a2 数据类型是: <class 'list'>
['张三', '李四', '王五']
```

```
['张三', '李四', '王五', '董六']
['张三', '李四', '董六']
```

上述代码解释如下。

- 代码第①行通过元素之间用逗号分隔创建列表对象。
- 代码第②行创建列表对象 "L2"，它是字符串和数字混合的列表对象，可见列表中的元素没有对数据类型进行要求，只要是对象都可以放到列表中。
- 代码第③行通过 list 函数创建列表对象。
- 代码第④行创建只有一个元素的列表，注意中括号不能省略。
- 代码第⑤行还是创建只有一个元素的列表，只是最后一个元素的逗号没有省略，省略后与代码第④行形式一样。
- 代码第⑥行通过 type 函数可以获得当前数据对象数据类型，列表的对象数据类型是 list。
- 代码第⑦行通过列表对象的 append 函数追加元素。
- 代码第⑧行通过列表对象的 remove 函数删除元素。

2.7.4 不可变序列——元组

元组（Tuple）是一种不可变序列结构一旦创建就不能修改。元组可以使用以下两种方式创建。

- 使用逗号 "," 分隔元素。
- 使用 tuple([iterable]) 函数。

示例代码如下。

```
# 通过元素之间用逗号分隔创建元组
T1 = 21, 32, 43, 45                          ①
T2 = (21, 32, 43, 45)                        ②


print('T1: ', T1)
print('T2: ', T2)


print('T1 数据类型是: ', type(T1))


T3 = ['Hello', 'World', 1, 2, 3]             ③
# 通过 tuple 函数创建元组
T4 = tuple([21, 32, 43, 45])                 ④
```

示例代码运行后，输出结果如下。

```
T1: (21, 32, 43, 45)
```

```
T2:  (21, 32, 43, 45)
T1 数据类型是: <class 'tuple'>
```

上述代码解释如下。

- 代码第①行是使用逗号分隔元素创建元组对象，建元组时使用小括号把元素括起来不是必需的。
- 代码第②行也是使用逗号分隔元素创建元组对象。
- 代码第③行创建了字符串和整数混合的元组。Python中没有强制声明数据类型，因此元组中的元素可以是任何数据类型。
- 代码第④行使用tuple([iterable])函数创建元组对象，参数iterable可以是任何可迭代对象，实参[21,32,43,45]是一个列表，因为列表是可迭代对象，所以可以使用tuple()函数参数创建元组对象。

2.7.5 列表推导式

Python中有一种特殊表达式——推导式，它可以将一种数据结构作为输入，经过过滤、映射等计算处理，最后输出另一种数据结构。根据数据结构的不同可分为列表推导式、集合推导式和字典推导式。本节先介绍列表推导式。

如果想获得0-9中偶数的平方数列，可以通过for循环实现，代码如下。

```
# 通过 for 循环实现的偶数的平方数列
print('for 循环实现的偶数的平方数列 ')
n_list = []                         ①
for x in range(10):                 ②
    if x % 2 == 0:                  ③
        n_list.append(x ** 2)       ④
print(n_list)
```

上述代码解释如下。

- 代码第①行创建空列表对象。
- 代码第②行range函数创建0-9范围数列。
- 代码第③行判断当前元素是否是偶数。
- 代码第④行中表达式(x ** 2)是计算当前元素的平方。

通过列表推导式实现，代码如下。

```
n_list = [x ** 2 for x in range(10) if x % 2 == 0]      ①
print(n_list)
```

其中代码第①行就是列表推导式，输出的结果与for循环是一样的。图 2-13 所示的是列表推导式语法结构，其中 "in" 后面的表达式是 "输入序列"；"for" 前面的表达式是 "输出表达式"，它的运算结果会保存在一个新列表中；if 条件语句用来过滤输入序列，符合条件的才传递给输出表达式，"条件语句"是可以省略的，所有元素都传递给输出表达式。

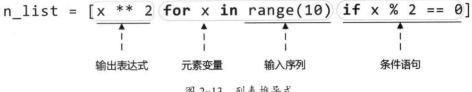

图 2-13　列表推导式

条件语句可以包含多个条件，例如找出 0~99 可以被 5 整除的偶数数列，实现代码如下。

```
n_list = [x for x in range(100) if x % 2 == 0 if x % 5 == 0]
print(n_list)
```

列表推导式的条件语句有两个"if x % 2 == 0"和"if x % 5 == 0"，可见它们"与"的关系。

2.8　集合

集合是一种可迭代的、无序的、不能包含重复元素的数据结构。图 2-14 所示的是一个班级的集合，其中包含一些学生，这些学生是无序的，不能通过序号访问，而且不能有重复。

💡 **提示**

与序列比较，序列中的元素是有序的，可以重复出现，而集合中的元素是无序的，且不能有重复的元素。序列强调的是有序，集合强调的是不重复。当不考虑顺序，而且没有重复的元素时，序列和集合可以互相替换。

图 2-14　集合

2.8.1　创建集合

创建集合有以下两种方法。
- 使用大括号 {} 将元素括起来，元素之间用逗号分隔。
- 使用 set([iterable]) 函数。

示例代码如下。

```
# 创建集合对象
a = {'张三', '李四', '王五'}              ① print(a)
b = set((20, 10, 50, 40, 30))            ②


print('b 变量数据类型是: ', type(b))      ③
```

示例代码运行后，输出结果如下。

```
{'王五', '李四', '张三'}
b 变量数据类型是：<class 'set'>
```

上述代码解释如下。

- 代码第①行通过大括号 {} 将元素括起来创建集合对象。
- 代码第②行是通过 set 函数创建集合对象。
- 代码第③行 type(b) 表达式可以获得集合对象"b"的数据类型。

2.8.2 集合推导式

集合推导式与列表推导式类似，区别只是输出结果是集合。修改 2.7.5 节代码如下。

```
# coding=utf-8
# 代码文件
n_set = {x for x in range(100) if x % 2 == 0 if x % 5 == 0}      ①

print(n_set)
```

上述代码解释如下。

- 代码第①行集合推导式，返回集合对象 n_list。

示例代码运行后，在控制台输出结果如下。

```
{0, 70, 40, 10, 80, 50, 20, 90, 60, 30}
```

2.9 字典

字典（dict）是可迭代的、可变的数据结构，通过键来访问元素。字典结构比较复杂，它是由两部分视图构成的，一个是键（key）视图，另一个是值（value）视图。键视图不能包含重复元素，而值集合可以，键和值是成对出现的。

图 2-15 所示的是字典结构的"国家代号"。键是国家代号，值是国家。

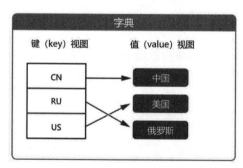

图 2-15 字典结构的国家代号

💡 **提示**

字典更适合通过键快速访问值，就像查英文字典一样，键就是要查的英文单词，而值是英文单词的翻译和解释等内容。有的时候，一个英文单词会对应多个翻译和解释，这也是与字典特性相对应的。

2.9.1 创建字典

字典可以使用两种方式创建。

- 使用大括号 {} 包裹键值对创建字典。
- 使用 dict() 函数创建字典。

示例代码如下。

```
dict1 = {'102': '张三', '105': '李四', '109': '王五'}          ①
print(dict1)

print('dict1 数据类型是: ', len(dict1))                        ②
dict2 = dict(((102, '张三'), (105, '李四'), (109, '王五')))
print(dict2)
dict3 = {}                                                     ③
print('dict3 数据类型是: ', type(dict3))                       ④
```

示例代码运行后, 输出结果如下。

```
{'102': '张三', '105': '李四', '109': '王五'}
dict1 数据类型是:  3
{102: '张三', 105: '李四', 109: '王五'}
dict3 数据类型是:  <class 'dict'>
```

上述代码解释如下。

- 代码第①行通过大括号 {} 包裹键值对创建字典方式创建集合对象。
- 代码第②行通过 len 函数获得字典的长度。
- 代码第③行创建空的字典对象, 注意 {} 是创建一个空的字典对象, 而不创建集合对象。
- 代码第④行通过 type 函数获得字典对象 "dict3" 的数据类型。

2.9.2 字典推导式

因为字典包含键和值两个不同的结构, 因此字典推导式结果可以非常灵活, 语法结构如图 2-16 所示。

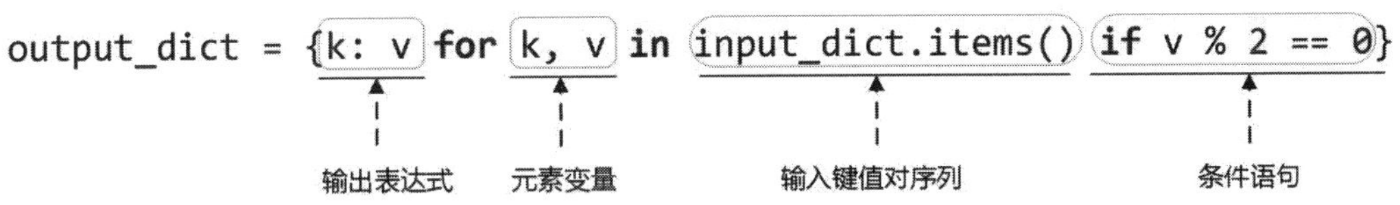

图 2-16 字典推导式

字典推导式示例代码如下。

```
input_dict = {'one': 1, 'two': 2, 'three': 3, 'four': 4}
output_dict = {k: v for k, v in input_dict.items() if v % 2 == 0}      ①
print(output_dict)

keys = [k for k, v in input_dict.items() if v % 2 == 0]               ②
print(keys)
```

示例代码运行后，输出结果如下。

```
{'two': 2, 'four': 4}
['two', 'four']
```

上述代码解释如下。

- 代码第①行是字典推导式，注意输入结构不能直接使用字典，因为字典不是序列，可以通过字典的item()方法返回字典中键值对序列。
- 代码第②行是字典推导式，但只返回键结构。

2.10 字符串类型

由字符组成的一串字符序列称为"字符串"，字符串是有顺序的，从左到右，索引从"0"开始依次递增。Python中字符串类型是str。

2.10.1 字符串表示方式

Python中字符串的表示方式有如下3种。

- 普通字符串：采用单引号""或双引号""包裹起来的字符串。
- 原始字符串（rawstring）：在普通字符串前加"r"，字符串中的特殊字符不需要转义，按照字符串的本来"面目"呈现。
- 长字符串：字符串中包含换行缩进等排版字符，可以使用三重单引号""""或三重双引号""""""包裹起来，这就是长字符串。

很多程序员习惯使用单引号""表示字符串。下面示例代码中表示的都是"Hello World"字符串。

```
'Hello World'
"Hello World"
'\u0048\u0065\u006c\u006c\u006f\u0020\u0057\u006f\u0072\u006c\u0064'
"\u0048\u0065\u006c\u006c\u006f\u0020\u0057\u006f\u0072\u006c\u0064"
```

Python中的字符采用Unicode编码，所以字符串可以包含中文等亚洲字符。

如果想在字符串中包含一些特殊的字符，例如换行符、制表符等，在普通字符串中则需要转义，前面要加上反斜杠 "\"，这称为字符转义。表 2-6 所示的是常用的几个转义符。

表 2-6 转义符

字符表示	Unicode 编码	说　明
\t	\u0009	水平制表符
\n	\u000a	换行
\r	\u000d	回车
\"	\u0022	双引号
\'	\u0027	单引号
\\	\u005c	反斜线

示例代码如下。

```
s1 = 'Hello World'
s2 = "Hello World"
s3 = '\u0048\u0065\u006c\u006c\u006f\u0020\u0057\u006f\u0072\u006c\u0064'
s4 = "\u0048\u0065\u006c\u006c\u006f\u0020\u0057\u006f\u0072\u006c\u0064"

print(s3)
print(s4)

s5 = r'C:\Users\tony\OneDrive\ 原稿 '          ①
print(s5)

s6 = '''Hello                                    ②
 World'''
print(s6)
```

示例代码运行后，在控制台输出结果如下。

```
Hello World
Hello World
C:\Users\tony\OneDrive\ 原稿
Hello
 World
```

上述代码解释如下。

- 代码第①行是原始字符串，就是在字符串前面加字母 r。其中的特殊字符串不需要转义。

- 代码第②行是长字符串表示方式，其中包含了换行缩进等排版等字符。

2.10.2 字符串格式化

在实际的编程过程中，经常会遇到将其他类型变量与字符串拼接到一起并进行格式化输出的情况。例如计算的金额需要保留小数点后四位，数字需要右对齐等，这些都需要格式化。字符串格式化时可以使用字符串的format函数及占位符实现。

示例代码如下。

```
name = 'Mary'
age = 18
s = ' 她的年龄是 {0} 岁。'.format(age)                    ①
print(s)
s = '{0} 芳龄是 {1} 岁。'.format(name, age)
print(s)
s = '{1} 芳龄是 {0} 岁。'.format(age, name)
print(s)
s = '{n} 芳龄是 {a} 岁。'.format(n=name, a=age)           ②
print(s)
```

示例代码运行后，在控制台输出结果如下。

```
她的年龄是 18 岁。
Mary 芳龄是 18 岁。
Mary 芳龄是 18 岁。
Mary 芳龄是 18 岁。
```

上述代码解释如下。

- 代码第①②行使用format函数格式化字符串，在运行时format函数中参数会替换占位符 {}。
- 代码第①行 {0} 是采用索引形式的占位符，中括号中的数字，表示format函数中参数索引。所以"{0}"表示使用format函数中的第一个参数替换占位符。"1"表示第 2 个参数，以此类推。
- 代码第②行 "{n}" 是采用参数名形式的占位符，中括号中的"n"和"a"都是format函数的中参数名字。

2.11 函数

在Python语言经常用到函数，有些基础的函数是官方提供的，称为内置函数（Built-in Functions, BIF）。但是很多函数都是自定义的，这些自定义的函数必须先定义后调用，也就是定义函数必须在调用函数之前，否则会有错误发生。

自定义函数的语法格式如下。

```
def 函数名（参数列表）：
    函数体
    return 返回值
```

在 Python 中定义函数时，关键字是 def，函数名需要符合标识符命名规范。多个参数列表之间可以用逗号","分隔，当然函数也可以没有参数。如果函数有返回数据，就需要在函数体最后使用 return 语句将数据返回；如果没有返回数据，则函数体中可以使用 return None 或省略 return 语句。

函数定义示例代码如下。

```
def rectangle_area(width, height):          ①
    area = width * height
    return area                             ②



r_area = rectangle_area(320.0, 480.0)       ③

print("320x480 的长方形的面积:{0:.2f}".format(r_area))
```

示例代码运行后，在控制台输出结果如下。

```
320x480 的长方形的面积:153600.00
```

上述代码解释如下。

- 代码第①行是定义计算长方形面积的函数 rectangle_area，它有两个参数，分别是长方形的宽和高，"width"和"height"是参数名。
- 代码第②行代码通过 return 返回函数计算结果。
- 代码第③行调用了 rectangle_area 函数。

2.11.1 匿名函数与lambda表达式

有的时候在使用函数时不需要给函数分配一个名字，这就是"匿名函数"，Python 语言中使用 lambda 表达式表示匿名函数，声明 lambda 表达式语法如下。

```
lambda 参数列表 ： lambda 体
```

lambda 是关键字声明，这是一个 lambda 表达式，"参数列表"与函数的参数列表是一样的，但不需要用小括号括起来，冒号后面是"lambda 体"，lambda 表达式的主要代码在此处编写，类似于函数体。

⚬ **提 示**

lambda 体部分不能是一个代码块，不能包含多条语句，只能有一条语句，语句会计算一个结果返回 lambda 表达式，但是与函数不同的是，不需要使用 return 语句返回。与其他语言中的 lambda 表达式相比，Python 中提供的 lambda 表达式只能进行一些简单的计算。

---

lambda 表达式代码如下。

```
def calculate_fun(opr):
    if opr == '+':
        return lambda a, b: (a + b)        ①
    else:
        return lambda a, b: (a - b)        ②

f1 = calculate_fun('+')                    ③
f2 = calculate_fun('-')                    ④

print(type(f1))                            ⑤

print("10 + 5 = {0}".format(f1(10, 5)))    ⑥
print("10 - 5 = {0}".format(f2(10, 5)))    ⑦
```

示例代码运行后，在控制台输出结果如下。

```
<class 'function'>
10 + 5 = 15
10 - 5 = 5
```

上述代码解释如下。

- 代码第①行 lambda 表达式实现两个整数相加，其中 "a, b" 是 lambda 表达式参数列表，"(a + b)" 是 lambda 体，即匿名函数体。
- 代码第②行 lambda 表达式实现两个整数相减，其中 "a, b" 是 lambda 表达式参数列表，"(a - b)" 是 lambda 体，即匿名函数体。
- 代码第③行调用 calculate_fun 函数返回 "f1" 对象，"f1" 是一个函数对象，该函数事实上是代码第①行定义的 lambda 表达式。
- Lambda 代码第④行调用 calculate_fun 函数返回 "f2" 对象，"f2" 也是一个函数对象，该函数事实上是代码第②行定义的 lambda 表达式。
- 代码第⑤行是打印 "f1" 对象的数据类型，从输出结果可见，函数类型是 "'function'"。
- 代码第⑥行是调用 "f1" 对象指向的函数。事实上就是调用代码第①行定义的 lambda 表达式。
- 代码第⑦行是调用 "f2" 对象指向的函数。事实上就是调用代码第②行定义的 lambda 表达式。

2.11.2 数据处理中的两个常用函数

在数据处理时经常用到个重要的函数：filter 和 map。

1. 过滤函数 filter

过滤操作使用 filter 函数，它可以对可迭代对象的元素进行过滤，filter 函数语法如下。

```
filter(function, iterable)
```

其中参数 "function" 是一个函数，参数 "iterable" 是可迭代对象。filter() 函数调用时 iterable 会被遍历，它的元素被逐一传入 function 函数，function 函数返回布尔值。在 function 函数中编写过滤条件，如果为 True 的元素会被保留，如果为 False 的元素会被过滤掉。

下面通过一个示例介绍一下 filter 函数使用，示例代码如下。

```
users1 = ['Tony', 'Tom', 'Ben', 'Alex']
print(users1)

users_filter = filter(lambda u: u.startswith('T'), users1)          ①

print(users_filter)
users2 = list(users_filter)             ②
print(users2)

users3 = list(users_filter)             ③
print(users3)
```

示例代码运行后，输出结果如下。

```
['Tony', 'Tom', 'Ben', 'Alex']
<filter object at 0x000001D5B0171880>
['Tony', 'Tom']
[]
```

上述代码解释如下。

- 代码第①行调用了 filter 函数过滤 users 列表，过滤条件是 "T" 开头的元素，"lambda u: u.startswith('T')" 是一个 lambda 表达式，它提供过滤条件。注意：filter 函数返回的并不是一个列表对象，而是 filter 对象，
- 代码第②行将 filtcr 函数返回的 filtcr 对象转换为列表对象，这个转换使用 list 函数实现。

💡 提示

代码第③行再次从 filter 对象中转换列表数据，但是从运行的结果可见，返回的 users3 列表对象是空的。这是因为 filter 对象是一种生成器，生成器特别适合用于遍历一些大序列对象，它无须将对象的所有元素都载

入内存后才开始进行操作，仅在迭代至某个元素时才会将该元素载入内存，因此filter对象不能多次提取。由于上述示例中已在代码第②行提取一次列表数据，因此在代码第③行提取数据时返回的列表是空的。

2. 映射函数 map

映射操作使用map函数，它可以对可迭代对象的元素进行变换，map函数语法如下。

```
map(function, iterable)
```

其中参数function是一个函数，参数iterable是可迭代对象。map函数调用时iterable会被遍历，它的元素被逐一传入function函数，在function函数中对元素进行变换。

下面通过一个示例介绍map函数的使用，示例代码如下。

```
users1 = ['Tony', 'Tom', 'Ben', 'Alex']
print(users1)

users_map = map(lambda u: u.lower(), users1)        ①
print(users_map)

users2 = list(users_map)                            ②
print(users2)
```

示例代码运行后，在控制台输出结果如下。

```
['Tony', 'Tom', 'Ben', 'Alex']
<map object at 0x000001F7E2051A00>
['tony', 'tom', 'ben', 'alex']
```

上述代码解释如下。

- 代码第①行调用map函数将 "users" 列表元素转换为小写字母，变换时列表中每一个元素对会调用一个匿名函数，即lambda表达式，从而实现将字列表中的每一个元素都转换为小写字母。map函数返回的不是一个列表对象，而是一种map对象。注意：map对象也是生成器对象，不能反复提取数据。
- 代码第②行将map函数返回的map对象转换为列表对象，这个转换使用list函数实现。

(2.12) 文件操作

程序经常需要访问文件，读取文件信息或写入信息到文件，在Python语言中对文件的读写是通过文件对象（file object）实现的。Python的文件对象也称为类似文件对象（file-like object）或流（stream），文件对象可以是实际的磁盘文件，也可以是其他存储或通信设备，如内存缓冲区、网络、键盘和控制台等。本节介绍通过文件对象操作文件。

文件操作

文件操作主要是指对文件内容的读写操作，这些操作是通过文件对象（file object）实现的，通过文件对象可以读写文本文件和二进制文件。

1. 打开文件

在文件读写之前先要打开文件，打开文件可以通过 open 函数实现，该函数返回文件对象。open 函数是 Python 内置函数，它屏蔽了创建文件对象的细节，使创建文件对象变得简单。open 函数语法如下。

```
open(file, mode='r', buffering=-1, encoding=None, errors=None, newline=None,
closefd=True, opener=None)
```

open 函数共有 8 个参数，其中参数 file 和 mode 是最为常用的，其他的参数一般情况下很少使用，下面分别重点介绍 file 和 mode 两个参数的含义。

- file 参数。file 参数是要打开的文件，可以是字符串或整数。如果 file 是字符串表示文件名，文件名可以是相对当前目录的路径，也可以是绝对路径；如果 file 是整数表示文件描述符，文件描述符指向一个已经打开的文件。
- mode 参数。mode 参数用来设置文件打开模式。文件打开模式用字符串表示，最基本的文件打开模式如表 2-7 所示。

表 2-7　文件打开模式

字符串	说明
r	只读模式（默认）。
w	写入模式，以该模式打开文件，会覆盖已经存在的文件。
x	独占创建模式，如果文件不存在时创建并以写入模式打开，如果文件已存在则抛出异常 FileExistsError。
a	追加模式，如果文件存在，写入内容追加到文件末尾。
b	二进制模式。
t	文本模式（默认）。
+	更新模式。

表 2-7 中 "b" 和 "t" 是文件类型模式，如果是二进制文件，需要设置 rb、wb、xb、ab；如果是文本文件，需要设置 rt、wt、xt、at，由于 t 是默认模式，所以可以省略为 r、w、x、a。

+必须与 r、w、x 或 a 组合使用才能设置文件为读写模式，对于文本文件可以使用 r+、w+、x+ 或 a+，对于二进制文件可以使用 rb+、wb+、xb+ 或 ab+。

> ### 提示
>
> r+、w+ 和 a+ 区别如下：r+ 打开文件时如果文件不存在则抛出异常；w+ 打开文件时如果文件不存在则创建文件，文件存在则清除文件内容；a+ 类似于 w+，打开文件时如果文件不存在则创建文件，文件存在则在文件末尾追加。

示例代码如下。

```
fobj = open('test1.txt', 'w+', encoding='utf-8')              ①

fobj.write(' 大家好 ')                                          ②
fname1 =r'C:\Users\tony\OneDrive\ 书 \ 北大 \AI 时代 Python 量化交易实战：ChatGPT 让
量化交易插上翅膀 \ 代码 \ch2\\test1.txt'
fobj = open(fname1, 'a+', encoding='utf-8')                   ③
fobj.write('！ ')
fobj.close()
```

上述代码解释如下。

- 代码第①行通过 w+ 模式打开文件 "test1.txt"，由于文件 "test1.txt" 不存在所以会创建 "test1.txt" 文件。
- 代码第②行通过 write 函数写入字符串到文件。
- 代码第③行通过 a+ 模式打开文件 "test1.txt"，该文件是绝对路径文件名。注意：字符串中有反斜杠时，要么用转义字符 "\\" 表示，要么用原始字符串表示。

2. 关闭文件

当使用 open 函数打开文件后，若不再使用文件应该调用文件对象的 close 函数关闭文件。文件的操作往往会抛出异常，为了保证文件操作无论正常结束还是异常结束都能够关闭文件，我们也可以使用 with as 代码块进行自动资源管理。

示例代码如下。

```
fobj = open('test1.txt', 'a+', encoding='utf-8')             ①
fobj.write(' 大家好! ')
fobj.close()                                                  ②

# 使用 with as 自动资源管理
with open('test1.txt', 'a+', encoding='utf-8') as fobj:      ③
    fobj.write(' 大家好! ')
```

上述代码解释如下。

- 代码第①行通过 a+ 模式打开文件 "test1.txt" 文件。
- 代码第②行关闭文件。

- 代码第③行使用with as打开文件，返回文件对象赋值给"fobj"变量。在with代码块中进行读写文件操作，最后在with代码结束时关闭文件。with as相关内容将在2.13.2小节详细介绍。

3. 文本文件读写

文本文件读写的单位是字符，而且字符是有编码的。文本文件读写主要方法有如下几种。

- read(size=-1)：从文件中读取字符串，size限制最多读取的字符数，size=-1时没有限制，读取全部内容。
- readline(size=-1)：读取到换行符或文件尾并返回单行字符串，如果已经到文件尾，则返回一个空字符串，size是限制读取的字符数，size=-1时没有限制。
- readlines()：读取文件数据到一个字符串列表中，每一个行数据是列表的一个元素。
- write(s)：将字符串s写入文件，并返回写入的字符数。
- writelines(lines)：向文件中写入一个列表，不添加行分隔符，因此通常为每一行末尾提供行分隔符。
- flush()：刷新写缓冲区，数据会写入到文件中。

下面通过文件复制示例熟悉一下文本文件的读写操作，代码如下：

```
f_name = 'test.txt'

with open(f_name, 'r', encoding='utf-8') as f:          ①
    lines = f.readlines()                               ②
    print(lines)
    copy_f_name = 'copy.txt'
    with open(copy_f_name, 'w', encoding='utf-8') as copy_f:   ③
        copy_f.writelines(lines)                        ④
        print(' 文件复制成功 ')
```

上述代码实现了将test.txt文件内容复制到copy.txt文件中。代码第①行是打开test.txt文件，由于test.txt文件采用UTF-8编码，因此打开时需要指定UTF-8编码。代码第②行通过readlines()方法读取所有数据到一个列中，这里选择哪一个读取方法要与代码第④行的写入方法对应，本例中是writelines()方法。代码第③行打开要复制的文件，采用的打开模式是w，如果文件不存在则创建，如果文件存在则覆盖，另外注意编码集也要与test.txt文件保持一致。

4. 二进制文件读写

二进制文件读写的单位是字节，不需要考虑编码的问题。二进制文件读写主要方法如下。

- read(size=-1)：从文件中读取字节，size限制最多读取的字节数，如果size=-1则读取全部字节。
- readline(size=-1)：从文件中读取并返回一行，size限制读取的字节数，size=-1时没有限制。
- readlines()：读取文件数据到一个字节列表中，每一个行数据是列表的一个元素。
- write(b)：写入b字节，并返回写入的字节数。

- writelines(lines)：向文件中写入一个字节列表，不添加行分隔符，因此通常为每一行末尾提供行分隔符。

下面通过文件复制示例熟悉一下二进制文件的读写操作，代码如下：

```
f_name = 'coco2dxcplus.jpg'

with open(f_name, 'rb') as f:                          ①
    b = f.read()                                       ②
    copy_f_name = 'copy.jpg'
    with open(copy_f_name, 'wb') as copy_f:            ③
        copy_f.write(b)                                ④
        print(' 文件复制成功 ')
```

上述代码实现了将coco2dxcplus.jpg文件内容复制到当前目录的copy.jpg文件中。代码第①行打开coco2dxcplus.jpg文件，打开模式是rb。代码第②行通过read()方法读取所有数据，返回字节对象b。代码第③行打开要复制的文件，打开模式是wb，如果文件不存在则创建，如果文件存在则覆盖。代码第④行采用write()方法将字节对象b写入文件中。

2.13 异常处理

为增强程序的健壮性，计算机程序的编写也需要考虑如何处理异常情况，Python语言具备异常处理功能，本节介绍Python的异常处理机制。

2.13.1 捕获异常

捕获异常是通过try-except语句实现的，最基本的try-except语句语法如下。

```
try :
    < 可能会抛出异常的语句 >
except [ 异常类型 ] :
    < 处理异常 >
```

- try代码块。

try代码块中包含执行过程中可能会抛出异常的语句。

- except代码块。

每个try代码块可以伴随一个或多个except代码块，用于处理try代码块中所有可能抛出的多种异常。except语句中如果省略"异常类型"，即不指定具体异常，则会捕获所有类型的异常；如果指定具体类型异常，则会捕获该类型异常，以及它的子类型异常。示例代码如下。

```
import datetime as dt                                  ①
```

```
def read_date(in_date):                                          ②
    try:
        date = dt.datetime.strptime(in_date, '%Y-%m-%d')         ③
        return date
    except ValueError as e:                                      ④
        print('处理 ValueError 异常')
        print(e)


if __name__ == '__main__':                                       ⑤
    str_date = '2023-8-18'  # '2023-B-18'
    date = read_date(str_date)
    print('日期 = {0}'.format(date))
```

示例代码运行后，在控制台输出结果如下。

```
日期 = 2023-08-18 00:00:00
```

上述代码解释如下。

- 代码第①行导入 datetime 模块，datetime 是 Python 内置的日期时间模块，另外 "as dt" 是为导入的模块起一个别名，这可以防止命名冲突。
- 代码第②行定义了一个函数，在函数中将传入的字符串转换为日期，并进行格式化。
- 代码第③行的 strptime 函数试图将字符串按照 "%Y-%m-%d" 格式转换为日期对象，但并非所有的字符串都是有效的日期字符串，因此调用 strptime 函数有可能引发 ValueError 异常。
- 代码第④行是捕获 ValueError 异常。通过 "ValueError as e" 表达式获得异常对象。注意本例中的 "2023-8-18" 字符串是有效的日期字符串，因此不会抛出异常。如果将字符串改为无效的日期字符串，如 "2023-B-18"，则会打印以下信息。

```
处理 ValueError 异常
time data '2023-B-18' does not match format '%Y-%m-%d'
日期 = None
```

- 代码第⑤行判断当前模块是否为主模块，主模块是程序的入口。

💡 提 示

代码第⑤行为什么要判断是否为主模块？这是因为当有多个模块时，其中会有一个模块是主模块，它是程序运行的入口，这类似于 C 和 Java 语言中的 main() 主函数。如果只有一个模块时，可以不用判断是否为主模块，可以不用主函数，在此之前的示例都是没有主函数的。

2.13.2 释放资源

有时try-except语句会占用一些资源，如打开文件、网络连接、打开数据库连接和使用数据结果集等，这些资源不能通过Python的垃圾收集器回收，需要程序员释放。为了确保这些资源能够被释放，可以使用finally代码块或with as自动资源管理。

1. finally 代码块

try-except语句后面还可以跟一个finally代码块，try-except-finally语句语法如下。

```
try :
    <可能会抛出异常的语句>
except [异常类型1] :
    <处理异常>
except [异常类型2] :
    <处理异常>
...
except [异常类型n] :
    <处理异常>
finally :
    <释放资源>
```

无论try正常结束还是except异常结束都会执行finally代码块，如图2-17所示。

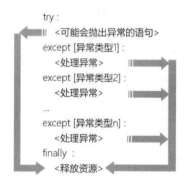

图 2-17　finally代码块流程

使用finally代码块的示例代码如下。

```
import datetime as dt

f_name = 'data/date.txt'

def read_date_from_file(filename):                          ①
    try:
        file = open(filename)                               ②
```

```
        in_date = file.read()                                    ③
        in_date = in_date.strip()                                ④
        date = dt.datetime.strptime(in_date, '%Y-%m-%d')
        return date
    except ValueError as e:                                       ⑤
        print('处理 ValueError 异常')
    except FileNotFoundError as e:                                ⑥
        print('处理 FileNotFoundError 异常')
    except OSError as e:                                          ⑦
        print('处理 OSError 异常')
    finally:                                                      ⑧
        file.close()                                              ⑨

if __name__ == '__main__':                                        ⑩
    date = read_date_from_file(f_name)
    print('日期 = {0}'.format(date))
```

上述代码解释如下。

- 代码第①行定义 read_date_from_file 函数从 test1.txt 文件中读取字符串并转换为日期。test1.txt 内容如图 2-18 所示，其中包含一行日期字符串。

date.txt - 记事本
文件(F) 编辑(E) 格式(O) 查看(V) 帮助(H)
2023-8-18

图 2-18　test1.txt 文件内容

- 代码第②行通过 open 函数打开文件。打开文件过程有可能引发 FileNotFoundError 异常，代码第⑥行是捕获该异常。
- 代码第③行读取文件内容，读取过程有可能引发 OSError 异常，代码第⑦行是捕获该异常。
- 代码第④行 strip 函数删除字符串前后的空格。
- 代码第⑧行是 finally 代码块，在这里通过关闭文件释放资源，见代码第⑨行 file.close() 的关闭文件。

2. with as 代码块自动资源管理

使用 finally 代码块释放资源虽然"健壮"，但程序流程比较复杂，这样的程序代码难以维护。为此 Python 提供一个 with as 代码块帮助自动释放资源，它可以替代 finally 代码块，优化代码结构，提高程序可读性。with as 提供一个代码块，在 as 后面声明一个资源变量，当 with as 代码块结束之后自动释放资源。

示例代码如下。

```
import datetime as dt


f_name = 'data/date.txt'
def read_date_from_file(filename):
    try:
```

```
        with open(filename) as file:                    ①
            in_date = file.read()
        in_date = in_date.strip()
        date = dt.datetime.strptime(in_date, '%Y-%m-%d')
        return date
    except ValueError as e:
        print('处理 ValueError 异常')
    except OSError as e:
        print('处理 OSError 异常')

if __name__ == '__main__':
    date = read_date_from_file(f_name)
    print('日期 = {0}'.format(date))
```

上述代码第①行是使用with as代码块，with语句后面的open(filename)语句可以创建资源对象，然后赋值给"as"后面的file变量。在with as代码块中包含资源对象相关代码，完成后自动释放资源。采用自动资源管理后不再需要finally代码块，也不需要自动释放这些资源。

2.14 多线程

多线程是一种并发编程的方式，它允许程序同时执行多个线程，并且每个线程可以独立执行不同的任务。在量化交易中，多线程可以用于同时处理多个任务，例如数据获取、策略执行、订单管理等，以提高系统的效率和响应性。

创建线程

创建线程就是创建一个线程对象。

- 线程对象：线程对象是threading模块线程类Thread所创建的对象。

创建线程Thread对象时，可以通过Thread构造方法将一个自定义函数传递给它，Thread类构造方法：

```
threading.Thread(target=None, name=None, args=())
```

关于threading.Thread的几个重要参数的说明如下。

- target（可选）：指定线程体函数或可调用对象，即线程启动后要执行的函数。默认值为None。
- name（可选）：指定线程的名称。默认值为None，系统会自动分配一个唯一的名称。
- args（可选）：指定线程体函数或可调用对象的参数，以元组形式传递。默认值为()，表示无参数。

通过这些参数，可以将线程体函数或可调用对象和相应的参数传递给线程对象，使线程在启动后执行指定的函数或方法。

下面看一个具体示例，代码如下。

```python
import threading
import time


# 线程体函数
def thread_body():                                          ①
    # 当前线程对象
    t = threading.current_thread()
    for n in range(5):
        # 当前线程名
        print('第 {0} 次执行线程 {1}'.format(n, t.name))
        # 线程休眠
        time.sleep(1)                                       ②
    print('线程 {0} 执行完成！'.format(t.name))


# 创建线程对象 t1
t1 = threading.Thread(target=thread_body)                   ③
# 启动线程 t1
t1.start()                                                  ④


# 创建线程对象 t2
t2 = threading.Thread(target=thread_body, name='MyThread')  ⑤
# 启动线程 t2
t2.start()                                                  ⑥
```

示例代码运行后，在控制台输出结果如下。

```
第 0 次执行线程 Thread-6 (thread_body)
第 0 次执行线程 MyThread
第 1 次执行线程 Thread-6 (thread_body)
第 1 次执行线程 MyThread
第 2 次执行线程 MyThread
第 2 次执行线程 Thread-6 (thread_body)
第 3 次执行线程 MyThread
第 3 次执行线程 Thread-6 (thread_body)
第 4 次执行线程 MyThread
第 4 次执行线程 Thread-6 (thread_body)
线程 MyThread 执行完成！
线程 Thread-6 (thread_body) 执行完成！
```

上述代码解释如下。

- 代码第①行定义线程体函数（thread_body），这是一个自定义的函数，作为线程的执行体。在函数中，我们首先获取当前线程对象 t = threading.current_thread()。然后使用循环执行一系列操作，这里是打印当前线程的名称和循环次数。在每次循环之后，调用 time.sleep(1) 函数来使线程休眠"1"秒，见代码第②行。

- 代码第③行创建线程对象 t1，这个过程中使用 threading.Thread 类创建线程对象，并将线程体函数 thread_body 指定为 target 参数。这里没有指定线程名称，因此线程对象将自动分配一个唯一的名称。

- 代码第④行启动线程 t1，这需要通过调用线程对象的 start() 方法来启动线程 t1，使其开始执行线程体函数。

- 代码第⑤行创建线程对象 t2，与 t1 类似，并指定线程名称为"MyThread"。

- 代码第⑥行启动线程 t2，这需要调用线程对象的 start() 方法来启动线程 t2。

- 当代码运行时，两个线程 t1 和 t2 会同时执行线程体函数 thread_body。它们会交替打印当前线程的名称和执行次数，并在每次循环之间休眠"1"秒。最后，当循环结束后，线程会打印出线程执行完成的信息。

提示

在创建线程时涉及"类"的概念，下面简单介绍一下。

在 Python 中，可以通过定义类（class）来创建对象，类是对象的蓝图或模板，描述对象的属性（成员变量）和行为（方法）。通过创建类的实例（对象），可以利用类中定义的方法（函数）来操作对象的状态和行为。

Python 是一种面向对象的编程语言，它提供丰富的面向对象编程的特性和语法支持。面向对象编程（Object-Oriented Programming，简称 OOP）是一种编程范式，它将数据和操作数据的方法组合成对象，并通过对象之间的交互来实现程序的设计和开发。

Python 的面向对象编程特性包括以下概念和语法。

- 类（class）：用于定义对象的属性和方法的模板。通过 class 关键字定义一个类，并在类中定义属性和方法。

- 对象（object）：类的实例化结果，具有类中定义的属性和方法。

- 属性（attribute）：对象的特征或数据，通常作为对象的成员变量保存。可以通过点操作符（.）访问和修改对象的属性。

- 方法（method）：定义在类中的函数，用于操作对象的行为。方法可以访问和修改对象的属性，并可以通过对象进行调用。

- 继承（inheritance）：通过继承机制，一个类可以派生出子类，子类可以继承和扩展父类的属性和方法。继承提供代码重用和层次化组织的能力。

- 多态（polymorphism）：多态性允许不同类的对象对同一个方法作出不同的响应。通过继承和方法重写，可以实现多态性，提高代码的灵活性和可扩展性。

面向对象编程在 Python 中广泛应用于各个领域，包括软件开发、数据分析、机器学习等。它提供更清晰、模块化和可维护的代码结构，能够提高代码的可复用性和可扩展性，使程序设计史加灵活和易于理解。

2.15 本章总结

本章介绍了量化交易所需的 Python 基础知识，包括 Python 解释器、IDE 工具、第一个 Python 程序、语法基础、数据类型、控制语句、序列、集合、字典、字符串、函数、文件操作、异常处理和多线程。这些基础知识为后续学习量化交易策略和数据分析奠定了基础。

AI 时代
Python 量化交易实战

ChatGPT 让量化交易插上翅膀

第 3 章

Python 量化基础工具库

在量化金融领域，Python 是一种广泛使用的编程语言，具备丰富的量化工具库，用于数据分析、策略开发、回测和实盘交易等任务。以下是一些常见的 Python 量化工具库。

（1）NumPy：它是用于科学计算的基础库，提供高性能的数值计算和数组操作功能。它包含多维数组对象和一组用于操作数组的函数，对于处理数值数据和进行数学运算非常有用。

（2）Pandas：它是用于数据处理和分析的强大库。它提供高效的数据结构和数据操作功能，特别适用于处理时间序列数据。Pandas 提供丰富的函数和方法，可以进行数据清洗、重采样、对齐、合并等操作。

另外，还有数据可视化库、机器学习库和深度学习库等都可以辅助进行量化交易，本章我们先介绍 NumPy 和 Pandas。

3.1　NumPy库

NumPy（Numerical Python 的缩写）是一个开源的 Python 数据分析和科学计算库。NumPy 是 Pandas（数据分析）、SciPy（科学计算）和 Matplotlib（绘图库）的基础。

3.1.1　为什么选择NumPy

选择 NumPy 的原因如下。

（1）易读、整洁的代码：Python 是一种简洁、易读的编程语言，而 NumPy 库通过提供向量化操作和广播机制，使代码更加简洁、易读。这种简洁性可以提高代码的可读性和可维护性，并降低编程错误的可能性。

（2）底层速度快：NumPy 底层使用 C 语言实现，通过优化的数组操作和算法，提供高性能的计算能力。与纯 Python 代码相比，使用 NumPy 进行数值计算通常更快，特别是当处理大规模数据集时。

（3）高效的数据结构：NumPy 提供多维数组对象（ndarray），相较于 Python 内置的数据结构（如列表），它在存储和访问数据方面更高效。NumPy 的数组操作和切片操作比传统的迭代操作更快，这对于处理大量数据和执行复杂计算任务非常重要。

（4）高维度数组与矩阵运算：NumPy 针对高维度数组和矩阵运算进行了优化。它提供丰富的数学函数和运算符，支持常见的线性代数操作、数组的逻辑运算、元素级别的数学运算等。这使 NumPy 成为进行科学计算、数据分析和建模的理想工具。

（5）丰富的数学函数库：NumPy 提供大量的数学函数，包括基本的算术运算、三角函数、指数函数、对数函数、统计函数等。这些函数对于处理数组中的元素、进行数值计算和科学计算非常有用，使数据分析和科学计算变得更加方便和高效。

总的来说，选择 NumPy 的主要原因是它提供高性能的数据容器和数值运算能力，通过底层的优化实现快速的数组操作。

同时，NumPy 也与其他科学计算库无缝整合，构建了一个完整的科学计算环境。这使 NumPy

成为 Python 数据分析和科学计算的核心工具之一。

3.1.2 安装NumPy库

安装 NumPy 库可以使用 pip 工具，安装过程如图 3-1 所示。

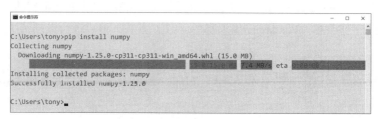

图 3-1　安装 NumPy 库过程

3.2 创建数组

NumPy 库中最重要的数据结构是多维数组（ndarray），它是一系列同类型数据的集合，下标索引从 0 开始。ndarray 中的每个元素在内存中都有相同存储大小的区域。

3.2.1 创建一维数组

ndarray 可以创建多维数组和多维数组对象，但是为了便于掌握，本节我们先介绍创建一维数组。创建一维数组的示例代码如下。

```
import numpy as np          ①
a = np.array([1, 2, 3])     ②
print(a)
```

示例代码运行后，输出结果如下。

```
[1 2 3]
```

上述代码解释如下。

- 代码第①行导入 NumPy 库。
- 代码第②行是通过 array 函数创建 ndarray 对象，其中参数可以是如下类型：

（1）Python 列表（list）；

（2）Python 元组（tuple）。

💡 **提示** ────────────────

Jupyter Notebook **是交互式的** Python IDE **工具，打印变量可以不使用** print() **函数，而且** Jupyter Notebook **非常适合直接输出** NumPy **的数组对象，打印输出上述示例代码中的** "a" **数组如图** 3-2 **所示。**

图 3-2　在 Jupyter Notebook 中输出 NumPy 数组

💡 **注意**

　　NumPy 数组与 Python 列表的主要区别：**数组只能保存相同数据类型，而 Python 列表可以保存任何数据类型。**

3.2.2　指定数组数据类型

　　在创建数组时可以指定数组类型，示例代码如下。

```
import numpy as np
# 使用 dtype 参数指定数组类型
b = np.array((1, 2, 3, 4), dtype=float)    ①
print(b)
print(b.dtype)
```

　　示例代码运行后，输出结果如下。

```
[1. 2. 3. 4.]
float64
```

　　上述代码解释如下。

- 　代码第①行创建数组时，使用 dtype 参数指定数组类型。

3.2.3　创建一维数组更多方式

　　使用 array() 函数可以将 Python 内置的列表或元组转换为 NumPy 数组对象，但这样做效率不高。

为此NumPy提供很多创建数组的函数，如下几个函数可以创建NumPy数组对象。

（1）arange。

（2）linspace（线性等分向量）。

（3）logspace（对数等分向量）。

💡 **提示**

在科学计算中会遇到标量、向量（矢量）、矩阵和张量等概念，它们的区别如下。

（1）标量（Scalar）：标量是最基本的数学对象，它表示一个单独的数值，没有方向或大小。标量只有一个数值，可以是实数或复数，例如温度、时间、价格等。标量通常用小写字母表示，如a、b、c等。

（2）向量（矢量）（Vector）：向量是由一组有序排列的标量组成的对象。它具有方向和大小，并且可以表示为空间中的一条有向线段。向量通常用加粗的小写字母表示，如v、w、x等。向量可以是一维（列向量）或二维（行向量），具体取决于表示方式。

（3）矩阵（Matrix）：矩阵是由一组按照二维表格形式排列的标量组成的对象。它具有行和列，并且可以表示为一个矩形的数学对象。矩阵通常用大写字母表示，如A、B、C等。矩阵的元素可以是实数或复数。

（4）张量（Tensor）：张量是一个多维数组，可以看作是标量、向量和矩阵的推广。它是具有更高维度的数学对象，可以具有任意数量的维度。张量通常用大写字母表示，如T、S、R等。在机器学习和深度学习领域，张量常用于表示多维数据，如图像数据、文本数据等。

3.2.4 使用arange函数

NumPy中使用arange函数创建数值范围并返回数组对象，与Python中类型的range函数类似。arange函数语法格式如下。

```
numpy.arange([start, ]stop, [step, ] dtype=None)
```

参数说明如下。

- start是开始值，可以省略，默认值为0，包含开始值。
- stop是结束值，不包含stop的值。
- step是步长，默认值为1。
- dtype是数组元素类型。

💡 **注意**

start ≤ 数组元素 < stop，步长step可以为负数，可以创建递减序列。

使用arange函数的示例代码如下。

```
import numpy as np
a = np.arange(10)                              ①
print(a)
```

```
b = np.arange(1, 10, 2)                    ②
print(b)
c = np.arange(1, -10, -3)                   ③
print(c)
d = np.arange(1, -10, -1 , dtype=float)      ④
print(d)
print(d.dtype)
```

示例代码运行后，输出结果如下。

```
[0 1 2 3 4 5 6 7 8 9]
[1 3 5 7 9]
[ 1 -2 -5 -8]
[ 1.  0. -1. -2. -3. -4. -5. -6. -7. -8. -9.]
float64
```

上述代码解释如下。

- 代码第①行使用arange()函数创建一个包含从 0 到 9 的整数序列的一维数组。
- 代码第②行使用arange()函数创建一个包含从 1 到 9 的整数序列的一维数组，参数起始值是"1"，终止值是"10"（不包括），步长是"2"。所以，生成的数组包含 1、3、5、7、9 这些整数。
- 代码第③行使用arange()函数创建一个包含从"1"到"-10"的整数序列的一维数组，这个函数的参数依次是起始值、终止值（不包括）、步长。在这里，起始值是"1"，终止值是"-10"（不包括），步长是"-3"。所以，生成的数组包含 1、-2、-5、-8 这些整数。
- 代码第④行使用NumPy的arange()函数创建一个包含从 1 到 -10 的整数序列的一维数组，这个函数的参数依次是起始值、终止值（不包括）、步长，还有一个可选的参数dtype用于指定数组的数据类型。在这里，起始值是"1"，终止值是"-10"（不包括），步长是"-1"，数据类型被指定为浮点数（float）。所以，生成的数组包含 1.0、0.0、-1.0、-2.0、-3.0、-4.0、-5.0、-6.0、-7.0、-8.0、-9.0 这些浮点数。

3.2.5 等差数列与linspace函数

linspace（线性等分向量）函数用于创建等差数列，语法格式如下。

```
numpy.linspace(start, stop, num=50, endpoint=True, retstep=False,
dtype=None)
```

参数说明如下。

- start：起始值，表示数组的第一个元素。
- stop：终止值，表示数组的最后一个元素。

- num：要生成的元素个数，默认为 "50"。
- endpoint：布尔值，控制是否包括终止值。如果为 True（默认值），则结果数组包括终止值；如果为 False，则结果数组不包括终止值。
- retstep：布尔值，控制是否返回步长信息。如果为 False（默认值），则只返回数组；如果为 True，则返回一个元组，其中包含数组和步长信息。
- dtype：可选参数，指定结果数组的数据类型。

使用 linspace 函数的示例代码如下。

```
import numpy as np
a = np.linspace(0, 10, 10)                              ①
print(a)
b = np.linspace(0, 10, 10, endpoint=False)             ②
print(b)
c = np.linspace(0, 10, 10,endpoint=False, retstep=True) ③
print(c)
mystep = c[1]                                           ④
print("步长 =", mystep)
```

示例代码运行后，输出结果如下。

```
[0.  1.11111111  2.22222222  3.33333333  4.44444444  5.55555556
  6.66666667  7.77777778  8.88888889 10.]
[0. 1. 2. 3. 4. 5. 6. 7. 8. 9.]
(array([0., 1., 2., 3., 4., 5., 6., 7., 8., 9.]), 1.0)
步长 = 1.0
```

上述代码解释如下。

- 代码第①行使用 NumPy 的 linspace() 函数创建一个包含从 0 到 10 的等间隔的一维数组，共有 10 个元素。这个函数的参数依次是起始值、终止值、要生成的元素个数。在这里，起始值是 "0"，终止值是 "10"（包括），要生成 10 个元素。
- 代码第②行使用 linspace() 函数创建一个包含从 0 到 10 的等间隔的一维数组，共有 10 个元素，这里额外指定了 endpoint=False 参数，表示不包括终止值。所以，生成的数组包含 0、1、2、...、8、9 这些元素，不包括 "10"。
- 代码第③行使用 linspace() 函数创建一个包含从 0 到 10 的等间隔的一维数组，共有 10 个元素，除了之前的参数外，还指定了 endpoint=False 参数表示不包括终止值，并且指定了 retstep=True 参数，用于返回步长信息。所以，生成的数组包含 0、1、2、...、8、9 这些元素，不包括 "10"，同时返回一个元组，其中包含数组和步长信息。
- 代码第④行 "mystep = c[1]:" 从元组 c 中获取索引为 "1" 的元素，即步长信息，并将其赋值给变量 mystep。

3.2.6 等比数列与logspace函数

logspace（对数等分向量）函数用于创建等比数列，语法格式如下。

```
numpy.logspace(start, stop, num=50, endpoint=True, base=10.0, dtype=None)
```

参数说明如下。

- start：起始值，表示对数刻度的最小值。
- stop：终止值，表示对数刻度的最大值。
- num：要生成的元素个数，默认为"50"。
- endpoint：布尔值，控制是否包括终止值。如果为True（默认值），则结果数组包括终止值；如果为False，则结果数组不包括终止值。
- base：对数的底数，默认为"10.0"。
- dtype：可选参数，指定结果数组的数据类型。

使用logspace函数的示例代码如下。

```
import numpy as np
a = np.logspace(0, 9, 10)                              ①
print(a)
b = np.logspace(0, 10, 10, endpoint=False)            ②
print(b)
c = np.logspace(0, 9, 10, base=2)                     ③
print(c)
```

示例代码运行后，输出结果如下。

```
[1.e+00 1.e+01 1.e+02 1.e+03 1.e+04 1.e+05 1.e+06 1.e+07 1.e+08 1.e+09]
[1.e+00 1.e+01 1.e+02 1.e+03 1.e+04 1.e+05 1.e+06 1.e+07 1.e+08 1.e+09]
[  1.    2.    4.    8.   16.   32.   64.  128.  256.  512.]
```

上述代码解释如下。

- 代码第①行使用logspace()函数创建一个以对数刻度均匀分布的一维数组。起始值为"10"的 0 次方（1），终止值为"10"的 9 次方（1e9），生成 10 个元素。
- 代码第②行使用logspace()函数创建一个以对数刻度均匀分布的一维数组。起始值为"10"的 0 次方（1），终止值为"10"的 10 次方（1e10），生成 10 个元素，并将结果赋值给变量b。由于指定了"endpoint=False"，所以结果数组不包括终止值"1e10"。
- 代码第③行使用np.logspace()函数创建一个以对数刻度均匀分布的一维数组。起始值为"2"的 0 次方（1），终止值为"2"的 9 次方（512），生成 10 个元素，并将结果赋值给变量c。因为指定了"base=2"，所以生成的数组是以 2 为底的对数刻度均匀分布的数组。

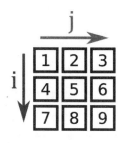

图 3-3　二维数组

3.3　二维数组

二维数组是指具有两个维度的数组，也称为矩阵，图 3-3 所示的是一个二维数组。

创建二维数组

在 NumPy 中，可以使用多种方法创建二维数组。以下是一些常用的方法。

1. 使用列表嵌套

可以使用 Python 的列表嵌套表示二维数组。每个内部列表表示矩阵的一行。

使用列表嵌套创建二维数组的示例代码如下。

```
import numpy as np
L = [[1,2,3], [4,5,6], [7,8,9]]
a = np.array(L)   # 嵌套列表创建 ndarray 数组
print(a)
print(a.dtype)
```

示例代码运行后，输出结果如下。

```
[[1 2 3]
 [4 5 6]
 [7 8 9]]
int32
```

2. 使用 reshape() 函数

使用 NumPy 的 reshape() 函数可以通过一维数组创建一个新的二维数组，并指定其形状。

> 💡 **提示**
>
> 数组的 shape 属性是数组的形状，返回值是一个元组，例如形状 (3, 3) 数组，表示数组有 3 行和 3 列。

使用 reshape() 函数创建二维数组的示例代码如下。

```
import numpy as np
d = np.arange(1, 10)
print(d)
print("d 的形状 :", d.shape)
dd = d.reshape((3, 3)) # 从一维到二维
print(dd)
print("dd 的形状 :", dd.shape)
```

示例代码运行后，输出结果如下。

```
[1 2 3 4 5 6 7 8 9]
d 的形状：(9,)
[[1 2 3]
 [4 5 6]
 [7 8 9]]
dd 的形状：(3, 3)
```

3.4 创建二维数组更多方式

在 NumPy 中，除了之前提到的创建二维数组的方法外，还有一些其他函数可以用来创建多维数组。以下是一些常用的函数。

（1）ones；

（2）zeros；

（3）empty；

（4）full；

（5）identity；

（6）eye。

3.4.1 使用ones函数

使用 ones 函数可以根据指定的形状和数据类型生成全为 1 的数组，语法格式如下。

```
numpy.ones(shape, dtype=None)
```

使用 ones 函数创建数组的示例代码如下。

```
import numpy as np
a = np.ones((2, 3))
print(a)
print(a.dtype)
b = np.ones((2, 3), dtype=float)
print(b)
print(b.dtype)
```

示例代码运行后，输出结果如下。

```
[[1. 1. 1.]
 [1. 1. 1.]]
float64
```

```
[[1. 1. 1.]
 [1. 1. 1.]]
float64
```

3.4.2 使用zeros函数

使用zeros函数可以根据指定的形状和数据类型生成全为0的数组，语法格式如下。

```
numpy.zeros(shape, dtype=float)
```

使用zeros函数创建数组的示例代码如下。

```
import numpy as np
a = np.zeros((2, 3))
print(a)
print(a.dtype)

b = np.zeros((2, 3), dtype= float)
print(b)
print(b.dtype)
```

示例代码运行后，输出结果如下。

```
[[0. 0. 0.]
 [0. 0. 0.]]
float64
[[0. 0. 0.]
 [0. 0. 0.]]
float64
```

3.4.3 使用empty函数

使用empty函数可以根据指定的形状和数据类型生成数组，语法格式如下。

```
numpy.empty(shape, dtype=float)
```

使用empty函数创建数组的示例代码如下。

```
import numpy as np
e = np.empty([2, 2])
print(e)
print(e.dtype)
```

```
f = np.empty((2, 2), dtype=float)
print(f)
print(f.dtype)
```

示例代码运行后，输出结果如下。

```
[[9.90263869e+067 8.01304531e+262]
 [2.60799828e-310 0.00000000e+000]]
float64
[[9.90263869e+067 8.01304531e+262]
 [2.60799828e-310 0.00000000e+000]]
float64
```

💡 提 示

　empty()函数会返回一块未初始化的内存空间作为数组的存储区域，而该内存空间的内容是未定义的。由于未初始化，这些值可能是之前存储在该内存块中的数据，也可能是随机值，取决于内存块的状态。

3.4.4 使用full函数

使用full函数可以根据指定的形状和数据类型生成数组,并用指定数组填充,语法格式如下。

```
numpy.full(shape, fill_value, dtype=None)
```

使用full函数创建数组的示例代码如下。

```
import numpy as np
a = np.full((2, 4), 10)
print(a)
print(a.dtype)
b = np.full((2, 4), 10, dtype=float)
print(b)
print(b.dtype)
c = np.full(5, 10)
print(c)
print(c.dtype)
```

示例代码运行后，输出结果如下。

```
[[10 10 10 10]
 [10 10 10 10]]
int32
[[10. 10. 10. 10.]
```

```
[10. 10. 10. 10.]]
float64
[10 10 10 10 10]
int32
```

3.4.5　使用identity函数

使用identity 函数可以创建单位矩阵，即：对角线元素为 1.0，其他元素为 0.0，语法格式如下。

```
numpy.identity(n, dtype=None)
```

图 3-4 所示的是一个 3 阶单位矩阵。

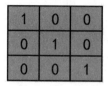

图 3-4　3 阶单位矩阵

使用identity 函数创建数组的示例代码如下。

```
import numpy as np
a = np.identity(3)
print(a)
print(a.dtype)
b = np.eye(3)
print(b)
print(b.dtype)
```

示例代码运行后，输出结果如下。

```
[[1. 0. 0.]
 [0. 1. 0.]
 [0. 0. 1.]]
float64
[[1. 0. 0.]
 [0. 1. 0.]
 [0. 0. 1.]]
float64
```

3.4.6 使用eye函数

使用eye函数可以创建二维数组，对角线元素为1.0，其他元素为0.0，语法格式如下。

```
numpy.eye(N, M=None, k=0, dtype=float)
```

参数说明如下。

- N：指定单位矩阵的行数。
- M：（可选）指定单位矩阵的列数。默认情况下，M与N相等。
- k：（可选）指定对角线的偏移量。默认值为0，表示主对角线。正值表示位于主对角线上方的对角线，负值表示位于主对角线下方的对角线。
- dtype：（可选）指定数组的数据类型。默认为float。

使用eye函数创建数组的示例代码如下。

```python
import numpy as np
c = np.eye(3,4)
print(c)
print(c.dtype)


d = np.eye(3, 4, k=1)
print(d)
print(d.dtype)


e = np.eye(3, 4, k=1, dtype=float)
print(e)
print(e.dtype)
```

示例代码运行后，输出结果如下。

```
[[1. 0. 0. 0.]
 [0. 1. 0. 0.]
 [0. 0. 1. 0.]]
float64
[[0. 1. 0. 0.]
 [0. 0. 1. 0.]
 [0. 0. 0. 1.]]
float64
[[0. 1. 0. 0.]
 [0. 0. 1. 0.]
 [0. 0. 0. 1.]]
float64
```

3.5 数组的属性

在NumPy中，数组对象具有许多属性，这些属性提供有关数组的信息。以下是一些常见的数组属性。

- ndim：数组的维度数。
- shape：数组的形状，即每个维度的大小。
- size：数组中元素的总数。
- dtype：数组中元素的数据类型。
- itemsize：数组中每个元素的字节大小。
- nbytes：数组占用的总字节数。

以下是示例代码，展示如何使用这些属性。

```
import numpy as np

arr = np.array([[1, 2, 3], [4, 5, 6]])

print("数组的维度数: ", arr.ndim)
print("数组的形状: ", arr.shape)
print("数组中元素的总数: ", arr.size)
print("数组中元素的数据类型: ", arr.dtype)
print("数组中每个元素的字节大小: ", arr.itemsize)
print("数组占用的总字节数: ", arr.nbytes)
```

示例代码运行后，输出结果如下。

```
数组的维度数:  2
数组的形状:  (2, 3)
数组中元素的总数:  6
数组中元素的数据类型:  int32
数组中每个元素的字节大小:  4
数组占用的总字节数:  24
```

3.6 数组的轴

在NumPy中，轴（axis）是指数组的维度。在一个二维数组中，第一个轴是行轴（axis 0），第二个轴是列轴（axis 1）。在更高维的数组中，每增加一个新的轴会增加一个维度。

图3-5所示的是一个二维数组轴。

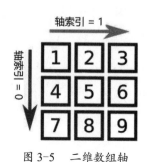

图3-5　二维数组轴

3.7 三维数组

三维数组是具有三个轴的数组。每个轴都可以看作数组的一个维度。在 NumPy 中，可以使用多种方式创建三维数组，包括使用 NumPy 函数和从其他数据结构转换。

创建三维数组的示例代码如下。

```
import numpy as np
# 创建三维数组
a3 = np.array([[[10, 11, 12], [13, 14, 15], [16, 17, 18]],
               [[20, 21, 22], [23, 24, 25], [26, 27, 28]],
               [[30, 31, 32], [33, 34, 35], [36, 37, 38]]])
print(a3)
```

示例代码运行后，输出结果如下。

```
[[[10 11 12]
  [13 14 15]
  [16 17 18]]

 [[20 21 22]
  [23 24 25]
  [26 27 28]]

 [[30 31 32]
  [33 34 35]
  [36 37 38]]]
```

示例中三维数组 a3 的轴如图 3-6 所示。

图 3-6　三维数组轴

3.8 访问数组

访问数组元素是指通过索引或切片操作获取数组中特定位置的值。在 NumPy 中，可以使用不同的方式访问数组元素，包括基本索引、切片操作和花式索引。

3.8.1 索引访问

1. 一维数组索引访问

NumPy 一维数组索引访问与 Python 内置序列类型索引访问一样，使用中括号 + 下标（［index］）。

图 3-7 所示的是数组 a 的索引，索引分为正向索引和反向索引。

（1）正向索引：正向索引是从数组的起始位置开始的索引。它从 0 开始，并按照递增顺序指定元素的位置。例如，a[0] 表示数组的第一个元素，a[1] 表示数组的第二个元素，以此类推。

（2）反向索引：反向索引是从数组的末尾位置开始的索引。它从 -1 开始，并按照递减顺序指定元素的位置。例如，a[-1] 表示数组的最后一个元素，a[-2] 表示倒数第二个元素，以此类推。

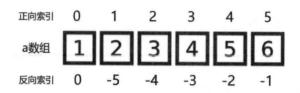

图 3-7 一维数组索引

一维数组索引访问的示例代码如下。

```
import numpy as np
a = np.array([1, 2, 3, 4, 5, 6])
print(a[5])
print(a[-1])
```

示例代码运行后，输出结果如下。

```
6
6
```

2. 二维数组索引访问

多维数组索引访问有以下两种表达式。

```
表达式1: np.array[ 所在 0 轴索引 ][ 所在 1 轴索引 ]...[ 所在 n-1 轴索引 ]
表达式2: np.array[ 所在 0 轴索引，所在 1 轴索引，...，所在 n-1 轴索引 ]
```

这两种表达式实际上是等价的，它们都用于按照指定的轴索引来访问多维数组的元素。

下面是示例代码，演示了使用这两种表达式进行多维数组的索引访问。

```
import numpy as np
arr = np.array([[1, 2, 3],
                [4, 5, 6],
                [7, 8, 9]])

# 使用表达式 1 进行索引访问
print("表达式1: ")
print("第一行第二列元素: ", arr[0][1])    # 输出: 2
print("第三行第三列元素: ", arr[2][2])    # 输出: 9
```

```
# 使用表达式 2 进行索引访问
print(" 表达式 2: ")
print(" 第一行第二列元素: ", arr[0, 1])    # 输出: 2
print(" 第三行第三列元素: ", arr[2, 2])    # 输出: 9


import numpy as np
arr = np.array([[1, 2, 3],
                [4, 5, 6],
                [7, 8, 9]])
```

在上述示例代码中，我们使用表达式 1 和表达式 2 访问二维数组中的元素。无论是使用嵌套的索引表达式还是使用逗号分隔的索引表达式，都可以得到相同的结果。请注意，索引值仍然是从 0 开始计数的。

3.8.2 切片访问

切片是一种在数组中访问连续元素范围的方法。在 NumPy 中，可以使用切片访问数组的子集。

1. 一维数组切片访问

NumPy 一维数组切片操作与 Python 内置序列切片操作一样。切片运算有以下两种形式。

（1）[start:end]: start 是开始索引，end 是结束索引。

（2）[start:end:step]: start 是开始索引，end 是结束索引，step 是步长，步长是在切片时获取元素的间隔。步长可以为正整数，也可为负整数。

> **注意**
> 切片包括 start 位置元素，但不包括 end 位置元素，start 和 end 都可以省略。

一维数组切片访问的示例代码如下。

```
import numpy as np


arr = np.array([1, 2, 3, 4, 5, 6])


# 切片访问一维数组
print(" 一维数组切片访问: ")
print(arr[2:5])       # 输出: [3, 4, 5]
print(arr[:4])        # 输出: [1, 2, 3, 4]
print(arr[2:])        # 输出: [3, 4, 5, 6]
print(arr[::2])       # 输出: [1, 3, 5]
```

```
print(arr[::-1])              # 输出: [6, 5, 4, 3, 2, 1]
```

示例代码运行后，输出结果如下。

```
一维数组切片访问:
[3 4 5]
[1 2 3 4]
[3 4 5 6]
[1 3 5]
[6 5 4 3 2 1]
```

在上述示例代码中，我们使用切片操作对一维数组进行访问。以下是每个切片的含义。

- arr[2:5] 表示从索引 "2" 到索引 "5" 之前的元素，即索引 2、3、4 对应的元素。
- arr[:4] 表示从数组的起始位置到索引 "4" 之前的元素，即索引 0、1、2、3 对应的元素。
- arr[2:] 表示从索引 "2" 到数组的末尾位置的元素，即索引 2、3、4、5 对应的元素。
- arr[::2] 表示从数组的起始位置到末尾位置，以步长 "2" 访问元素，即索引 0、2、4 对应的元素。
- arr[::-1] 表示逆序访问整个数组，即反向获取所有元素。

通过使用不同的切片参数，我们可以选择性地访问一维数组中的子集，并以不同的方式进行切片操作。请注意，切片是左闭右开区间，即不包含结束索引对应的元素。

2. 二维数组切片访问

二维数组切片访问是指通过切片操作获取二维数组的子集。多维数组切片访问使用逗号分隔的切片表达式指定每个轴上的切片范围，多维数组切片访问表达式如下。

```
np.array[ 所在 0 轴切片 , 所在 1 轴切片 ,..., 所在 n-1 轴切片 ]
```

二维数组切片访问的示例代码如下。

```
import numpy as np

arr = np.array([[1, 2, 3],
                [4, 5, 6],
                [7, 8, 9]])

# 多维数组切片访问
print(" 多维数组切片访问: ")
print(arr[1:3, 0:2])               # 输出: [[4, 5], [7, 8]]
print(arr[:2, 1:])                 # 输出: [[2, 3], [5, 6]]
print(arr[::2, ::2])               # 输出: [[1, 3], [7, 9]]
```

示例代码运行后，输出结果如下。

多维数组切片访问：
```
[[4  5]
 [7  8]]
[[2  3]
 [5  6]]
[[1  3]
 [7  9]]
```

在上述示例代码中，我们使用切片操作对二维数组进行多维切片访问。根据切片表达式的位置，我们分别在第 0 轴和第 1 轴上进行切片。每个切片表达式都可以包含起始索引、结束索引和步长，以选择性地访问数组的子集。

3.8.3 花式索引

花式索引是一种将整数列表或整数数组作为索引的方法，用于从数组中选择特定的元素或子集。使用花式索引的一般步骤如下。

（1）创建一个整数列表或整数数组，指定要选择的元素的索引。

（2）将整数列表或整数数组作为索引应用于原始数组，以获取相应的元素或子集。

使用花式索引的示例代码如下。

```python
import numpy as np
arr = np.array([1, 2, 3, 4, 5])
# 使用花式索引选择指定位置的元素
indices = [1, 3]
selected_arr = arr[indices]
print("原始数组: ", arr)
print("花式索引: ", indices)
print("选择的元素: ", selected_arr)
```

示例代码运行后，输出结果如下。

```
原始数组:  [1 2 3 4 5]
花式索引:  [1, 3]
选择的元素:  [2 4]
```

在上述示例代码中，我们创建了一个整数列表indices，其中包含要选择的元素的索引。然后，我们将整数列表indices作为索引应用于原始数组arr，从而获取指定位置的元素。在输出中，可以看到原始数组、花式索引和选择的元素。

花式索引可以用于一维数组和多维数组，它提供一种灵活的方式来选择数组中的元素或子集。可以将单个整数、整数列表、整数数组或布尔数组作为花式索引来满足不同的选择需求。

3.9 Pandas库

Pandas是一个开源的数据分析和数据处理库，它建立在NumPy之上，为Python提供高效、灵活和易用的数据结构和数据分析工具。

Pandas的主要数据结构是两个核心对象：Series和DataFrame。

（1）Series是一个一维标记数组，可以存储任意类型的数据，并且具有与之相关的索引。它类似于带标签的数组或字典，可以通过索引来访问和操作数据。

（2）DataFrame是一个二维表格数据结构，可以存储多种类型的数据，并且具有行索引和列索引。它类似于电子表格或关系型数据库中的表格，提供丰富的数据操作和处理功能。

3.9.1 为什么选择Pandas

选择Pandas的原因如下。

（1）Python可以写出易读、简洁并且缺陷最少的代码：Pandas提供简洁且一致的API，使数据处理和分析的代码易读性高。它的设计目标是提供简洁的语法和函数，以减少代码的复杂性和错误。

（2）快速高效的Series和DataFrame数据结构：Pandas的核心数据结构是Series和DataFrame，它们能够高效地存储和处理数据。Series适用于一维数据，DataFrame适用于二维表格数据，它们提供丰富的功能和灵活的操作方式。

（3）基于NumPy和C语言实现的高性能：Pandas的数据结构底层基于NumPy数组，NumPy底层是用C语言实现的，因此Pandas具有高性能和快速的计算能力。

（4）支持多种数据格式的加载：Pandas可以加载不同文件格式（如CSV、Excel、SQL数据库等）的数据，便于将数据加载到内存中进行处理和分析。

（5）可以处理数据对齐和缺失数据：Pandas提供灵活的数据对齐和处理缺失数据的功能。它能够自动对齐不同索引的数据，并提供多种方法处理缺失数据。

3.9.2 安装Pandas库

安装Pandas库可以使用pip工具，安装过程如图3-8所示。

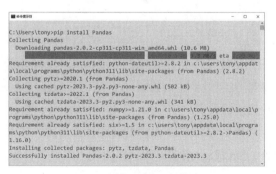

图 3-8　安装Pandas库的过程

3.10 Series数据结构

Series是Pandas库中的一种基本数据结构，它类似于一维数组或列向量，可以存储不同类型的数据，并且每个数据都与一个标签（索引）相关联。

3.10.1 理解Series数据结构

Series数据结构的特点和组成部分如下。

1. Series 数据结构的特点

（1）Series结构是一种带有标签的一维数组对象：Series是Pandas库中的一种数据结构，它表示一维数据，类似于数组或列向量。每个数据点都与一个标签（索引）相关联，这使Series在处理数据时更加直观和方便。

（2）能够保存任何数据类型：Series可以保存任何数据类型，包括整数、浮点数、字符串、布尔值等，甚至是Python对象。

2. Series 数据结构的组成部分

如图3-9所示，一个Series对象由两个部分组成。

（1）数据部分：数据部分是一个NumPy的ndarray（NumPy数组）类型，用于存储实际的数据。这意味着Series对象具有NumPy数组的性质，可以对其进行高效的数值计算和操作。

（2）数据索引（标签）：数据索引是与数据部分对应的一组标签，用于标识和访问数据。可以将数据索引看作Series的行标签，它提供对数据的命名和定位功能。

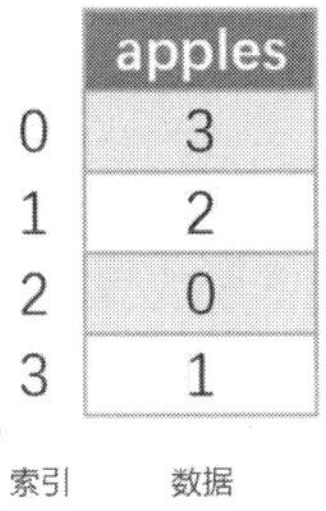

	apples
0	3
1	2
2	0
3	1

索引　　数据

图 3-9　Series
结构

通过使用数据索引，可以轻松地访问和操作Series对象中的数据。例如，可以使用索引标签来获取特定位置的数据、进行切片操作或根据条件过滤数据。

总而言之，Series数据结构是一种灵活、强大且易于使用的数据类型，它将数据和标签（索引）结合在一起，提供方便的数据处理和操作功能。

3.10.2 创建Series对象

Series构造函数的语法格式如下。

```
pandas.Series(data, index, dtype, ...)
```

参数的解释如下。

- data：Series的数据部分，可以是以下类型之一。

（1）Python列表：例如 [1, 2, 3, 4]。

（2）NumPy数组：例如 np.array([1, 2, 3, 4])。

（3）标量值：例如 5，此时会创建一个填充了重复标量值的 Series 对象。

（4）字典：字典的键将成为 Series 的索引，字典的值将成为 Series 的数据。例如 {'a': 1, 'b': 2, 'c': 3}。

- index（可选）：Series 的索引部分，用于标识和访问数据。它可以是以下类型之一。

（1）Python 列表或数组：例如 ['a', 'b', 'c', 'd']。

（2）Pandas 索引对象（pd.Index）：例如 pd.Index(['a', 'b', 'c', 'd']）。

如果没有显示提供索引参数，Pandas 将默认使用整数索引，从 0 开始递增。

- dtype（可选）：Series 的数据类型。可以使用 NumPy 的数据类型（如 np.int32、np.float64）或 Python 的数据类型（如 int、float、str）来指定数据类型。如果未指定该参数，Pandas 将根据数据内容自动推断数据类型。

1. 使用列表创建 Series

使用列表创建 Series 的示例代码如下。

```
import pandas as pd
apples = pd.Series([3,2,0,1])
print(apples)
```

示例代码运行后，输出结果如下。

```
0    3
1    2
2    0
3    1
dtype: int64
```

2. 使用 NumPy 数组创建 Series

使用 NumPy 数组创建 Series 的示例代码如下。

```
import pandas as pd
import numpy as np
a = np.array([3,2,0,1])  # 创建 NumPy 数组对象
apples = pd.Series(a)  # 创建 Series 对象
print(apples)
```

示例代码运行后，输出结果如下。

```
0    3
1    2
2    0
3    1
dtype: int32
```

3. 指定索引

我们还可以在创建 Series 对象时指定索引，示例代码如下。

```
import pandas as pd
apples = pd.Series([3,2,0,1], index=['a','b','c','d'])
print(apples)
```

示例代码运行后，输出结果如下。

```
a    3
b    2
c    0
d    1
dtype: int64
```

4. 使用标量创建 Series

使用标量创建 Series 的示例代码如下。

```
import pandas as pd
apples = pd.Series(2, index=['a','b','c','d'])
print(apples)
```

上述代码使用标量值"2"创建了一个 Series 对象，其中的数据部分填充了标量值"2"。还通过 index 参数指定了索引为 ['a', 'b', 'c', 'd']。

示例代码运行后，输出结果如下。

```
a    2
b    2
c    2
d    2
dtype: int64
```

5. 使用字典创建 Series

使用字典创建 Series 的示例代码如下。

```
import pandas as pd
data = {'a' : 3, 'b' : 2, 'c' : 0, 'd' : 1}
apples = pd.Series(data)
print(apples)
```

示例代码运行后，输出结果如下。

```
a    3
```

```
b    2
c    0
d    1
dtype: int64
```

3.10.3 访问Series数据

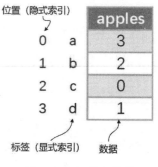

图 3-10　标签和位置

在介绍访问 Series 数据之前，我们先介绍一下 Series 标签与位置区别。Series 的标签和位置如图 3-10 所示，其中包含两个索引类型：位置（隐式索引）和标签（显式索引）。

下面是关于标签和位置的区别。

（1）标签访问：使用标签引用数据时，通过指定标签访问相应的数据。标签可以是字符串或其他可哈希的数据类型。例如，对于一个 Series 对象 s，可以使用 s['label'] 来获取标签为 "label" 的数据。

（2）位置访问：使用位置引用数据时，通过指定数据在 Series 中的位置（索引）来访问相应的数据。位置是基于 0 的整数索引，表示数据在 Series 中的位置顺序。例如，对于一个 Series 对象 s，可以使用 s[0] 来获取第一个位置的数据。

3.10.4 通过下标访问Series数据

通过下标访问 Series 数据，具体可以分为：（1）标签下标；（2）位置下标。下面我们分别介绍一下。

1. 通过标签下标访问 Series 数据

通过标签下标访问 Series 数据的示例代码如下。

```
import pandas as pd
data = {'a' : 3, 'b' : 2, 'c' : 0, 'd' : 1}
apples = pd.Series(data)
# 通过标签下标访问数据
print(apples['a'])
```

示例代码运行后，输出结果如下。

```
3
```

2. 通过位置下标访问 Series 数据

通过位置下标访问 Series 数据的示例代码如下。

```
import pandas as pd
```

```
data = {'a' : 3, 'b' : 2, 'c' : 0, 'd' : 1}
apples = pd.Series(data)
# 通过位置下标访问数据
print(apples[0])
```

示例代码运行后，输出结果如下。

```
3
```

3.10.5 通过切片访问Series数据

通过切片访问Series数据，具体可以分为：（1）通过标签切片访问数据；（2）通过位置切片访问数据。下面我们分别介绍一下。

1. 通过标签切片访问 Series 数据

通过标签切片访问 Series 数据的示例代码如下。

```
import pandas as pd
data = {'a' : 3, 'b' : 2, 'c' : 0, 'd' : 1}
apples = pd.Series(data)
print("------apples['a':'c']-------")
print(apples['a':'c'])                          ①
print("------apples['a':'d']-------")
print(apples['a':'d'])                          ②
print("------apples[:'d']-------")
print( apples[:'d'])                            ③
```

示例代码运行后，输出结果如下。

```
------apples['a':'c']-------
a    3
b    2
c    0
dtype: int64
------apples['a':'d']-------
a    3
b    2
c    0
d    1
dtype: int64
------apples[:'d']-------
a    3
b    2
```

```
c     0
d     1
dtype: int64
```

上述代码解释如下。

- 代码第①行apples['a':'c']：选择从标签"a"到"c"的数据，包括"a""b"和"c"。返回的Series 对象包含这个标签切片范围内的数据，图 3-11 所示的是apples['a':'c']标签切片的操作过程。

- 代码第②行apples['a':'d']：选择从标签"a"到"d"的数据，包括"a""b""c"和"d"。返回的Series 对象包含这个标签切片范围内的数据。

- 代码第③行apples[:'d']：选择从起始位置到标签"d"的数据，包括起始位置的数据和标签为"d"的数据。返回的Series 对象包含这个标签切片范围内的数据。

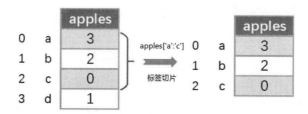

图 3-11   apples['a':'c']标签切片的操作过程

2. 通过位置切片访问 Series 数据

通过位置切片访问Series 数据的示例代码如下。

```
import pandas as pd
data = {'a' : 3, 'b' : 2, 'c' : 0, 'd' : 1}
apples = pd.Series(data)
print("------apples[:3]-------")
print(apples[:3])                                    ①
print("------: apples[0:3]-------")
print(apples[0:3])                                   ②
```

示例代码运行后，输出结果如下。

```
------apples[:3]-------
a     3
b     2
c     0
dtype: int64
------: apples[0:3]-------
a     3
b     2
```

```
c    0
dtype: int64
```

上述代码解释如下。

- 代码第①行 apples[:3]：选择从起始位置到位置索引为 2 的数据，包括起始位置的数据和位置索引为 0、1、2 的数据。返回的 Series 对象包含这个位置切片范围内的数据。

- 代码第②行 apples[0:3]：选择从位置索引为 0 到位置索引为 2 的数据，包括位置索引为 0、1、2 的数据。返回的 Series 对象包含这个位置切片范围内的数据，图 3-12 所示的是 apples[0:3] 位置切片的操作过程。

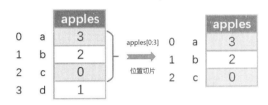

图 3-12　apples[0:3] 位置切片操作过程

3.11 DataFrame数据结构

DataFrame 是一种由多个 Series 结构构成的二维表格对象，如图 3-13 所示，类似于电子表格或关系型数据库中的表格。它是 Pandas 库中最常用的数据结构之一。

DataFrame 是由多个列构成的，每一列都是一个 Series 对象。每个列可以具有不同的数据类型，例如整数、浮点数、字符串等。每个列代表表格中的一种特定类型的数据。

在 DataFrame 对象中行和列是带有标签的轴，DataFrame 数据结构中的列和行标签的含义如下。

图 3-13　DataFrame 数据结构

（1）列标签（列索引）：列是 DataFrame 中的垂直方向的部分，它代表数据表中的不同属性或变量。在图 3-13 的数据结构中，有三列数据：apples、oranges 和 bananas。每一列都有一个列标签，即列索引。列标签是用来唯一标识每一列的标签或名称。

（2）行标签（行索引）：行标签是 DataFrame 中的水平方向的部分，它代表数据表中的不同观测或实例。在图 3-13 的数据结构中，行标签为 0、1、2、3。每一行都有一个行标签，即行索引。

需要注意的是，行标签通常用于标识每一行的唯一性或提供额外的描述信息，而列标签用于标识每一列的含义或属性。通过行标签和列标签，我们可以在 DataFrame 中引用、访问和操作特定的行和列的数据。

创建DataFrame对象

DataFrame 构造函数的语法格式如下。

```
pandas.DataFrame( data, index, columns, dtype, ...)
```

pandas.DataFrame()是用于创建DataFrame对象的构造函数。它接受多个参数来定义DataFrame的数据、行索引、列索引、数据类型等。

常用参数的解释如下。

- data：DataFrame的数据部分。它可以是多种形式的数据，如ndarray、Series、列表、字典等。可以是二维数组、嵌套列表、字典的列表等。

- index：DataFrame的行索引。它定义每一行的标签或名称。默认情况下，行索引是从0开始的整数序列，可以传递一个指定行索引的参数，如列表、数组等。

- columns：DataFrame的列索引。它定义每一列的标签或名称。默认情况下，列索引是从0开始的整数序列，可以传递一个指定列索引的参数，如列表、数组等。

- dtype：DataFrame的数据类型。它可以是Python的数据类型（如int、float、str等）或NumPy的数据类型。如果没有指定，数据类型将根据数据部分自动推断。

- 其他参数：还有其他可选的参数，如copy（指定是否复制数据，默认为False）、name（DataFrame的名称）、index_col（指定用作行索引的列）、header（指定用作列索引的行）等。

1. 使用列表创建 DataFrame 对象

使用列表创建DataFrame对象的示例代码如下。

```
import pandas as pd
L =[[3,0,1], [2,1,2],  [0,2,1], [1,3,0]]
df = pd.DataFrame(L)                    ①
print(df)
```

示例代码运行后，输出结果如下。

```
   0  1  2
0  3  0  1
1  2  1  2
2  0  2  1
3  1  3  0
```

上述代码解释如下。

代码第①行通过列表创建DataFrame对象，由于没有指定行标签和列标签，会采用默认的行标签和列标签，如图3-14所示，默认的行标签和列标签，即从0开始的整数序列。这就是为什么输出结果中的行标签是0、1、2、3，列标签是0、1、2。

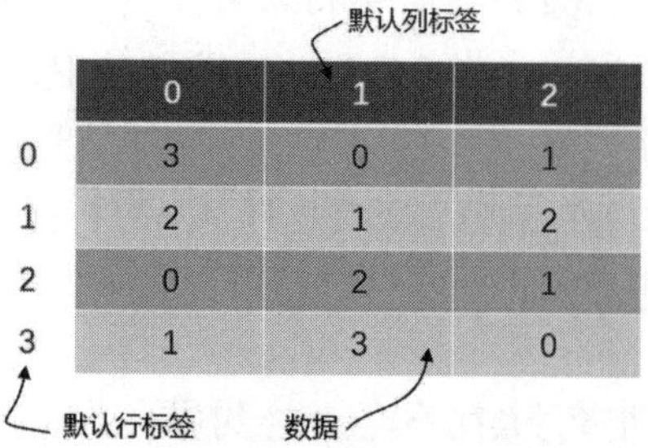

图 3-14　默认行标签和列标签

2. 指定行标签和列标签

在创建表创建DataFrame对象时可以指定行标签和列标签，示例代码如下。

```
import pandas as pd
L =[[3,0,1], [2,1,2],  [0,2,1], [1,3,0]]
df1 = pd.DataFrame(L,columns=['apples','oranges','bananas']) # 指定列标签
print("------df1-------")
print(df1)

df2 = pd.DataFrame(L,
                   columns=['apples','oranges','bananas'],    # 指定列标签
                   index=['June','Robert','Lily','David'])     # 指定行标签
print("------df2-------")
print(df2)
```

示例代码运行后，输出结果如下。

```
------df1-------
   apples  oranges  bananas
0       3        0        1
1       2        1        2
2       0        2        1
3       1        3        0
------df2-------
        apples  oranges  bananas
June         3        0        1
Robert       2        1        2
Lily         0        2        1
David        1        3        0
```

在上述代码中，创建df1对象时指定了指定列标签，在创建df2对象时指定了指定列标签和行标签，创建成功的df2对象结果如图3-15所示。

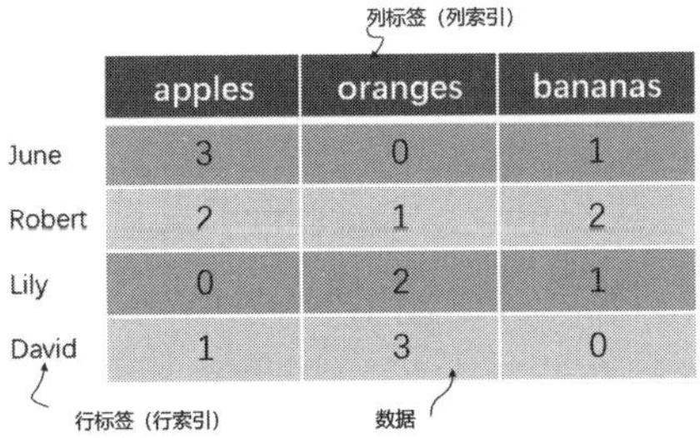

图 3-15　df2 对象

3. 使用字典创建 DataFrame 对象

使用字典创建 DataFrame 对象的示例代码如下。

```python
import pandas as pd

data ={ 'apples': [3, 2, 0, 1],
        'oranges': [0, 1, 2, 3],
        'bananas': [1, 2, 1, 0]
     }

df1 = pd.DataFrame(data)          # 使用字典创建 DataFrame
print("------df1-------")
print(df1)

# 指定行标签创建 DataFrame
df2 = pd.DataFrame(data, index=['June','Robert','Lily','David'])
print("------df2-------")
print(df2)
```

示例代码运行后，输出结果如下。

```
------df1-------
    apples  oranges  bananas
0        3        0        1
1        2        1        2
2        0        2        1
3        1        3        0
------df2-------
        apples  oranges  bananas
June         3        0        1
Robert       2        1        2
Lily         0        2        1
David        1        3        0
```

3.12 访问DataFrame数据

要访问 DataFrame 结构中的数据，可以使用不同的方法和操作符。以下是几种常见的访问 DataFrame 的方式：（1）列访问；（2）行访问；（3）切片访问。

下面分别介绍一下。

3.12.1 访问DataFrame列

列访问：可以使用列标签来访问DataFrame中的特定列。可以使用以下两种方式之一实现。

（1）使用点操作符：df.column_name，其中column_name是列的标签。

（2）使用下标操作符（[]）：df['column_name']，其中column_name是列的标签。

访问DataFrame列数据的示例代码如下。

```
import pandas as pd
data = {'apples': [3, 2, 0, 1], 'oranges': [2, 4, 6, 8], 'bananas': [1, 3,
5, 7]}
df = pd.DataFrame(data)

# 使用点操作符
print(df.apples)
# 使用下标操作符
print(df['apples'])
```

示例代码运行后，输出结果如下。

```
0    3
1    2
2    0
3    1
Name: apples, dtype: int64
0    3
1    2
2    0
3    1
Name: apples, dtype: int64
```

3.12.2 访问DataFrame行

行访问：可以使用行索引来访问DataFrame中的特定行。可以使用以下方式之一实现。

（1）使用.loc属性加上行索引：df.loc[row_index]，其中row_index是行的标签。

（2）使用.iloc属性加上行的位置索引：df.iloc[row_position]，其中row_position是行的位置索引。

访问DataFrame行数据的示例代码如下。

```
import pandas as pd

data = {'apples': [3, 2, 0, 1], 'oranges': [2, 4, 6, 8], 'bananas': [1, 3,
5, 7]}
```

```
index = ['A', 'B', 'C', 'D']
df = pd.DataFrame(data, index=index)

# 使用 .loc 访问行
print(df.loc['A'])

# 使用 .iloc 访问行
print(df.iloc[0])
```

示例代码运行后，输出结果如下。

```
apples      3
oranges     2
bananas     1
Name: A, dtype: int64
apples      3
oranges     2
bananas     1
Name: A, dtype: int64
```

3.12.3 切片访问

切片访问：可以使用切片操作访问DataFrame中的连续行或列的子集。可以使用以下方式之一实现。

（1）使用.loc属性加上行切片：df.loc[start_row:end_row]，其中start_row和end_row是起始行和结束行的标签。

（2）使用.iloc属性加上行的位置切片：df.iloc[start_position:end_position]，其中start_position和end_position是起始位置和结束位置的索引。

使用切片访问DataFrame数据的示例代码如下。

```
import pandas as pd
data = {'apples': [3, 2, 0, 1], 'oranges': [2, 4, 6, 8], 'bananas': [1, 3,
5, 7]}
index = ['A', 'B', 'C', 'D']
df = pd.DataFrame(data, index=index)

# 使用 .loc 切片访问行
print(df.loc['A':'C'])

# 使用 .iloc 切片访问行
print(df.iloc[0:3])
```

```
# 使用 .loc 切片访问列
print(df.loc[:, 'apples':'oranges'])

# 使用 .iloc 切片访问列
print(df.iloc[:, 0:2])
```

示例代码运行后，输出结果如下。

```
   apples   oranges   bananas
A     3        2         1
B     2        4         3
C     0        6         5
   apples   oranges   bananas
A     3        2         1
B     2        4         3
C     0        6         5
   apples   oranges
A     3        2
B     2        4
C     0        6
D     1        8
   apples   oranges
A     3        2
B     2        4
C     0        6
D     1        8
```

3.13 读写数据

Pandas 库提供丰富的功能来读取和写入各种数据格式，包括 CSV、Excel、SQL 数据库等。

💡 提示

CSV 文件是一种常见的文件格式，它代表逗号分隔值（Comma-Separated Values）。CSV 文件是一种纯文本文件，其中的数据以逗号为分隔符进行字段的分隔。每行数据代表一条记录，而每个字段则在该行内通过逗号进行分隔。

CSV 文件的优点是它的简单性和广泛支持。它可以使用任何文本编辑器进行创建和编辑，并且可以被许多软件应用程序和编程语言轻松读取和处理。CSV 文件通常用于存储表格数据，例如电子表格数据、数据库导出数据等。

以下是一个包含表头和三行数据的简单示例。

姓名，年龄，性别
爱丽丝，25，女
鲍勃，30，男
查理，35，男

我们需要将CSV代码复制粘贴到文本编辑器中，如图3-16所示。

然后将文件保存为".csv"文件格式，如图3-17所示。

图 3-16　在记事本中编写CSV代码　　　　　　图 3-17　保存CSV文件

保存好CSV文件之后，我们可以使用Excel和WPS等Office工具打开。图3-18所示的是使用Excel打开的CSV文件。

另外，在保存CSV文件时，要注意字符集问题！如果是在简体中文系统下，推荐字符集选择ANSI，ANSI在简体中文就是GBK编码，如果不能正确选择字符集则会出现中文乱码，图3-19所示的是用Excel工具打开UTF-8编码的CSV文件出现中文乱码的情况，而用WPS工具打开则不会出现乱码的情况。

图 3-18　使用Excel打开CSV文件　　　　　　图 3-19　CSV文件乱码

3.13.1 读取CSV文件数据

读取CSV文件数据的函数是pandas.read_csv()，该函数返回值是DataFrame对象，该函数语法格式如下。

```
pandas.read_csv(filepath_or_buffer, sep=', ', delimiter=None, header='infer',
index_col=None, skiprows=None, skipfooter=0,encoding='utf-8')
```

以下是对主要参数的详细说明。

- filepath_or_buffer：要读取的CSV文件的路径或文件对象。可以是本地文件的路径、文件对象，或者是远程URL。
- sep 或 delimiter：用于分隔每行字段的字符或正则表达式。默认情况下，分隔符是逗号 ","。
- header：指定用作 DataFrame 对象列标签的行号。可以是一个整数，表示具体的行号；或是字符串 "infer"，表示自动推断列标签，默认是自动推断。
- index_col：指定用作 DataFrame 对象行标签的列号。可以是一个整数，表示具体的列号；或是 None，表示不使用任何列作为行标签，默认是 None。
- skiprows：指定要跳过的文件开头的行数。可以是一个整数，表示要跳过的行数；或是一个列表，表示要跳过的具体行号；也可以是一个函数，用于自定义跳过的行，默认是 None。
- skipfooter：指定要跳过的文件末尾的行数。通常用于跳过文件中的摘要或脚注部分，默认是 0，表示不跳过任何行。
- engine：指定解析引擎的选择，可以是 C 或 Python。默认是 C，使用 C 解析引擎可以进行更快的解析。但是，C 引擎不支持 skipfooter 参数。
- encoding：用于指定读取文件时使用的字符编码方式。它用于解决文件中可能存在的编码问题，确保能够正确地读取和解析文件内容。

常见的 encoding 取值包括以下几种。

（1）utf-8：UTF-8 编码，适用于大多数 Unicode 字符集。

（2）gbk：GBK 编码，适用于中文简体和繁体字符集。

（3）latin1：ISO-8859-1 编码，适用于大多数西欧语言字符集。

（4）ascii：ASCII 编码，仅适用于英文字符集。

这些参数可以根据具体的需求进行调整，以正确读取 CSV 文件并创建 DataFrame 对象。

3.13.2 案例1：从CSV文件读取货币供应量数据

下面通过一个案例展示一下如何使用 Pandas 库从 CSV 文件读取数据到 DataFrame 对象，从而进行进一步操作。

案例背景

笔者从国家统计局网站下载了"货币供应量月度数据 .csv"文件，内容如图 3-20 所示。

图 3-20　货币供应量月度CSV数据

读取"货币供应量月度数据.csv"文件的代码如下。

```
import pandas as pd
df =pd.read_csv('data/ 货币供应量月度数据 .csv',skiprows=2,skipfooter=2,engine=
'python', encoding='gbk')
```

使用Jupyter Notebook工具运行上述代码，输出结果如图 3-21 所示。

	指标	2023年4月	2023年3月	2023年2月	2023年1月	2022年12月	2022年11月	2022年10月	2022年9月	2022年8月	2022年7月	2022年6月	2022年5月
0	货币和准货币(M2)供应量期末值(亿元)	2808500.0	2814566.31	2755249.23	2738072.06	2664320.84	2647008.48	2612914.57	2626600.92	2595068.27	2578078.57	2581451.20	2527026.15
1	货币和准货币(M2)供应量同比增长(%)	12.4	12.70	12.90	12.60	11.80	12.40	11.80	12.10	12.20	12.00	11.40	11.10
2	货币(M1)供应量期末值(亿元)	669800.0	678059.63	657938.74	655214.16	671674.76	667042.61	662140.99	664535.17	664604.85	661832.33	674374.81	645107.52
3	货币(M1)供应量同比增长(%)	5.3	5.10	5.80	6.70	3.70	4.60	5.80	6.40	6.10	6.70	5.80	4.60
4	流通中现金(M0)供应量期末值(亿元)	105900.0	105591.30	107602.58	114601.30	104706.03	99740.12	98416.71	98672.06	97231.03	96509.19	96011.17	95546.86
5	流通中现金(M0)供应量同比增长(%)	10.7	11.00	10.60	7.90	15.30	14.10	14.30	13.60	14.30	13.90	13.80	13.50

图 3-21　输出结果

在上述代码中是使用Pandas库的read_csv()函数来读取"货币供应量月度数据.csv"文件的。注意，文件是保存到当前目录下的data目录中的。以下是对代码中各参数的解释。

- pd：是Pandas库的别名，用于引入并使用Pandas库中的函数和类。
- read_csv()：是Pandas库中用于读取CSV文件的函数。
- 'data/货币供应量月度数据.csv'：是要读取的CSV文件的路径或文件名。
- skiprows=2：跳过文件的前两行，即不将它们作为数据的一部分。

- skipfooter=2：跳过文件的最后两行，同样不将它们作为数据的一部分。
- engine='python'：指定使用Python解析引擎来读取文件。
- encoding='gbk'：指定文件的字符编码为GBK，以确保能够正确解码文件和读取其中的内容。

通过以上代码，CSV文件中的数据将被读取到一个DataFrame对象中，存储在变量df中，可以对该DataFrame对象进行后续的数据处理和分析操作。

3.13.3 写入数据到CSV文件

写入数据到CSV文件数据是通过Series和DataFrame对象的to_csv()函数实现的，该函数语法格式如下。

```
to_csv(path_or_buf=None, sep=', ', header=True, index=True, encoding=None)
```

对主要参数的解释如下。

- path_or_buf：指定要写入的CSV文件的路径或文件对象。可以是一个字符串表示的文件路径，也可以是一个文件对象。
- sep：用于分隔每行字段的字符或字符串。默认为逗号。
- header：决定是否将列名写入文件。可以是布尔值（True表示写入列名，False表示不写入列名），也可以是字符串列表（自定义列名）。
- index：决定是否将行名写入文件。只能是布尔值，默认为True。
- encoding：设置字符编码，用于指定写入文件时使用的字符集。在Python 2中，默认编码为ASCII；在Python 3中，默认编码为UTF-8。

通过调用to_csv()函数并传递相应的参数，可以将DataFrame或Series对象中的数据写入到指定的CSV文件中。

3.13.4 案例2：写入水果数据到CSV文件

下面通过一个案例展示一下如何使用Pandas库写入数据到CSV文件。

该案例实现过程如下。

（1）准备要写入的数据，代码如下。

```
import pandas as pd
data = { 'apples': [3, 2, 0, 1],
         'oranges': [0, 1, 2, 3],
         'bananas': [1, 2, 1, 0]}
df = pd.DataFrame(data, index=['June','Robert','Lily','David'])
df
```

将上述代码使用Jupyter Notebook工具运行，输出结果如图 3-22 所示。

（2）写入DataFrame数据到CSV文件，接着上面的代码，继续编写代码如下。

```
df.to_csv('data/ 水果 .csv', header=[' 苹果 ',' 橘子 ',' 香蕉 '],encoding='gbk')
```

代码运行成功后，会在当前的 data 目录下生成"水果.csv"文件，如图 3-23 所示，

	apples	oranges	bananas
June	3	0	1
Robert	2	1	2
Lily	0	2	1
David	1	3	0

图 3-22　输出结果

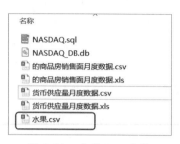

图 3-23　生成 CSV 文件

上述代码使用 to_csv() 函数将数据写入 CSV 文件。

对主要参数的解释如下。

- df: 是一个 DataFrame 对象，表示包含数据的数据框。
- to_csv('data/ 水果 .csv'): 指定将数据写入的文件路径为 "data/ 水果 .csv"。
- header=[' 苹果 ',' 橘子 ',' 香蕉 ']: 设置列名为 [' 苹果 ',' 橘子 ',' 香蕉 ']，将它们作为 CSV 文件的第一行。
- encoding='gbk': 设置字符编码为 GBK，以便正确处理中文字符。

因此，代码的作用是将 DataFrame 对象中的数据写入名为"水果.csv"的 CSV 文件中，同时在文件的第一行写入列名为"苹果""橘子"和"香蕉"，并使用 GBK 编码保存文件。

3.13.5 读取 Excel 文件数据

读取 Excel 文件数据的函数是 pandas.read_excel()，该函数返回值是 DataFrame 对象，该函数语法格式如下。

```
pandas.read_excel(io, sheet_name=0, header=0, index_col=None,
skiprows=None, skipfooter=0)
```

对主要参数的解释如下。

- io: 输入的 Excel 文件，可以是字符串、文件对象或 ExcelFile 对象。可以是本地文件路径，也可以是网络 URL。
- sheet_name: Excel 文件中的工作表名。可以是字符串（指定单个工作表）、整数（基于 0 的工作表位置索引）或列表（选择多个工作表）。
- header: 用作 DataFrame 对象列标签的行号。默认为 0，即将第一行作为列标签。如果设置为 None，则没有指定列标签。
- index_col: 用作 DataFrame 对象的行标签的列号。默认为 None，即不设置行标签。
- skiprows: 忽略文件头部的行数。默认为 None，即不跳过任何行。

- skipfooter：忽略文件尾部的行数。默认为 0，即不跳过任何行。

3.13.6 案例3：从Excel文件读取货币供应量数据

下面通过一个案例展示一下如何使用Pandas库从Excel文件读取数据到DataFrame对象，从而进行进一步操作。

案例背景

笔者从国家统计局网站下载了“货币供应量月度数据.xls”文件，内容如图 3-24 所示。

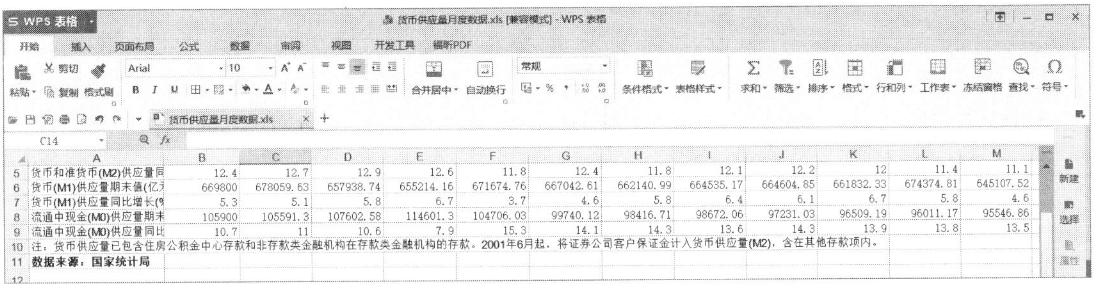

	A	B	C	D	E	F	G	H	I	J	K	L	M
5	货币和准货币(M2)供应量同	12.4	12.7	12.9	12.6	11.8	12.4	11.8	12.1	12.2	12	11.4	11.1
6	货币(M1)供应量期末值(亿元	669800	678059.63	657938.74	655214.16	671674.76	667042.61	662140.99	664535.17	664604.85	661832.33	674374.81	645107.52
7	货币(M1)供应量同比增长(%	5.3	5.1	5.8	6.7	3.7	4.6	5.8	6.4	6.1	6.7	5.8	4.6
8	流通中现金(M0)供应量期末	105900	105591.3	107602.58	114601.3	104706.03	99740.12	98416.71	98672.06	97231.03	96509.19	96011.17	95546.86
9	流通中现金(M0)供应量同比	10.7	11	10.6	7.9	15.3	14.1	14.3	13.6	14.3	13.9	13.8	13.5
10	注：货币供应量已包含住房公积金中心存款和非存款类金融机构在存款类金融机构的存款。2001年6月起，将证券公司客户保证金计入货币供应量(M2)，含在其他存款项内。												
11	数据来源：国家统计局												

图 3-24　货币供应量月度Excel数据

读取“货币供应量月度数据.xls”文件的代码如下。

```
import pandas as pd
df = pd.read_excel('data/货币供应量月度数据.xls', sheet_name='月度数据',skiprows=2,skipfooter= 2, index_col=0)
df
```

将上述代码使用Jupyter Notebook工具运行，输出结果如图 3-25 所示。

指标	2023年4月	2023年3月	2023年2月	2023年1月	2022年12月	2022年11月	2022年10月	2022年9月	2022年8月	2022年7月	2022年6月	2022年5月
货币和准货币(M2)供应量期末值(亿元)	2808500.0	2814566.31	2755249.23	2738072.06	2664320.84	2647008.48	2612914.57	2626600.92	2595068.27	2578078.57	2581451.20	2527026.15
货币和准货币(M2)供应量同比增长(%)	12.4	12.70	12.90	12.60	11.80	12.40	11.80	12.10	12.20	12.00	11.40	11.10
货币(M1)供应量期末值(亿元)	669800.0	678059.63	657938.74	655214.16	671674.76	667042.61	662140.99	664535.17	664604.85	661832.33	674374.81	645107.52
货币(M1)供应量同比增长(%)	5.3	5.10	5.80	6.70	3.70	4.60	5.80	6.40	6.10	6.70	5.80	4.60
流通中现金(M0)供应量期末值(亿元)	105900.0	105591.30	107602.58	114601.30	104706.03	99740.12	98416.71	98672.06	97231.03	96509.19	96011.17	95546.86
流通中现金(M0)供应量同比增长(%)	10.7	11.00	10.60	7.90	15.30	14.10	14.30	13.60	14.30	13.90	13.80	13.50

图 3-25　输出结果

上述代码使用pd.read_excel()函数读取当前data目录下的"货币供应量月度数据.xls"文件中的工作表"月度数据"的数据，并将其存储在DataFrame对象df中。数据将根据指定的行索引和跳过的行数进行处理。

以下是对excel()函数主要参数的解释。

- 'data/货币供应量月度数据.xls'：指定要读取的Excel文件路径和文件名。
- sheet_name='月度数据'：指定要读取的工作表名称为"月度数据"。
- skiprows=2：指定要跳过的行数，这里跳过前两行。
- skipfooter=2：指定要跳讨的尾部行数，这里跳过末尾的两行。
- index_col=0：指定作为行索引的列号，这里将第一列作为行索引。

> **注意**
>
> 由于用pd.read_excel()函数底层依赖于xlrd库，而xlrd库是一个读取Excel文件的第三方库，因此需要进行安装，读者可以使用pip install xlrd指令进行安装，安装过程不再赘述。

3.13.7 读取SQL数据库

数据库有很多，由于SQLite是一种轻量级的关系型数据库管理系统，它不需要进行安装，Python标准库中包含sqlite3模块，所以笔者推荐使用SQLite数据库。

Pandas库提供read_sql函数，可以使用SQL从数据库读取数据并转换为DataFrame对象，主要代码如下。

```
# 从 SQL 数据库读取数据并转换为 DataFrame 对象
import sqlite3
conn = sqlite3.connect('database.db')
query = 'SELECT * FROM table'
data_sql = pd.read_sql(query, conn)
```

3.13.8 案例4：从数据库读取苹果股票数据

下面通过一个案例展示一下如何使用Pandas库从数据库读取数据到DataFrame对象，从而进行进一步操作。

> **案例背景**

笔者曾经搜集了纳斯达克苹果公司的股票数据，并保存到SQLite数据库，数据库文件是NASDAQ_DB.db，使用SQLite管理工具（DB Browser for SQLite）打开文件，如图3-26所示。

图 3-26　NASDAQ_DB.db 数据库数据

 提 示

DB Browser for SQLite 工具的具体使用方法这里不再赘述，读者可以自己搜索下载或从本书配套工具查找。

读取文件 NASDAQ_DB.db 的代码如下。

```python
import pandas as pd
# 从 SQL 数据库读取数据并转换为 DataFrame 对象
import sqlite3
conn = sqlite3.connect('data/NASDAQ_DB.db')
①
# 准备 SQL 语句 HistoricalQuote 表保存股票历史数据
query = 'SELECT * FROM HistoricalQuote'
②
data_sql = pd.read_sql(query, conn)
③
data_sql
```

使用 Jupyter Notebook 工具运行上述代码，输出结果如图 3-27 所示。

	HDate	Open	High	Low	Close	Volume	Symbol
0	2023-01-22	177.3000	177.7800	176.6016	177.00	27052000	AAPL
1	2023-01-23	177.3000	179.4400	176.8200	177.04	32395870	AAPL
2	2023-01-24	177.2500	177.3000	173.2000	174.22	51368540	AAPL
3	2023-01-25	174.5050	174.9500	170.5300	171.11	41438280	AAPL
4	2023-01-26	172.0000	172.0000	170.0600	171.51	39075250	AAPL
...	...	...	...	...	...	...	...
58	2023-04-16	175.0301	176.1900	174.8301	175.82	21561320	AAPL
59	2023-04-17	176.4900	178.9365	176.4100	178.24	26575010	AAPL
60	2023-04-18	177.8100	178.8200	176.8800	177.84	20544600	AAPL
61	2023-04-19	174.9500	175.3900	172.6600	172.80	34693280	AAPL
62	2023-04-20	170.5950	171.2184	165.4300	165.72	65270950	AAPL

63 rows × 7 columns

图 3-27　输出结果

上述代码解释如下。

- 代码第①行导入了 Python 的 sqlite3 模块，用于连接和操作 SQLite 数据库。
- 代码第②行创建了一个与 SQLite 数据库文件 data/NASDAQ_DB.db 的连接。它使用 sqlite3 模块中的 connect() 函数，将数据库文件的路径作为参数传递给它。连接对象被赋值给变量 conn，以供后续操作使用。
- 代码第③行定义了一个 SQL 查询语句。查询语句是用来从数据库中检索数据的指令。在这个例子中，查询语句选取了 HistoricalQuote 表中的所有列 (*)。
- 代码第④行使用 pd.read_sql() 函数从数据库中执行 SQL 查询，并将结果存储到一个 DataFrame 对象中。pd.read_sql() 函数接受两个参数，第一个参数是查询语句，第二个参数是数据库连接对象。执行完毕后，查询结果被存储在 data_sql 变量中，可以进一步处理和分析。

3.14　本章总结

本章介绍了 NumPy 库和 Pandas 库的基础知识和使用方法。在 NumPy 部分，我们学习了创建数组的方法，包括一维和二维数组的创建方法，以及数组的属性和访问方法。在 Pandas 部分，我们了解了如何创建和访问 Series 和 DataFrame 数据结构，以及如何读取和写入数据，包括 CSV、Excel 和 SQL 数据库。这些知识将在数据处理和分析方面提供重要帮助。

第 **4** 章

量化交易可视化库

在量化交易中，数据可视化起着非常重要的作用，可以帮助分析和理解金融市场数据、交易策略的绩效及风险管理等方面的信息。以下是一些常见的数据可视化方法和图表类型，用于进行量化交易中的数据分析和可视化。

（1）K线图（Candlestick Chart）：K线图是用于展示金融资产价格走势的常见图表类型。它通过展示每个时间周期内的开盘价、最高价、最低价和收盘价，可以帮助识别价格趋势和价格反转的信号。

（2）折线图（Line Chart）：折线图用于展示金融资产价格、指标或其他数据随时间变化的趋势。它可以用于绘制收盘价、移动平均线、指标数值等，以观察价格或指标的趋势和周期性。

（3）条形图（Bar Chart）：条形图常用于表示金融资产的交易量或其他离散数据。它可以用于比较不同时间段的交易量、市场成交额等信息。

（4）散点图（Scatter Plot）：散点图用于显示两个变量之间的关系。在量化交易中，可以使用散点图来探索不同金融资产之间的相关性或组合策略的绩效等。

（5）热力图（Heatmap）：热力图用于以矩阵形式展示数据的相对大小或相关性。在量化交易中，可以使用热力图来可视化不同金融资产之间的相关性矩阵或指标的历史变化。

（6）直方图（Histogram）：直方图用于展示数据的分布情况。在量化交易中，可以使用直方图来观察金融资产价格或指标的分布情况，以及寻找潜在的价格区间或交易信号。

（7）饼图（Pie Chart）：饼图用于展示不同组成部分的相对比例。在量化交易中，可以使用饼图来展示不同资产类别的投资组合分配比例。

4.1 量化交易可视化库

在量化交易中，常见的数据可视化库包括Seaborn和Matplotlib。这两个库都具有强大的功能和灵活性，可以满足量化交易数据可视化的需求。具体使用哪个库更多，取决于个人偏好和具体的使用场景。

（1）Matplotlib是一个广泛使用的Python数据可视化库，它提供丰富的绘图功能和灵活的绘图接口。它可以用于绘制各种类型的图表，包括线图、柱状图、散点图、饼图等。由于功能强大和灵活性，Matplotlib在量化交易领域得到了广泛的应用，许多量化交易的研究人员和分析师使用Matplotlib来可视化金融数据和交易策略的结果。

（2）Seaborn是基于matplotlib的高级数据可视化库，它提供更简化和美化的绘图接口，使绘图过程更加简单和快速。Seaborn针对统计数据可视化进行了优化，提供许多统计图表和颜色主题，使数据的可视化更加吸引人。Seaborn在量化交易中也得到了广泛的应用，特别是在探索性数据分析和数据预处理阶段，以及展示分析结果和模型评估方面。

总的来说，Matplotlib在量化交易中使用较广泛，因为它是基础库，提供丰富的功能和灵活性，可以满足各种需求。而Seaborn作为一个更高级的库，更多地用于快速可视化和美化数据，特别适用于探索性数据分析和展示分析结果。

4.2 使用Matplotlib绘制图表

本节将介绍 Matplotlib 的安装和基本开发过程。

4.2.1 安装Matplotlib

安装 Matplotlib 可以使用 pip 工具，安装指令如下。

```
pip install matplotlib
```

安装过程如图 4-1 所示。

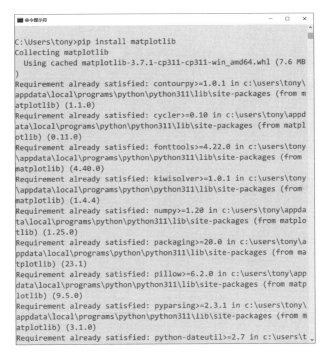

图 4-1　安装过程

4.2.2 图表基本构成要素

图 4-2 所示的是一个折线图表，其中图表有标题，也可以为 x 轴和 y 轴添加标题；x 轴和 y 轴有默认刻度，也可以根据需要改变刻度；还可以为刻度添加标题。图表中有类似的图形时可以为其添加图例，用不同的颜色标识它们的区别。

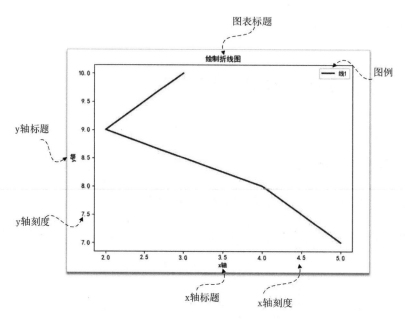

图 4-2　折线图表

4.2.3　绘制折线图

下面通过一个常用图表介绍 Matplotlib 库的使用。折线图是由线构成的，是比较简单的图表。绘制折线图的示例代码如下。

```
import matplotlib.pyplot as plt
plt.rcParams['font.family'] = ['SimHei'] # 设置中文字体
plt.rcParams['axes.unicode_minus'] = False # 设置负号显示
x = [-5, -4, 2, 1]  # x轴坐标数据                              ①
y = [7, 8, 9, 10] # y轴坐标数据                                ②
# 绘制线段
plt.plot(x, y, 'b', label='线 1', linewidth=2)                ③
plt.title('绘制折线图 ')  # 添加图表标题
plt.ylabel('y轴 ')  # 添加 y 轴标题
plt.xlabel('x轴 ')  # 添加 x 轴标题
plt.legend()  # 设置图例
# 以分辨率 72 来保存图片
plt.savefig(' 折线图 ', dpi=72)                               ④

plt.show()  # 显示图形                                        ⑤
```

使用 Jupyter Notebook 工具运行上述代码后，会生成图片，图片会嵌入页面，如图 4-3 所示。

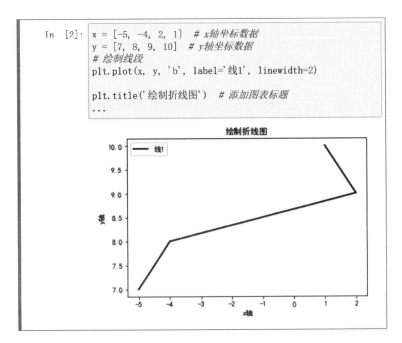

```
In [2]: x = [-5, -4, 2, 1]   # x轴坐标数据
        y = [7, 8, 9, 10]    # y轴坐标数据
        # 绘制线段
        plt.plot(x, y, 'b', label='线1', linewidth=2)

        plt.title('绘制折线图')   # 添加图表标题
        ...
```

图 4-3   程序运行结果

上述代码解释如下。

- 代码第①行定义 x 轴的坐标数据，即 [-5, -4, 2, 1]。
- 代码第②行定义 y 轴的坐标数据，即 [7, 8, 9, 10]。
- 代码第③行使用 plot() 函数绘制折线图。"b" 表示蓝色线条，label 用于指定图例标签，linewidth 设置线条的宽度。
- 代码第④行保存图形为名为 "折线图" 的文件，保存的分辨率为 72dpi。
- 代码第⑤行显示绘制的图形。

4.2.4 绘制柱状图

下面我们介绍如何使用 Matplotlib 绘制柱状图，示例代码如下。

```
import matplotlib.pyplot as plt
plt.rcParams['font.family'] = ['SimHei']   # 设置中文字体
plt.rcParams['axes.unicode_minus'] = False # 设置负号显示


x1 = [1, 3, 5, 7, 9]   # x1 轴坐标数据
y1 - [5, 2, 7, 8, 2]   # y1 轴坐标数据


x2 = [2, 4, 6, 8, 10]  # x2 轴坐标数据
y2 = [8, 6, 2, 5, 6]   # y2 轴坐标数据
```

```
# 绘制柱状图
plt.bar(x1, y1, label=' 柱状图 1')                    ①
plt.bar(x2, y2, label=' 柱状图 2')                    ②
plt.title(' 绘制柱状图 ')    # 添加图表标题

plt.ylabel('y 轴 ')    # 添加 y 轴标题
plt.xlabel('x 轴 ')    # 添加 x 轴标题

plt.legend()              # 设置图例
plt.show()
```

使用 Jupyter Notebook 工具运行上述代码，绘制的柱状图如图 4-4 所示。

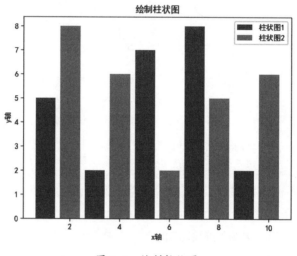

图 4-4　绘制柱状图

上述代码绘制了具有两种不同图例的柱状图。代码第①行和第②行通过 bar() 函数绘制柱状图。

4.2.5　绘制饼状图

饼状图用来展示各分项在总和中的比例。饼状图有点特殊，它没有坐标。绘制饼状图的示例代码如下。

```
import matplotlib.pyplot as plt
plt.rcParams['font.family'] = ['SimHei'] # 设置中文字体
# 股票投资组合数据
portfolio = {
    'AAPL': 30,        # 苹果公司占比 30%
    'GOOGL': 20,       # 谷歌公司占比 20%
    'AMZN': 25,        # 亚马逊公司占比 25%
    'MSFT': 15,        # 微软公司占比 15%
```

```
    'FB': 10   # Facebook 公司占比 10%
}

# 提取数据和标签
stocks = list(portfolio.keys())                                    ①
weights = list(portfolio.values())                                 ②

# 绘制饼状图
plt.pie(weights, labels=stocks, autopct='%1.1f%%')                 ③

# 设置图表标题
plt.title(' 股票投资组合 ')

# 显示图形
plt.show()
```

上述码使用 Matplotlib 库绘制了一个饼状图，展示了股票投资组合中不同股票的比例关系。使用 Jupyter Notebook 工具运行上述代码，绘制的饼状图如图 4-5 所示。

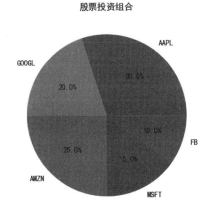

图 4-5　绘制饼状图

上述代码解释如下。

- 代码第①行将股票投资组合字典中的键（股票名称）提取为一个列表，即 list(portfolio.keys())。
- 代码第②行将股票投资组合字典中的值（占比）提取为一个列表，即 list(portfolio.values())。
- 代码第③行使用 plt.pie() 函数绘制饼状图，传入占比数据（weights）和标签（stocks），并使用 autopct 参数设置百分比的显示格式，其中"%.1f%%"是格式化字符串，"%.1f"表示保留一位小数，"%%"表示一个百分号"%"。

4.2.6 绘制散点图

绘制散点图是一种常用的数据可视化方法，用于展示两个变量之间的关系。在 Matplotlib 中，可以使用 plt.scatter() 函数绘制散点图。绘制散点图的示例代码如下。

```python
import matplotlib.pyplot as plt
plt.rcParams['font.family'] = ['SimHei']     # 设置中文字体
plt.rcParams['axes.unicode_minus'] = False  # 设置负号显示

# 股票数据
closing_prices = [100, 110, 120, 115, 105] # 收盘价数据
volume = [1000, 1500, 2000, 1800, 1200]       # 成交量数据

# 绘制散点图
plt.scatter(closing_prices, volume)

# 设置图表标题和轴标签
plt.title('股票收盘价与成交量关系')
plt.xlabel('收盘价')
plt.ylabel('成交量')

# 显示图形
plt.show()
```

上述码定义了两个变量 closing_prices 和 volume，分别表示股票的收盘价和成交量数据。然后，使用 plt.scatter() 函数绘制散点图，并传入收盘价和成交量的数据。接下来，使用 plt.title()、plt.xlabel() 和 plt.ylabel() 函数设置图表标题、x 轴标签和 y 轴标签。最后，使用 plt.show() 展示图形。

使用 Jupyter Notebook 工具运行上述代码，绘制的散点图如图 4-6 所示。

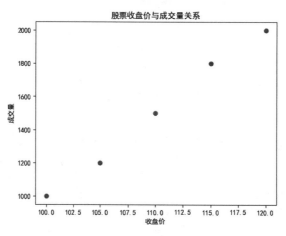

图 4-6　绘制散点图

4.2.7 案例1：贵州茅台股票历史成交量折线图

下面我们通过一个案例介绍一下如何使用Matplotlib绘制折线图。

案例背景

笔者最近研究贵州茅台股票数据，为此收集了贵州茅台股票历史成交量数据，数据保存在“贵州茅台股票历史交易数据.csv”文件，文件内容如图 4-7 所示。

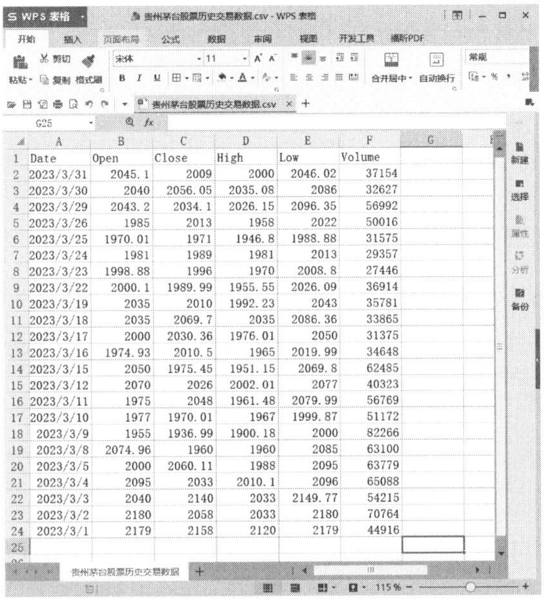

Date	Open	Close	High	Low	Volume
2023/3/31	2045.1	2009	2000	2046.02	37154
2023/3/30	2040	2056.05	2035.08	2086	32627
2023/3/29	2043.2	2034.1	2026.15	2096.35	56992
2023/3/26	1985	2013	1958	2022	50016
2023/3/25	1970.01	1971	1946.8	1988.88	31575
2023/3/24	1981	1989	1981	2013	29357
2023/3/23	1998.88	1996	1970	2008.8	27446
2023/3/22	2000.1	1989.99	1955.55	2026.09	36914
2023/3/19	2035	2010	1992.23	2043	35781
2023/3/18	2035	2069.7	2035	2086.36	33865
2023/3/17	2000	2030.36	1976.01	2050	31375
2023/3/16	1974.93	2010.5	1965	2019.99	34648
2023/3/15	2050	1975.45	1951.15	2069.8	62485
2023/3/12	2070	2026	2002.01	2077	40323
2023/3/11	1975	2048	1961.48	2079.99	56769
2023/3/10	1977	1970.01	1967	1999.87	51172
2023/3/9	1955	1936.99	1900.18	2000	82266
2023/3/8	2074.96	1960	1960	2085	63100
2023/3/5	2000	2060.11	1988	2095	63779
2023/3/4	2095	2033	2010.1	2096	65088
2023/3/3	2040	2140	2033	2149.77	54215
2023/3/2	2180	2058	2033	2180	70764
2023/3/1	2179	2158	2120	2179	44916

图 4-7 贵州茅台股票历史成交量CSV数据

案例实现代码如下。

```
import matplotlib.pyplot as plt
import pandas as pd

plt.rcParams['font.family'] = ['SimHei']              # 设置中文字体
plt.rcParams['axes.unicode_minus'] = False            # 设置负号显示

# 设置图表大小
plt.figure(figsize=(15, 5))

f = r'data\贵州茅台股票历史交易数据.csv'
df = pd.read_csv(f, sep=',', encoding='gbk', header=0)    ①
df_sorted = df.sort_values(by='Date')                      ②
# 绘制线段
plt.plot(df_sorted['Date'], df_sorted['Volume'])           ③
```

```
plt.title(' 贵州茅台股票 ')   # 添加图表标题
plt.ylabel(' 成交量 ')   # 添加 y 轴标题
plt.xlabel(' 交易日期 ')   # 添加 x 轴标题
plt.xticks(rotation=40)                                    ④
plt.show()   # 显示图形
```

使用 Jupyter Notebook 工具运行上述代码，绘制的折线图如图 4-8 所示。

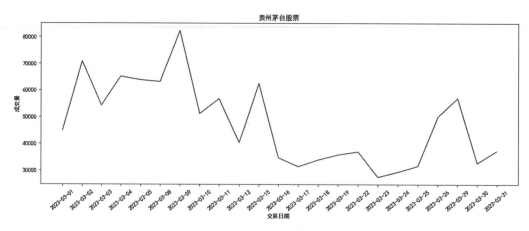

图 4-8　贵州茅台股票历史成交量的历史数据折线图

上述代码解释如下。

- 代码第①行使用 pd.read_csv() 函数从一个 CSV 文件读取数据，并将其存储在 DataFrame df。函数的参数包括文件路径 f，分隔符 sep（在此例中为逗号），字符编码 encoding（在此例中为 GBK）和 header（在此例中为 0，表示使用文件中的第一行作为列标签）。
- 代码第②行使用 sort_values() 方法对 DataFrame df 进行排序。根据参数 "by='Date'"，它按照 Date 列的值进行升序排序。排序后的结果存储在新的 DataFrame df_sorted 中。
- 代码第③行使用 plt.plot() 函数绘制线段图。它通过传递参数 df_sorted['Date'] 和 df_sorted['Volume'] 绘制以 Date 列为 x 轴数据，以 Volume 列为 y 轴数据的线段图。
- 代码第④行使用 plt.xticks(rotation=40) 旋转 x 轴刻度标签，使其以 40 度的角度显示。这样可以避免刻度标签之间的重叠，增强可读性。

4.2.8　案例2：绘制贵州茅台股票OHLC折线图

股票的 OHLC（开盘价、最高价、最低价、收盘价）线图是一种常见的图表类型，用于展示股票的开盘价（Open）、最高价（High）、最低价（Low）和收盘价（Close）的变化情况。下面是示例代码，展示如何使用 Matplotlib 库绘制股票的 OHLC 线图。

```
import matplotlib.pyplot as plt
import pandas as pd
```

```python
plt.rcParams['font.family'] = ['SimHei']   # 设置中文字体
plt.rcParams['axes.unicode_minus'] = False   # 设置负号显示


# 设置图表大小
plt.figure(figsize=(15, 5))
f = r'data\贵州茅台股票历史交易数据.csv'
df = pd.read_csv(f, sep=',', encoding='gbk', header=0)
df_sorted = df.sort_values(by='Date')


plt.title('贵州茅台股票OHLC折线图')   # 添加图表标题


plt.plot(df_sorted['Date'], df_sorted['Open'], label='开盘价')
plt.plot(df_sorted['Date'], df_sorted['High'], label='最高价')
plt.plot(df_sorted['Date'], df_sorted['Low'], label='最低价')
plt.plot(df_sorted['Date'], df_sorted['Close'], label='收盘价')


plt.title('贵州茅台股票OHLC折线图')   # 添加图表标题
plt.ylabel('成交量')   # 添加y轴标题
plt.xlabel('交易日期')   # 添加x轴标题
plt.xticks(rotation=40)
plt.legend()   # 设置图例


# 保存图片
plt.savefig('贵州茅台股票OHLC折线图', dpi=200)
plt.show()   # 显示图形
```

使用Jupyter Notebook工具运行上述代码，绘制的股票OHLC线图，如图4-9所示。

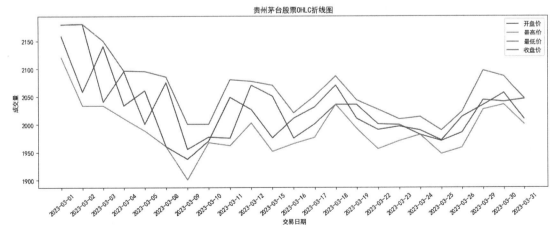

图4-9 贵州茅台股票历史交易OHLC线图

上述代码的相关解释与案例 1 类似，这里不再赘述。

4.3 K线图

K线（Candlestick chart）又称"阴阳烛"图，它将OHLC（开盘价、最高价、最低价、收盘价）信息绘制在一张图表上，宏观上可以反映价格走势，微观上可以看出每天的涨跌等信息。K线图广泛用于股票、期货、贵金属、数字货币等行情的技术分析，称为K线分析。

K线可分为"阳线""阴线"和"中立线"三种，阳线代表收盘价大于开盘价，阴线代表开盘价大于收盘价，中立线则代表开盘价等于收盘价，如图 4-10 所示。K线中的阴阳线，在中国大陆、中国台湾地区，以及日本和韩国，以红色表示阳线，以绿色表示阴线，即红升绿跌；而在中国香港和欧美，习惯则正好相反，以红色表示阴线，以绿色表示阳线，即绿升红跌。

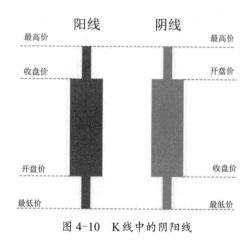

图 4-10　K线中的阴阳线

4.3.1 绘制K线图

要绘制K线图可以使用mplfinance库（Matplotlib Finance）。以下是使用mplfinance库的示例代码。

```
import pandas as pd
import mplfinance as mpf          ①
# 读取股票数据
data = pd.read_csv('stock_data.csv', parse_dates=True, index_col=0)    ②
# 绘制 K 线图
mpf.plot(data, type='candle', mav=(10, 20), volume=True, show_
nontrading=True)          ③
```

解释代码如下。

* 代码第①行导入了必要的库：pandas用于数据处理，mplfinance用于绘制K线图。

- 代码第②行通过 pd.read_csv() 函数读取股票数据文件，并指定 "parse_dates=True" 参数以解析日期数据，"index_col=0" 参数指定将第一列作为索引。
- 代码第③行使用 mpf.plot() 函数绘制 K 线图。参数 "type='candle'" 表示使用蜡烛图类型的 K 线图，"mav=(10, 20)" 表示绘制 10 日和 20 日的移动平均线，"volume=True" 表示绘制成交量图，"show_nontrading=True" 表示显示非交易日的空白区域。

注意

上述代码需要确保已安装 mplfinance 库，安装指令 pip install mplfinance，**具体细节不再赘述。**

4.3.2 案例3：绘制贵州茅台股票K线图

下面我们通过一个具体案例介绍一下如何绘制 K 线图。该案例是从"贵州茅台股票历史交易数据 .csv"文件读取数据，并使用 mplfinance 库绘制 K 线图。

具体案例代码如下。

```
import matplotlib.pyplot as plt
import pandas as pd
import mplfinance as mpf                                    ①


plt.rcParams['font.family'] = ['SimHei']   # 设置中文字体
plt.rcParams['axes.unicode_minus'] = False  # 设置负号显示



f = r'data\ 贵州茅台股票历史交易数据 .csv'

# 读取股票数据
data = pd.read_csv(f, parse_dates=True, index_col=0)        ②
market_colors = mpf.make_marketcolors(up='red', down='green')  ③


my_style = mpf.make_mpf_style(marketcolors=market_colors)   ④
# 绘制 K 线图
mpf.plot(data, type='candle',                               ⑤
        mav=(10, 20),
        volume=True,
        show_nontrading=True,
        style=my_style)
```

使用 Jupyter Notebook 工具运行上述代码，绘制 K 线图，如图 4-11 所示。

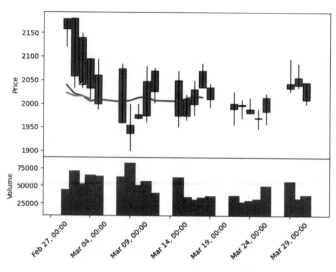

图 4-11　贵州茅台股票历史交易 K 线图

使用Seaborn绘制图表

　　Seaborn库在Matplotlib的基础上进行了高度封装，用它绘图的优点主要表现在以下几个方面。

　　（1）绘图更加美观。Seaborn有预设的色系和样式，能自动制作更美观的图表。

　　（2）简洁的API。Seaborn与Pandas结合紧密，可以通过Pandas的DataFrame直接绘制图表，使用简单。

　　（3）有更多统一的接口。Seaborn有更多高级的、方便的绘图接口，如relplot()、catplot()等。

　　（4）有更多统计图表。Seaborn内置许多统计图表，如PairGrid（散点矩阵图）、FacetGrid（小多图）、Clustermap（热力图）等。

　　（5）更加灵活。Seaborn的图表可以方便调整样式，通过调整色系、坐标轴范围、图例位置等达到理想的效果。

　　所以，总结起来，与Matplotlib相比，Seaborn的优势在于：

　　（1）更漂亮的图形样式和预设色系；

　　（2）简单易用的API，特别适合和Pandas结合；

　　（3）内置更多高级统计图表；

　　（4）具有更高的灵活性和定制性。

　　这些都是Matplotlib相对欠缺的，所以Seaborn的出现弥补了Matplotlib在数据可视化方面的不足。

　　Seaborn库提供多种图表类型，可以用于不同类型的数据可视化和分析。以下是Seaborn中常用的图表分类。

　　（1）分布图（Distribution Plots）：用于展示数据的分布情况，例如直方图（Histogram）、核密度估计图（Kernel Density Estimation Plot）、箱线图（Box Plot）等。

（2）关系图（Relational Plots）：用于展示变量之间的关系，例如散点图（Scatter Plot）、线性回归图（Linear Regression Plot）、成对关系图（Pair Plot）等。

（3）分类图（Categorical Plots）：用于展示分类变量之间的关系，例如条形图（Bar Plot）、点图（Point Plot）、箱线图（Box Plot）、小提琴图（Violin Plot）等。

（4）矩阵图（Matrix Plots）：用于展示数据集的矩阵结构或特征之间的关系，例如热力图（Heatmap）、聚类图（Clustermap）等。

（5）时间序列图（Time Series Plots）：用于展示时间序列数据的趋势和变化，例如折线图（Line Plot）、面积图（Area Plot）等。

（6）分面绘图（Facet Grid Plots）：用于在子图网格中展示不同子集的数据，例如小多图（Facet Grid）、小单图（Facet Plot）等。

（7）回归分析图（Regression Plots）：用于展示变量之间的回归关系，例如线性回归图（Linear Regression Plot）、逻辑回归图（Logistic Regression Plot）等。

（8）网格绘图（Grid Plots）：用于在多个子图中展示不同的数据集或变量之间的关系，例如PairGrid、JointGrid等。

下面我们分别介绍一些常用的Seaborn图表。

> **注意**
>
> 上述代码需要确保已安装Seaborn库，安装指令为pip install Seaborn，具体细节不再赘述。

4.4.1 箱线图

分类图可以帮助分析和可视化不同类别的数据，从而提供更深入的洞察和决策支持。例如，在分析不同股票或资产的收益分布时，通过绘制箱线图或小提琴图，可以比较不同股票或资产的收益分布情况。这有助于了解不同类别资产的风险和收益特征，从而做出更明智的投资决策。

本小节我们介绍箱线图。

箱线图又称为盒须图、盒式图，是一种常用的统计图表，用于显示数据的分布情况和异常值。它展示一组数据的中位数、上下四分位数、最大值和最小值，并通过箱体和虚线的形式呈现。

图 4-12 所示的是一个箱线图，其中：

- 上四分位数，又称"第一个四分位数"(Q1)，等于该样本中所有数值由小到大排列后第 25% 的数字；
- 中位数，又称"第二个四分位数"(Q2)，等于该样本中所有数值由小到大排列后第 50% 的数字；

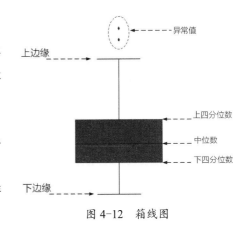

图 4-12 箱线图

- 下四分位数，又称"第三个四分位数" (Q3)，等于该样本中所有数值由小到大排列后第 75% 的数字。

Seaborn 中绘制箱线图的函数是 seaborn.boxplot，它的主要参数请参考柱状图。

在绘制箱线图时，通常会沿着横轴放置分类变量，如日期、类别等，而纵轴则表示待分析的数值变量。

假设我们需要分析收集的股票数据存在异常值，下面是示例代码，展示如何使用 Python 的 Seaborn 库绘制箱线图。

```python
import pandas as pd
import seaborn as sn
import matplotlib.pyplot as plt

# 设置中文显示
plt.rcParams['font.family'] = ['SimHei']
plt.rcParams['axes.unicode_minus'] = False

# 读取数据
data = pd.read_csv('data/stock_data.csv')
# 绘制箱线图
sns.boxplot(x='Day', y='Price', data=data)
# 设置图表标题和轴标签
plt.title('股票收盘价')
plt.xlabel('日期')
plt.ylabel('收盘价')
```

使用 Jupyter Notebook 工具运行上述代码，绘制股票收盘价箱线图，如图 4-13 所示。

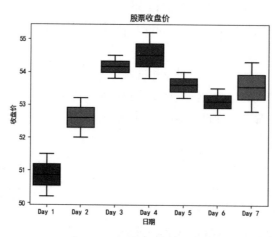

图 4-13　股票收盘价箱线图

4.4.2 小提琴图

小提琴图（Violin Plot）是一种常用的数据可视化图表，用于展示数值变量的分布情况和密度估计。它结合了箱线图和核密度图的特点，可以同时展示数据的中位数、四分位数、极值和密度估计。图 4-14 所示的是小提琴图。

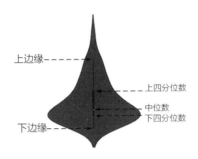

图 4-14　小提琴图

绘制小提琴图的方法与绘制箱线图类似，可以使用 Seaborn 库中的 violinplot() 函数实现。下面是示例代码，展示了如何使用 Python 的 Seaborn 库绘制小提琴图。

```python
import pandas as pd
import seaborn as sns
import matplotlib.pyplot as plt


# 设置中文显示
plt.rcParams['font.family'] = ['SimHei']
plt.rcParams['axes.unicode_minus'] = False
# 读取数据
data = pd.read_csv('data/stock_data.csv')


# 绘制小提琴图
sns.violinplot(x='Day', y='Price', data=data)


# 设置图表标题和轴标签
plt.title('股票收盘价')
plt.xlabel('日期')
plt.ylabel('收盘价')


# 显示图形
plt.show()
```

使用 Jupyter Notebook 工具运行上述代码，绘制股票收盘价小提琴图，如图 4-15 所示。

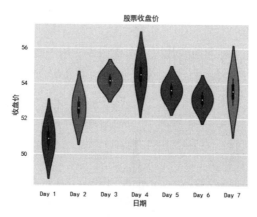

图 4-15　股票收盘价小提琴图

4.4.3　关联线图

关联线图（Connectivity Plot）是一种用于可视化两个连续变量之间关系的图表。它通过绘制数据点的散点图，并使用一条线将它们连接起来，展示它们之间的趋势和相关性。

下面是示例代码，用于绘制关联线图。

```python
import pandas as pd
import seaborn as sns
import matplotlib.pyplot as plt

# 设置中文显示
plt.rcParams['font.family'] = ['SimHei']
plt.rcParams['axes.unicode_minus'] = False

# 读取数据
data = pd.read_csv('data/stock_data.csv')

# 绘制关联线图
sns.lineplot(x='Day', y='Price', data=data)

# 设置图表标题和轴标签
plt.title('股票收盘价趋势')
plt.xlabel('日期')
plt.ylabel('收盘价')

# 显示图形
plt.show()
```

使用 Jupyter Notebook 工具运行上述代码，绘制股票收盘价趋势图，如图 4-16 所示。

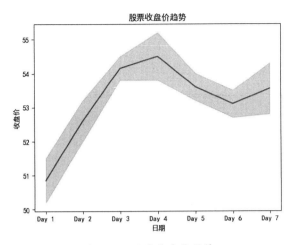

图 4-16　股票收盘价趋势

4.4.4　Dist图

Dist图是一种用于可视化单个变量分布的图表，通常使用直方图或密度图表示。它可以帮助我们了解数据的分布情况，包括数据的中心趋势、离散程度和偏斜程度。

下面是示例代码，用于绘制Dist图（密度图）。

```
import pandas as pd
import seaborn as sns
import matplotlib.pyplot as plt

# 设置中文显示
plt.rcParams['font.family'] = ['SimHei']
plt.rcParams['axes.unicode_minus'] = False

# 读取数据
data = pd.read_csv('data/stock_data.csv')

# 绘制 Dist 图（密度图）
sns.histplot(data=data, x='Price', kde=True)

# 设置图表标题和轴标签
plt.title(' 收盘价分布 ')
plt.xlabel(' 收盘价 ')
plt.ylabel(' 频数 ')

# 显示图形
plt.show()
```

使用Jupyter Notebook工具运行上述代码，绘制收盘价分布图，如图 4-17 所示。

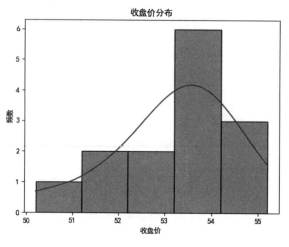

图 4-17　收盘价分布

4.4.5　线性回归图

线性回归图是一种用于可视化两个变量之间线性关系的图表。它可以帮助我们观察两个变量之间的趋势和相关性，并预测一个变量如何随着另一个变量的变化而变化。

下面是示例代码，用于绘制线性回归图。

```python
import pandas as pd
import seaborn as sns
import matplotlib.pyplot as plt

# 设置中文显示
plt.rcParams['font.family'] = ['SimHei']
plt.rcParams['axes.unicode_minus'] = False

# 读取数据
data = pd.read_csv('data/stock_data（4 测试绘制线性回归图）.csv')

# 绘制线性回归图
sns.regplot(data=data, x=' 成交量 ', y=' 收盘价 ')

# 设置图表标题和轴标签
plt.title(' 成交量与收盘价的线性关系 ')
plt.xlabel(' 成交量 ')
plt.ylabel(' 收盘价 ')
```

```
# 显示图形
plt.show()
```

使用Jupyter Notebook工具运行上述代码，绘制成交量与收盘价的线性关系图，如图4-18所示。

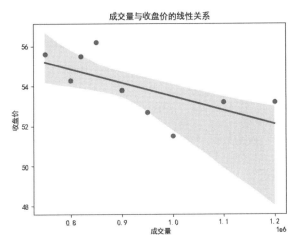

图 4-18 成交量与收盘价的线性关系图

4.4.6 热力图

热力图是一种用来可视化矩阵数据的图表，通过使用颜色编码表示不同元素之间的数值大小。热力图在数据分析和可视化中有多种用途，包括以下几个方面。

（1）相关性分析：热力图可以用来展示不同变量之间的相关性。通过热力图，可以快速地识别变量之间的正相关、负相关或无关的关系。这对于发现变量之间的关联关系、确定变量的重要性及构建预测模型都非常有用。

（2）数据聚类：热力图可以用来进行数据聚类分析。通过绘制热力图，可以将相似的数据项聚集在一起，并形成可视化的簇。这有助于发现数据集中的模式、群组和聚类结构。

（3）异常检测：热力图可以用来检测数据中的异常值。通过观察热力图中颜色较深或较浅的区域，可以发现数据中与其他数据项有较大差异的异常值。

总之，热力图是一种直观、易于理解的数据可视化工具，能够帮助我们快速洞察数据集中的模式、趋势和关系。它在数据分析、数据挖掘、统计学和空间分析等领域都得到了广泛应用。

绘制热力图的示例代码如下。

```
import pandas as pd
import seaborn as sns
import matplotlib.pyplot as plt

# 设置中文显示
plt.rcParams['font.family'] = ['SimHei']
```

```
plt.rcParams['axes.unicode_minus'] = False

# 创建测试数据
data = pd.DataFrame({
    '股票1': [10, 12, 8, 15, 9],
    '股票2': [20, 18, 25, 22, 24],
    '股票3': [7, 9, 6, 8, 10],
    '股票4': [13, 11, 14, 10, 12]
})

# 提取多个股票的收盘价数据列
股票_prices = data[['股票1', '股票2', '股票3', '股票4']]

# 计算收盘价之间的相关性
correlation_matrix = 股票_prices.corr()
 ①

# 绘制热力图
plt.figure(figsize=(10, 8))   # 设置图形大小
sns.heatmap(correlation_matrix, annot=True, cmap='coolwarm')      ②

# 设置图形标题
plt.title('股票 Prices Correlation')

# 显示图形
plt.show()
```

使用 Jupyter Notebook 工具运行上述代码，绘制热力图如图 4-19 所示。

解释代码如下。

- 代码第①行使用股票_prices.corr()计算了收盘价之间的相关性矩阵，并赋值给 correlation_matrix 变量。
- 代码第②行使用 sns.heatmap 绘制热力图，其中"correlation_matrix"为输入的相关性矩阵，"annot=True"表示在热力图中显示数值，"cmap='coolwarm'"指定了颜色映射方案。

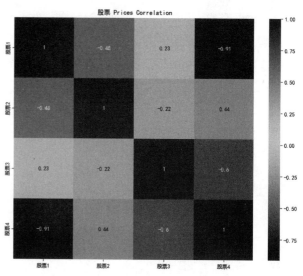

图 4-19　热力图

4.5 本章总结

本章重点介绍了量化交易可视化库，以及使用 Matplotlib 和 Seaborn 绘制各种图表的方法。我们学会了如何使用这些工具创建折线图、柱状图、饼状图、散点图和 K 线图等。另外，我们也了解了如何使用 Seaborn 库创建其他类型的图表，如箱线图、小提琴图、关联线图、Dist 图、线性回归图和热力图。

这些工具和技术对于数据的可视化和分析非常有用，能够支持决策和数据交流。在下一章中，我们将继续深入探讨数据处理和分析的方法。

AI
时代
Python 量化交易实战
ChatGPT 让量化交易插上翅膀

第 5 章

数据采集与分析

本章，我们将介绍数据采集与分析的相关内容，以下是主要内容的概述。

（1）网络数据采集：学习如何使用Python库（如BeautifulSoup和Requests）进行网络数据的抓取和爬取。探索如何从网页中提取所需的数据，并进行处理和存储。

（2）数据清洗和预处理：了解数据清洗和预处理的重要性。学习如何处理缺失值、异常值和重复值，以及进行数据格式转换、标准化、归一化等操作，以确保数据的质量和可用性。

（3）数据统计分析：掌握基本的统计分析方法，如计算描述统计量、探索数据分布、计算相关性和回归分析等。了解如何利用统计学方法揭示数据之间的关系和趋势。

（4）机器学习建模：介绍机器学习的基本概念和流程。学习如何使用Python库（如Scikit-learn）进行机器学习建模，包括特征工程、模型训练和评估。探索一些常见的机器学习算法，如决策树、随机森林、支持向量机等。

（5）时间序列分析：了解时间序列数据的特点和常见的时间序列分析方法。学习如何使用Python库（如Pandas和Statsmodels）进行时间序列数据的处理、可视化和建模，包括趋势分析、季节性分析、ARIMA模型等。

5.1 数据采集概述

数据采集是指通过各种技术手段和方法，从不同的数据源中获取数据的过程。数据采集在许多领域中都非常重要，包括科学研究、市场调查、业务决策等。随着互联网的普及和大数据时代的到来，数据采集变得更加广泛和重要。

5.1.1 数据采集的重要性和面临的挑战

数据采集的重要性在于它提供信息和洞察力，可以用于支持决策、分析和创新。通过采集各种类型的数据，我们可以发现模式、趋势和关联，从而得出有用的结论。数据采集还可以帮助建立和改进模型、算法和预测，从而提高工作效率和结果准确性。

然而，数据采集也面临一些挑战。其中一些挑战如下。

（1）数据来源的多样性：数据可以有各种不同的来源，如网页、数据库、传感器等。不同的数据源可能使用不同的格式和协议，让采集和整合这些数据变得更加复杂。

（2）数据量的庞大：随着数据产生速度的加快和存储成本的降低，我们现在能够处理的数据量越来越大。采集和处理大规模数据集需要具备高效的算法和技术。

（3）数据质量的保证：采集到的数据可能存在噪音、缺失或错误。确保数据的质量对于后续的分析和应用非常重要，需要进行数据清洗和验证的工作。

5.1.2 数据采集的基本步骤

数据采集的基本步骤可以概括为以下几个阶段。

（1）定义采集目标：明确想要采集的数据类型、范围和目标。这有助于确定采集的重点和方向。

（2）确定数据源：确定需要采集的数据来源，如网页、API、数据库等。了解数据源的结构、格式和访问方式。

（3）设计采集方案：根据数据源的特点和要求，设计采集方案。这包括选择合适的采集工具、编写采集代码和设置采集参数等。

（4）执行数据采集：根据采集方案，执行数据采集操作。这可能涉及使用网络爬虫、API调用、数据库查询等技术手段。

（5）数据清洗和整合：采集到的数据可能需要进行清洗和整合，以确保数据的质量和一致性。这包括处理缺失值、去除噪声、统一格式等操作。

（6）存储和管理数据：将采集到的数据进行存储和管理，以便后续的分析和应用。可以使用数据库、数据湖、云存储等工具和技术来管理数据。

5.1.3 数据采集技术和工具

在数据采集过程中，可以使用一些常见的技术和工具，具体如下。

（1）网络爬虫：通过自动化程序从网页中提取数据。

（2）API调用：使用API（应用程序编程接口）与远程服务器进行通信，获取数据。

（3）数据库查询：通过执行SQL查询语句从数据库中检索数据。

（4）传感器和设备：使用传感器和设备采集实时数据，如温度、湿度、位置等。

（5）数据处理框架和库：使用Python的数据处理框架和库，如Pandas、NumPy、BeautifulSoup等处理和分析采集到的数据。

对于这些技术和工具，可以根据具体的需求和情况进行选择和应用。

5.2 网页数据采集

网页数据采集是指从网页上获取数据的过程，它是数据采集的一种常见形式。在网页数据采集中，我们可以使用Python编程语言结合相应的库和工具来自动化地从网页中提取数据。下面介绍一些常用的网页数据采集技术和方法。

裹挟在HTML代码中的数据并非唾手可得。大多数情况下，Web前端与后台服务器进行通信时采用同步请求，即一次请求返回整个页面所有的HTML代码，这些裹挟在HTML中的数据就是所谓的"静态数据"。为了改善用户体验，Web前端与后台服务器通信也可以采用异步请求技术Ajax[①]，异步请求返回的数据就是所谓的"动态数据"，异步请求返回的数据一般是JSON或XML等结构化

---

① Ajax（Asynchronous JavaScript and XML），Ajax可以异步发送请求获取数据，请求过程中不用刷新页面，用户体验好，而且在异步请求过程中，不是返回整个页面的HTML代码，只是返回少量的数据，这可以减少网络资源的占用，提高通信效率。

数据，Web前端获得这些数据后，再通过JavaScript脚本程序动态地添加到HTML标签中。

图 5-1 所示的是搜狐证券网页展示的某只股票的历史数据，其中图 5-1（a）所示的HTML内容都是静态数据；而动态数据则由JavaScript脚本程序动态地添加到HTML标签中，如图 5-1（b）所示。

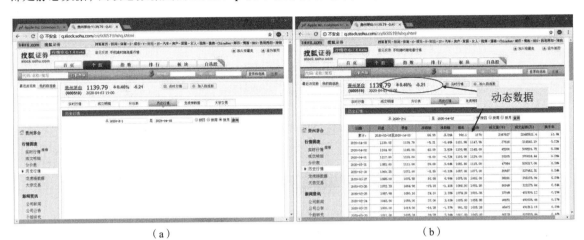

（a）　　　　　　　　　　　　　　　　　（b）

图 5-1　网页中的动态数据

5.2.1　使用urllib爬取静态网页数据

urllib是Python标准库中的一个模块，提供用于进行HTTP请求的基本功能。它包含多个子模块，用于不同的请求任务和操作。

下面是urllib库中主要的子模块及其功能。

（1）urllib.request：用于发送HTTP请求和获取响应。它提供一些函数，如urlopen()用于打开URL并返回响应对象，urlretrieve()用于下载文件等。

（2）urllib.parse：用于解析URL、拼接URL和处理URL编码。它包含一些函数，如urlparse()用于解析URL字符串，urljoin()用于拼接URL，urlencode()用于将参数编码为URL查询字符串等。

（3）urllib.error：定义与URL请求相关的异常类。当在请求过程中发生错误时，可以捕获这些异常进行适当的处理。

（4）urllib.robotparser：用于解析和分析robots.txt文件，该文件用于指示爬虫哪些页面可以访问。

使用urllib库，可以发送HTTP请求（GET、POST等）、设置请求头、处理响应数据和错误等。它是Python标准库的一部分，因此不需要安装额外的依赖库。

下面是简单的示例代码，演示了使用urllib.request发送GET请求并获取响应的过程。

```
import urllib.request


url = 'https://example.com'
# 发送 GET 请求并获取响应
response = urllib.request.urlopen(url)
```

```
# 读取响应内容
data = response.read()
# 关闭响应
response.close()
# 处理数据
# ...
```

5.2.2 案例1：爬取纳斯达克股票数据

下面我们通过一个案例介绍一下如何使用urllib爬取静态网页数据。图 5-2 所示的是纳斯达克苹果公司股票历史数据网页。

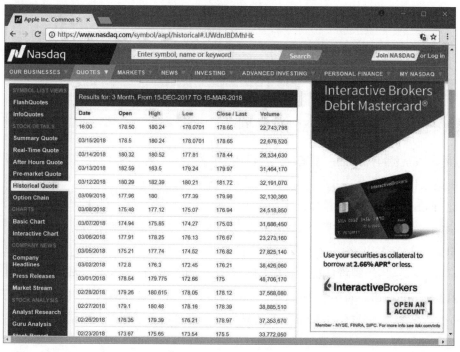

图 5-2　纳斯达克苹果公司股票历史数据网页

案例实现代码如下。

```
import urllib.request
# url = 'https://www.nasdaq.com/symbol/aapl/historical#.UWdnJBDMhHk'   ①
# 换成自己到路径
url = "file:///C:/Users/tony/OneDrive/ 书 / 北大 /AI 时代 Python 量化交易实战：
ChatGPT 让量化交易插上翅膀 / 代码 /ch5/data/nasdaq-Apple1.html"              ②
req = urllib.request.Request(url)
with urllib.request.urlopen(req) as response:
    data = response.read()
```

```
    html_data = data.decode()
    print(html_data)
```

示例代码运行后，输出结果如下。

```
<!doctype html>
<html lang="en">
<head>
    <meta charset="UTF-8">
    <meta name="Generator" content="EditPlus">
    <meta name="Author" content="">
    <meta name="Keywords" content="">
    <meta name="Description" content="">
    <title>Document</title>
</head>
<body>
<div id="quotes_content_left_pnlAJAX">
    <table class="historical-data__table">
        <thead class="historical-data__table-headings">
        <tr class="historical-data__row historical-data__row--headings">
            <th class="historical-data__table-heading" scope="col">
                    Date</th>
            <th class="historical-data__table-heading" scope="col">
                    Open</th>
            <th class="historical-data__table-heading" scope="col">
                    High</th>
            <th class="historical-data__table-heading" scope="col">Low</th>
            <th class="historical-data__table-heading" scope="col">
                    Close/Last</th>
            <th class="historical-data__table-heading" scope="col">
                    Volume</th>
        </tr>
        </thead>
        <tbody class="historical-data__table-body">
        <tr class="historical-data__row">
            <th>10/04/2019</th>
            <td>225.64</td>
            <td>227.49</td>
            <td>223.89</td>
            <td>227.01</td>
            <td>34,755,550</td>
        </tr>
```

```
        <tr class="historical-data__row">
            <th>10/03/2019</th>
            <td>218.43</td>
            <td>220.96</td>
            <td>215.132</td>
            <td>220.82</td>
            <td>30,352,690</td>
        </tr>
    ...
        </tbody>
    </table>
</div>
</body>
</html>
```

上述代码解释如下。

● 代码第①行指定 URL 网址。

● 代码第②行指定本地文件地址 nasdaq-Apple1.html。

提示 ──────────────────

为什么要采用本地文件呢？这是因为我们爬取的网址经常容易改版，出于学习方便的考虑，笔者提供了本地文件，读者需要注意根据自己的实际情况将代码第②行改成自己的文件地址。

5.3 解析数据

数据爬取回来后，我们需要从 HTML 代码中分析哪些是需要的数据，这个过程可以使用适当的数据解析技术实现，例如使用正则表达式、BeautifulSoup、XPath 等进行 HTML 或 XML 解析，或使用 JSON 解析库处理 JSON 数据。笔者推荐使用 BeautifulSoup 库进行解析。

5.3.1 使用 BeautifulSoup 库

BeautifulSoup 是一个高效的解析库，可以帮助程序设计师解析网页结构项目。

要使用 BeautifulSoup 库，首先需要安装。BeautifulSoup 可以通过 pip 进行安装，pip 指令如下。

```
pip install beautifulsoup4
```

安装过程如图 5-3 所示。

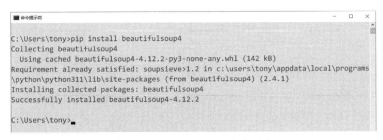

图 5-3　BeautifulSoup 安装过程

下面我们介绍一下 BeautifulSoup 常用的 API。

BeautifulSoup 中主要使用的对象是 BeautifulSoup 实例，BeautifulSoup 常用函数如下。

- find_all(tagname)。根据标签名返回所有符合条件的元素列表。
- find(tagname)。根据标签名返回符合条件的第一个元素。
- select(selector)。通过 CSS 中选择器查找符合条件所有元素。
- get(key, default=None)。获取标签属性值，key 是标签属性名。

BeautifulSoup 常用的属性如下。

- title。获得当前 HTML 页面的 title 属性值。
- text。返回标签中的文本内容。

5.3.2　案例2：解析纳斯达克股票数据

下面我们通过解析纳斯达克股票数据，展示一下如何使用 BeautifulSoup 库解析 HTML 数据。

在编写代码之前，我们先分析一下纳斯达克股票网页数据。首先需要在浏览器中打开网页，单击 "F12" 键打开 Web 工具箱，如图 5-4 所示，单击 "查看器" 标签，查看 HTML 代码。从其中可见，我们要的数据是放到 <table> 元素的 <tbody> 中的，每一行数据是放到一个 <tr> 元素中的。

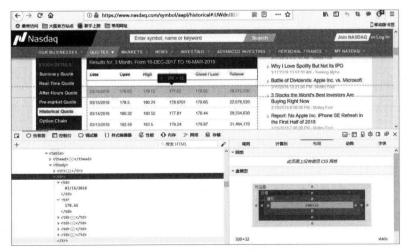

图 5-4　Web 工具箱

案例实现代码如下。

```
import urllib.request
from bs4 import BeautifulSoup
# url = 'https://www.nasdaq.com/symbol/aapl/historical#.UWdnJBDMhHk'
# 换成自己到路径
url = "file:///C:/Users/tony/OneDrive/ 书 / 北大 /AI 时代 Python 量化交易实战：
ChatGPT 让量化交易插上翅膀 / 代码 /ch5/data/nasdaq-Apple1.html"


req = urllib.request.Request(url)

with urllib.request.urlopen(req) as response:
    data = response.read()
    html_data = data.decode()

    sp = BeautifulSoup(html_data, 'html.parser')            ①

    # 返回 <tbody> 标签元素
    tbody = sp.find('tbody')                                ②
    # 返回 <tbody> 标签下所有的 <tr> 元素
    trlist = tbody.select('tr')                             ③
    # 保存股票数据列表
    data = []
    for tr in trlist:                                       ④
        fields = {}                      # 保存一行数据
        # 获得交易日期 <th> 元素
        th = tr.find('th')
        fields['Date'] = th.text    # 日期
        # 获得 tr 下的所有 td 元素
        tds = tr.select('td')
        fields['Open'] = tds[0].text  # 开盘
        fields['High'] = tds[1].text  # 最高
        fields['Low'] = tds[2].text   # 最低
        fields['Close'] = tds[3].text   # 收盘
        fields['Volume'] = tds[4].text  # 成交量
        data.append(fields)                                 ⑤

print(" 解析完成。", data)
```

示例代码运行后，输出结果如下。

```
解析完成。 [{'Date': '10/04/2022', 'Open': '225.64', 'High': '227.49',
'Low': '223.89', 'Close': '227.01', 'Volume': '34,755,550'}, {'Date':
'10/03/2022', 'Open': '218.43', 'High': '220.96', 'Low': '215.132',
```

'Close': '220.82', 'Volume': '30,352,690'}, {'Date': '10/02/2022',
'Open': '223.06', 'High': '223.58', 'Low': '217.93', 'Close': '218.96',
'Volume': '35,767,260'}, {'Date': '10/01/2022', 'Open': '225.07', 'High':
'228.22', 'Low': '224.2', 'Close': '224.59', 'Volume': '36,187,160'},
{'Date': '09/30/2022', 'Open': '220.9', 'High': '224.58', 'Low': '220.79',
'Close': '223.97', 'Volume': '26,318,580'}, {'Date': '09/27/2022', 'Open':
'220.54', 'High': '220.96', 'Low': '217.2814', 'Close': '218.82', 'Volume':
'25,361,290'}, {'Date': '09/26/2022', 'Open': '220', 'High': '220.94',
'Low': '218.83', 'Close': '219.89', 'Volume': '19,088,310'}, {'Date':
'09/25/2022', 'Open': '218.55', 'High': '221.5', 'Low': '217.1402',
'Close': '221.03', 'Volume': '22,481,010'}, {'Date': '09/24/2022', 'Open':
'221.03', 'High': '222.49', 'Low': '217.19', 'Close': '217.68', 'Volume':
'31,434,370'}, {'Date': '09/23/2022', 'Open': '218.95', 'High': '219.84',
'Low': '217.65', 'Close': '218.72', 'Volume': '19,419,650'}, {'Date':
'09/20/2022', 'Open': '221.38', 'High': '222.56', 'Low': '217.473',
'Close': '217.73', 'Volume': '57,977,090'}, {'Date': '09/19/2022', 'Open':
'222.01', 'High': '223.76', 'Low': '220.37', 'Close': '220.96', 'Volume':
'22,187,880'}, {'Date': '09/18/2022', 'Open': '221.06', 'High': '222.85',
'Low': '219.44', 'Close': '222.77', 'Volume': '25,643,090'}, {'Date':
'09/17/2022', 'Open': '219.96', 'High': '220.82', 'Low': '219.12',
'Close': '220.7', 'Volume': '18,386,470'}, {'Date': '09/16/2022', 'Open':
'217.73', 'High': '220.13', 'Low': '217.56', 'Close': '219.9', 'Volume':
'21,158,140'}, {'Date': '09/13/2022', 'Open': '220', 'High': '220.79',
'Low': '217.02', 'Close': '218.75', 'Volume': '39,763,300'}, {'Date':
'09/12/2022', 'Open': '224.8', 'High': '226.42', 'Low': '222.86', 'Close':
'223.085', 'Volume': '32,226,670'}, {'Date': '09/11/2022', 'Open':
'218.07', 'High': '223.71', 'Low': '217.73', 'Close': '223.59', 'Volume':
'44,289,650'}]

上述代码解释如下。

- 代码第①行使用 BeautifulSoup 构造一个解析器对象 sp，将 HTML 数据作为输入，并指定解析器为 "html.parser"。

- 代码第②行使用 "sp.find('tbody')" 查找 HTML 页面中的第一个 <tbody> 标签，并将结果保存在变量 tbody 中。<tbody> 标签通常包含表格数据。

- 代码第③行使用 "tbody.select('tr')" 查找 tbody 标签下的所有 <tr> 标签，并将结果保存在列表 trlist 中。每个 <tr> 标签表示表格中的一行数据。

- 代码第④行遍历 trlist 列表，对于每个 <tr> 标签，执行以下操作。

（1）使用 "tr.find('th')" 查找当前行中的第一个 <th> 标签，并将结果保存在变量 th 中。<th> 标签通常用于表示表格中的表头或日期等特殊信息。

（2）使用 "tr.select('td')" 查找当前行中的所有 <td> 标签，并将结果保存在列表 tds 中。每个 <td>

标签表示表格中的一个单元格。

（3）代码第⑤行将包含每行数据的字典 fields 添加到列表 data 中。

（4）代码输出解析完成后的股票数据 data。

获得股票数据 data 变量暂时保存在内存中，还可以把数据另存起来，这里笔者推荐保存为 CSV 文件。保存为 CSV 文件的代码如下。

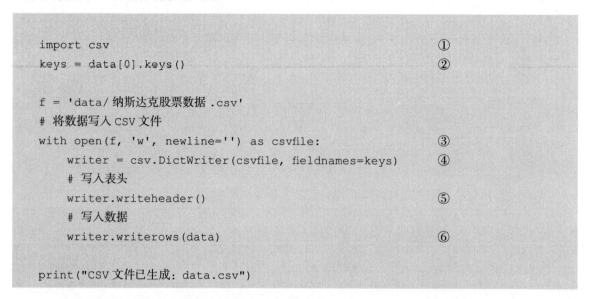

```python
import csv                                                    ①
keys = data[0].keys()                                         ②


f = 'data/纳斯达克股票数据.csv'
# 将数据写入 CSV 文件
with open(f, 'w', newline='') as csvfile:                     ③
    writer = csv.DictWriter(csvfile, fieldnames=keys)        ④
    # 写入表头
    writer.writeheader()                                      ⑤
    # 写入数据
    writer.writerows(data)                                    ⑥


print("CSV 文件已生成: data.csv")
```

上述代码运行结果，会在当前文件的 data 目录下生成"纳斯达克股票数据.csv"文件，使用 WPS 等电子表格工具打开文件，内容如图 5-5 所示。

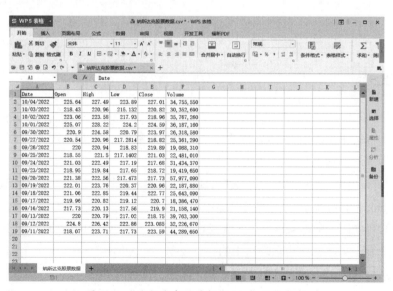

图 5-5 "纳斯达克股票数据.csv"文件内容

上述代码解释如下。

- 代码第①行导入 csv 模块：这行代码导入了 Python 的 csv 模块，它提供处理 CSV 文件的功能。

- 代码第②行获取键名：这行代码通过取第一个字典元素的键，获取了给定数据结构中的所有键名。
- 代码第③行打开 CSV 文件：这行代码使用 open() 函数打开了一个 data 目录下的"纳斯达克股票数据 .csv"文件。参数 "w" 表示以写入模式打开文件。如果文件不存在，将创建一个新的文件。
- 代码第④行创建 DictWriter 对象：这行代码创建了一个 csv.DictWriter 对象，用于将数据写入 CSV 文件。它接受两个参数：csvfile 是打开的文件对象，fieldnames 是一个包含字段名的可迭代对象，这里我们使用前面获取的键名。
- 代码第⑤行写入表头：这行代码使用 writeheader() 方法将字段名写入 CSV 文件的第一行。
- 代码第⑥行写入数据：这行代码使用 writerows() 方法将数据写入 CSV 文件。它接受一个包含多个字典的可迭代对象，每个字典代表一行数据。

5.3.3　使用 Selenium 爬取动态网页数据

使用 urllib 爬取数据时经常被服务器反爬技术拦截。服务器有一些办法识别请求是否来自浏览器。另外，有的数据需要登录系统后才能获得，例如邮箱数据，而且在登录时会有验证码识别，验证码能够识别出是人工登录系统，还是计算机程序登录系统。试图破解验证码不是一个好主意，现在的验证码也不是简单的图像，有的会有声音等识别方式。

如果是一个真正的浏览器，那么服务器设置重重"障碍"就不是问题了。Selenium 可以启动本机浏览器，然后通过程序代码操控它。Selenium 直接操控浏览器，可以返回任何形式的动态数据。使用 Selenium 操控浏览器的过程中也可以人为干预，例如在登录时，如果需要输入验证码，则由人工输入，登录成功之后，再由 Selenium 操控浏览器爬取数据。

1. 安装 Selenium

要使用 Selenium 库首先需要安装 Selenium，通过 pip 安装 Selenium 的指令如下。

```
pip install selenium
```

安装过程如图 5-6 所示。

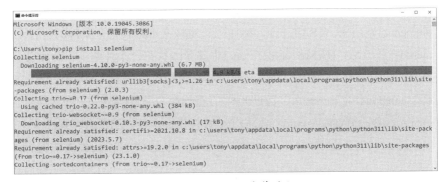

图 5-6　Selenium 安装过程

2. 配置 Selenium

运行 Selenium 需要操作本地浏览器，默认选择 Firefox，因此比较推荐安装 Firefox 浏览器，且要求 Firefox 浏览器是 55.0 以上版本。由于版本兼容的问题还需要下载浏览器引擎 GeckoDriver，GeckoDriver 可以在官网下载，根据自己的平台选择对应的版本即可，GeckoDriver 不需要安装，只需将下载包解压处理就可以了。

然后需要配置环境变量，将 Firefox 浏览器的安装目录和 GeckoDriver 解压目录添加到系统的 PATH 中，图 5-7 所示的是在 Windows 10 系统中添加 PATH。

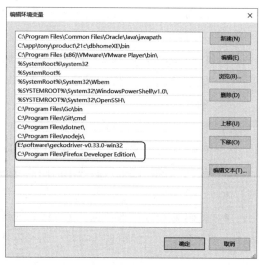

图 5-7　添加 PATH

3. Selenium 常用 API

Selenium 操作浏览器主要通过 WebDriver 对象实现，WebDriver 对象提供操作浏览器和访问 HTML 代码中数据的函数。

操作浏览器的函数如下。

- refresh()：刷新网页。
- back()：回到上一个页面。
- forward()：进入下一个页面。
- close()：关闭窗口。
- quit()：结束浏览器执行。
- get(url)：浏览 url 所指的网页。

访问 HTML 代码中数据的函数如下。

- find_element(By.ID, id)：通过元素的 ID 查找符合条件的第一个元素。
- find_elements(By.ID, id)：通过元素的 ID 查找符合条件的所有元素。
- find_element(By.NAME, name)：通过元素名字查找符合条件的第一个元素。
- find_elements(By.NAME, name)：通过元素名字查找符合条件的所有元素。
- find_element(By.LINK_TEXT, link_text)：通过链接文本查找符合条件的第一个元素。
- find_elements(By.LINK_TEXT, link_text)：通过链接文本查找符合条件的所有元素。
- find_element(By.TAG_NAME, name)：通过标签名查找符合条件的第一个元素。
- find_elements(By.TAG_NAME, name)：通过标签名查找符合条件的所有元素。
- find_element(By.XPATH, xpath)：通过 XPATH 查找符合条件的第一个元素。
- find_elements(By.XPATH, xpath)：通过 XPATH 查找符合条件的所有元素。
- find_element(By.CLASS_NAME, name)：通过 CSS 中的 CLASS 属性查找符合条件的第一个元素。

- find_elements(By.CLASS_NAME, name)：通过CSS中的CLASS属性查找符合条件的所有元素。

- find_element(By.CSS_SELECTOR, css_selector)：通过CSS中选择器查找符合条件的第一个元素。

- find_elements(By.CSS_SELECTOR, css_selector)：通过CSS中选择器查找符合条件的所有元素。

5.3.4 案例3：爬取搜狐证券贵州茅台股票数据

下面我们通过爬取搜狐证券贵州茅台股票数据案例，展示一下如何使用Selenium库爬取和解析HTML数据。

如果使用urllib库，是无法直接获取HTML数据的，原因是这些数据是同步动态数据。而使用Selenium返回这些数据是非常简单的。

在爬取数据之前，我们还是先分析一下搜狐证券贵州茅台股票的HTML数据。借助Web工具箱找到显示这些数据的HTML标签，如图5-8所示。在Web工具箱的"查看器"中，找到显示页面表格对应的HTML标签。注意，在"查看器"中选中对应的标签，页面会将该部分进行灰色显示。经过查找分析最终找到一个table标签，复制它的id或class属性值，以便在代码中进行查询。

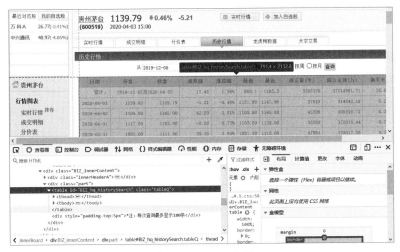

图 5-8　Web工具箱

案例实现代码如下。

```
from selenium import webdriver                                        ①
from selenium.webdriver.common.by import By


driver = webdriver.Firefox()                                         ②
driver.get('http://q.stock.sohu.com/cn/600519/lshq.shtml')          ③
table_element = driver.find_element(By.ID, 'BIZ_hq_historySearch')    ④
```

```
print(table_element.text)                                            ⑤
driver.quit()                                                        ⑥
```

上述代码解释如下。

- 代码第①行导入 Selenium 库中的 webdriver 模块，该模块提供用于控制不同浏览器的驱动程序。
- 代码第②行创建一个 Firefox 浏览器的 WebDriver 实例，将其赋值给变量 driver。这将启动一个 Firefox 浏览器窗口。
- 代码第③行使用 WebDriver 加载指定的 URL，这里是 "http://q.stock.sohu.com/cn/600519/lshq.shtml"，即搜狐股票网站中贵州茅台（股票代码 600519）的历史行情页面。
- 代码第④行使用 WebDriver 的 find_element() 函数通过元素的 ID 查找页面上的一个特定元素。这里通过 By.ID 参数指定按照元素的 ID 进行查找，ID 值为 "BIZ_hq_historySearch"。
- 代码第⑤行打印找到的元素的文本内容。text 属性返回元素的可见文本。
- 代码第⑥行使用 driver.quit() 关闭浏览器窗口并终止 WebDriver 的会话。

5.3.5 案例4：使用Selenium解析HTML数据

利用 Selenium 库不仅可以模拟人工操作 Web 页面，还可以利用它的一系列 find_element() 函数解析 HTML 数据，使用过程类似于 BeautifulSoup 库。本小节我们介绍如何使用 Selenium 库解析搜狐证券贵州茅台股票 HTML 数据。

案例实现代码如下。

```
from selenium import webdriver
from selenium.webdriver.common.by import By

driver = webdriver.Firefox()
driver.get('http://q.stock.sohu.com/cn/600519/lshq.shtml')
table_element = driver.find_element(By.ID, 'BIZ_hq_historySearch')    ①
tbody = table_element.find_element(By.TAG_NAME, "tbody")               ②
trlist = tbody.find_elements(By.TAG_NAME, 'tr')                        ③
# 股票数据列表
data = []

for idx, tr in enumerate(trlist):                                     ④
    if idx == 0:
        # 跳过 table 第一行
        continue                                                      ⑤

    td_list = tr.find_elements(By.TAG_NAME, "td")                     ⑥
```

```
        fields = {}
        fields['Date'] = td_list[0].text          # 日期
        fields['Open'] = td_list[1].text          # 开盘
        fields['Close'] = td_list[2].text         # 收盘
        fields['Low'] = td_list[5].text           # 最低
        fields['High'] = td_list[6].text          # 最高
        fields['Volume'] = td_list[7].text        # 成交量
        data.append(fields)

print(data)
driver.quit()
```

示例代码运行后，输出结果如下。

```
[{'Date': '2023-06-21', 'Open': '1740.00', 'Close': '1735.83', 'Low':
'1735.00', 'High': '1756.60', 'Volume': '17721'}, {'Date': '2023-06-20',
'Open': '1740.00', 'Close': '1743.46', 'Low': '1735.00', 'High': '1765.00',
'Volume': '20947'}, {'Date': '2023-06-19', 'Open': '1790.00', 'Close':
'1744.00', 'Low': '1738.00', 'High': '1797.95', 'Volume': '31700'},
{'Date': '2023-06-16', 'Open': '1757.00', 'Close': '1797.69', 'Low':
'1750.10', 'High': '1800.00', 'Volume': '37918'}, {'Date': '2023-06-15',
'Open': '1730.34', 'Close': '1755.00', 'Low': '1723.00', 'High': '1755.65',
'Volume': '25223'}, {'Date': '2023-06-14', 'Open': '1719.00', 'Close':
 ...
'1813.74', 'Low': '1783.30', 'High': '1822.01', 'Volume': '23952'},
{'Date': '2023-02-27', 'Open': '1778.50', 'Close': '1810.41', 'Low':
'1775.02', 'High': '1815.00', 'Volume': '22065'}, {'Date': '2023-02-24',
'Open': '1810.11', 'Close': '1788.00', 'Low': '1782.18', 'High': '1810.19',
'Volume': '24635'}]
```

上述代码解释如下。

- 代码第①行使用WebDriver在贝面中查找具有ID为"BIZ_hq_historySearch"的元素，并将其赋值给变量table_element。这个元素应该是包含历史行情数据的表格。
- 代码第②行在table_element元素中查找名为"tbody"的子元素，并将其赋值给变量tbody。这个操作是为了定位表格中的tbody部分，其中包含行情数据的行。
- 代码第③行在tbody元素中查找所有名为"tr"的子元素，返回一个包含这些元素的列表。这个操作是为了获取每一行行情数据的tr元素。
- 代码第④行使用enumerate()函数遍历trlist列表中的每个元素，并为每个元素分配一个索引idx和一个变量tr，用于迭代行情数据的每一行。
- 代码第⑤行"if idx == 0: "然后"continue: "是说，如果索引idx等于0，也就是第一行是表头行，就跳过此次循环，不处理表头行的数据。

- 代码第⑥行在当前行的 tr 元素中查找所有名为 "td" 的子元素，返回一个包含这些元素的列表。这个操作是为了获取当前行中每个列的数据。

在循环中，每个行的各列数据被提取出来，以字典的形式存储在 fields 变量中，并添加到 data 列表中。最后的 data 列表包含每行行情数据的字典。

最后，代码打印出 data 列表，即历史行情数据，然后关闭浏览器并终止 WebDriver 的会话。

获得的股票数据 data 变量也是暂时保存在内存中，我们可以参考 5.3.2 小节相关内容将数据保存为 CSV 文件，具体代码不再赘述。

5.4 使用API调用采集数据

使用 API 调用采集数据是一种常见的方法，可以与远程服务器进行通信并获取所需的数据。以下是使用 API 调用采集数据的一般步骤。

（1）选择 API 提供商：首先需要选择适合需求的 API 提供商。根据想要获取的数据类型（如股票数据、外汇数据、加密货币数据等）和频率（实时数据、历史数据等），选择合适的 API 提供商。一些常见的金融数据 API 提供商包括 Alpha Vantage、Quandl、Yahoo Finance 等。

（2）注册和获取 API 密钥：大多数 API 提供商要求用户注册并获取 API 密钥。API 密钥是用于身份验证和访问 API 服务的唯一标识。根据 API 提供商的要求，注册并获取 API 密钥。

（3）API 调用：使用编程语言（如 Python、Java、JavaScript 等）编写代码进行 API 调用。根据 API 提供商的文档和指南，构建 API 请求，包括指定所需的数据、请求的格式和参数等。

（4）发送 API 请求：使用编程语言中的 HTTP 请求库（如 requests 库）发送 API 请求。在请求中包含 API 密钥和其他必要的参数。发送请求后，等待服务器响应。

（5）处理 API 响应：一旦接收到 API 服务器的响应，解析响应数据并进行处理。根据 API 返回的数据格式（如 JSON、XML 等），使用相应的数据处理库进行数据解析和提取。

（6）数据存储和管理：将获取到的数据存储到适当的数据结构中，如数据库、CSV 文件或其他数据格式。根据具体需求和数据量的大小，选择合适的数据存储方式。

（7）数据分析和应用：对获取的数据进行分析和应用。根据量化交易策略或分析需求，使用相应的数据分析工具和技术进行数据处理、计算指标、生成图表等。

5.4.1 常见的金融数据API

以下是一些常见的金融数据 API 提供商的简要介绍。

（1）Alpha Vantage：Alpha Vantage 提供广泛的金融市场数据，包括股票、外汇、加密货币等。他们的 API 提供实时和历史数据，还包括技术指标、股票分割和股息等信息。Alpha Vantage 提供免费和付费的 API 访问计划。

（2）Quandl：Quandl 是一个广受欢迎的金融数据平台，提供各种各样的金融和经济数据。他们提供丰富的历史数据，包括股票、期货、指数、外汇等。Quandl的API提供易于使用的接口和数据格式。

（3）Yahoo Finance：Yahoo Finance是一个知名的金融信息平台，提供股票、行情、新闻等金融数据。他们提供免费的API访问，可以获取实时和历史的股票数据、指数数据等。

上述API都是国际知名的供应商提供的，此外还有一些国内的金融API提供商，具体如下。

（1）聚宽：聚宽是国内知名的金融数据和量化交易平台，提供丰富的金融数据和量化交易工具。他们的API包括股票、基金、指数等多个市场的实时和历史数据，还提供一些基本的技术指标和财务数据。

（2）Tushare：Tushare是一个免费的金融数据接口平台，提供丰富的股票、基金、期货等市场数据。他们的API包括历史行情数据、财务报表数据、宏观经济数据等，可通过Python进行调用。

（3）天天基金网：天天基金网是一个专注于基金数据的网站，提供基金的实时和历史数据。他们的API包括基金净值、基金排行、基金公司等信息，可用于获取基金相关数据。

这些国内的金融API提供商都有自己的数据范围和功能特点，大家可以根据自己的需求选择合适的API进行调用。在使用API时，需要注意每个提供商的API文档和使用规范，确保正确调用和处理数据。

这里笔者重点介绍Tushare提供的API。

5.4.2　使用TushareAPI采集数据

为了使用Tushare API，首先需要到Tushare官网进行注册，注册过程不再赘述，注册成功后登录即可。

使用TushareAPI帮助文档，如图5-9所示。

图 5-9　Tushare API帮助文档

在Python程序中调用Tushare API时，需要提供接口TOKEN，如果注册并登录成功后可以通过Tushare官网获取TOKEN。如图 5-10 所示，单击"复制"按钮 🗗，复制TOKEN保存好，以备在程序中使用。

图 5-10　获取 Tushare API 的 TOKEN

5.4.3　案例5：使用Tushare API获取贵州茅台股票数据

下面通过一个案例介绍一下如何使用Python 程序调用 Tushare API获取股票数据。

🔲 案例背景

贵州茅台股票的代号是 600519。根据该股票的代号可以确定以下信息。

- 代号以"6"开头：这表示贵州茅台股票是A股。
- "600"作为代号的前缀：这表明贵州茅台股票是在上海证券交易所（沪市）上市交易。

由于贵州茅台股票属于A股，我们可以使用 Tushare 提供的 A 股日线行情函数daily获取，有关该函数使用的帮助页面，如图 5-11 所示。

有关daily 函数这里不再赘述。

案例实现代码如下。

图 5-11　A 股日线行情daily 函数帮助页面

```
# 导入 tushare
import tushare as ts                                    ①

# 初始化 pro 接口
pro = ts.pro_api('<修改为自己的 TOKEN>')                 ②
df = pro.daily(ts_code='600519.SH', start_date='20230101', end_
date='20230701')                                        ③
df                                                      ④
```

使用 Jupyter Notebook 工具运行上述代码，输出 df 数据，如图 5-12 所示。

	ts_code	trade_date	open	high	low	close	pre_close	change	pct_chg	vol	amount
0	600519.SH	20230626	1720.11	1730.00	1695.00	1709.00	1735.83	-26.83	-1.5457	23992.68	4098619.510
1	600519.SH	20230621	1740.00	1756.60	1735.00	1735.83	1743.46	-7.63	-0.4376	17720.61	3088635.934
2	600519.SH	20230620	1740.00	1765.00	1735.00	1743.46	1744.00	-0.54	-0.0310	20946.74	3659824.529
3	600519.SH	20230619	1790.00	1797.95	1738.00	1744.00	1797.69	-53.69	-2.9866	31699.92	5584248.725
4	600519.SH	20230616	1757.00	1800.00	1750.10	1797.69	1755.00	42.69	2.4325	37917.89	6742301.361
...	...	...	...	...	...	...	...	...	...	...	...
109	600519.SH	20230109	1835.00	1849.98	1807.82	1841.20	1803.77	37.43	2.0751	30977.23	5684181.147
110	600519.SH	20230106	1806.12	1811.90	1787.00	1803.77	1801.00	2.77	0.1538	24903.75	4480838.898
111	600519.SH	20230105	1737.00	1801.00	1733.00	1801.00	1725.01	75.99	4.4052	47942.85	8541587.089
112	600519.SH	20230104	1730.00	1738.70	1716.00	1725.01	1730.01	-5.00	-0.2890	20415.75	3523582.306
113	600519.SH	20230103	1731.20	1738.43	1706.01	1730.01	1727.00	3.01	0.1743	26033.80	4487760.231

114 rows × 11 columns

图 5-12　输出 df 数据

上述代码解释如下。

- 代码第①行导入 tushare 库：通过 import tushare as ts 语句导入 Tushare 库，该库是一个提供 A 股市场数据的 Python 接口。

- 代码第②行初始化 pro 接口：使用 pro = ts.pro_api('<修改为自己的 TOKEN>') 语句初始化 Tushare 的 pro 接口，并传入自己的 TOKEN（密钥）。这个 TOKEN 是在 Tushare 官网上注册账号后，通过 API 接口申请获得的。

- 代码第③行获取股票数据：通过 pro.daily(ts_code='600519.SH', start_date='20230101', end_date='20230701') 调用 pro 接口的 daily 函数获取指定股票代码（"600519.SH"表示贵州茅台在上交所的代码）在指定日期范围内的日线交易数据。在这个例子中，获取的日期范围是从 2023 年 1 月 1 日到 2023 年 7 月 1 日。

- 代码第④行数据处理和显示：将获取到的股票数据存储在 DataFrame（df）中，并通过 df 语句将其展示出来。DataFrame 是 Pandas 库中用于处理和分析数据的数据结构。

💡 注意

为了运行上述代码，需要替换代码中的"<修改为自己的 TOKEN>"部分为你在 Tushare 官网上获得 API 密钥。

5.5 数据清洗和预处理

数据清洗和预处理在量化交易中扮演着重要的角色。量化交易依赖大量的数据进行模型构建、信号生成和交易决策。因此，确保数据的准确性、完整性和一致性对于量化交易的成功至关重要。

数据清洗和预处理在量化交易中非常重要，主要体现在以下几个方面。

（1）错误数据纠正：获取的原始数据中难免会有错误的数据，如价格出现异常跳跃、量能数据出现负值等。这需要进行错误数据检测和纠正，以确保后续分析的数据质量。

（2）空值填充：数据中经常会出现空值缺失的情况，这需要进行空值检测和填充，方法可以选择忽略、平均值填充、回归填充等。

（3）异常值处理：数据中会出现一些极端异常的数据点，这需要进行异常值检测和处理，如剔除或平均值填充等。

（4）数据重复处理：重复数据可能会导致分析结果的偏倚，因此需要处理。

（5）数据类型转换：确保数据的类型与其含义和使用方式相匹配。例如，将字符串类型转换为数值类型、将日期类型转换为标准日期格式等。

（6）数据一致性处理：检查数据中的命名规范、编码方式、单位表示等是否一致，进行必要的调整和转换，以确保数据在分析中具有一致性。

这些仅是数据清洗过程中的一些常见任务和方法，具体的数据清洗步骤和方法取决于数据的特点、分析目标和业务需求。在进行数据清洗时，可以使用Pandas和NumPy库等，以提高效率和准确性。

5.5.1 使用ChatGPT辅助数据清洗

当使用ChatGPT辅助数据清洗时，可以按照以下步骤进行。

（1）数据理解和问题定义：提供数据集的背景和问题描述，包括数据的来源、格式及需要解决的问题。这将帮助ChatGPT了解任务的上下文。

（2）数据检查和初步分析：提供数据样本或摘要，让ChatGPT了解数据的基本结构和特征。ChatGPT可以帮助我们检查数据的完整性、缺失值、异常值、数据类型等。

（3）数据清洗技术和方法：向ChatGPT提出有关数据清洗的问题，如缺失值处理、异常值检测和处理、重复数据处理等。ChatGPT可以解释不同的清洗技术和方法，并提供适用于具体情况的建议。

（4）数据清洗实施：根据ChatGPT的建议和指导，实施数据清洗过程。这可能涉及使用编程语言（如Python）和相应的库（如Pandas）来处理数据，执行清洗操作。

（5）数据清洗验证和评估：ChatGPT可以帮助验证清洗后的数据，并提供评估指标，以确保数据清洗的有效性和质量。

需要注意的是，ChatGPT是基于文本的模型，无法直接处理数据。它可以提供理解、解释、建议和指导，但最终的实际执行需要我们在适当的开发环境中完成。

5.5.2 案例6：使用ChatGPT辅助分析股票数据

下面通过具体案例介绍数据清洗过程，以及使用ChatGPT辅助完成数据分析的过程。

案例背景

Tom是一位金融数据分析师，负责处理股票交易数据。他收到了一份包含股票交易信息的CSV文件“股票数据Test.csv”，使用电子表格工具打开后，如图5-13所示。但文件中存在一些脏数据和异常值，需要进行清洗和预处理。

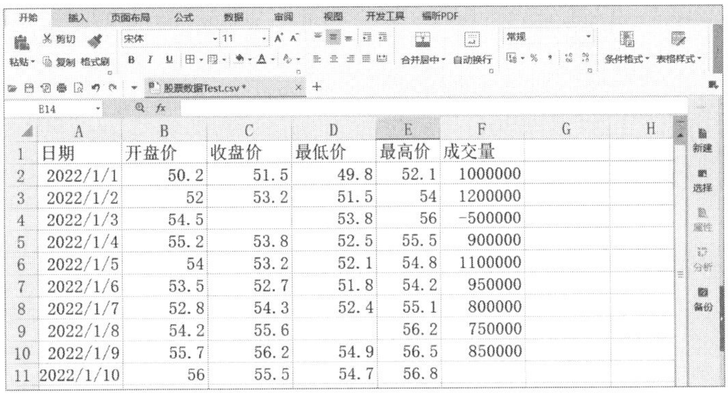

	A	B	C	D	E	F	G	H
1	日期	开盘价	收盘价	最低价	最高价	成交量		
2	2022/1/1	50.2	51.5	49.8	52.1	1000000		
3	2022/1/2	52	53.2	51.5	54	1200000		
4	2022/1/3	54.5		53.8	56	-500000		
5	2022/1/4	55.2	53.8	52.5	55.5	900000		
6	2022/1/5	54	53.2	52.1	54.8	1100000		
7	2022/1/6	53.5	52.7	51.8	54.2	950000		
8	2022/1/7	52.8	54.3	52.4	55.1	800000		
9	2022/1/8	54.2	55.6		56.2	750000		
10	2022/1/9	55.7	56.2	54.9	56.5	850000		
11	2022/1/10	56	55.5	54.7	56.8			

图5-13 采用WPS打开CSV文件

要对股票数据Test.csv数据进行清洗，步骤如下。

1. 使用ChatGPT分析数据

使用ChatGPT分析数据，找出数据存在的问题，然后进行有的放矢地进行分析。

Tom向ChatGPT发送请求消息：

帮我分析如下数据有哪些问题：

日期,开盘价,收盘价,最低价,最高价,成交量

2022-01-01,50.2,51.5,49.8,52.1,1000000

2022-01-02,52.0,53.2,51.5,54.0,1200000

2022-01-03,54.5,,53.8,56.0,-500000

2022-01-04,55.2,53.8,52.5,55.5,900000

2022-01-05,54.0,53.2,52.1,54.8,1100000

2022-01-06,53.5,52.7,51.8,54.2,950000

2022-01-07,52.8,54.3,52.4,55.1,800000

2022-01-08,54.2,55.6,,56.2,750000

2022-01-09,55.7,56.2,54.9,56.5,850000

2022-01-10,56.0,55.5,54.7,56.8,

⑨ **ChatGPT 的回答如下。**

根据提供的数据，以下是可能存在的问题：

1. 缺失值：第 3 行的收盘价、第 8 行的最低价和第 10 行的成交量均为空值。这表示在这些日期中，相关数据未提供或缺失。

2. 数据类型不一致：数据中的日期列可能是字符串类型，而开盘价、收盘价、最低价、最高价和成交量列可能是数值类型。确保数据类型的一致性是数据清洗的一部分。

3. 异常值：第三行的成交量为负数，这可能是数据输入错误或表示其他意义。需要对此进行检查和处理。

4. 数据完整性：根据提供的数据，无法确定是否还有其他日期的数据缺失。如果存在更多的数据行或日期范围，请确认数据是否完整。

以上是根据提供的数据示例分析的可能存在的问题。根据具体的数据清洗需求，可以进一步分析和处理这些问题，确保数据的质量和一致性。

2. 编写代码实施清洗数据

根据 ChatGPT 的提示，我们发现了一些问题。针对这些问题，接下来我们可以编写 Python 程序代码进行数据清洗。

⊘ **提 示**

ChatGPT 仍然是一个自动化语言模型，存在一定的错误率和局限性。在数据分析和决策过程中，不应完全依赖 ChatGPT 的分析结果，而是将其作为辅助工具来辅助人工进行分析和判断。

5.5.3 案例7：处理股票数据缺失值问题

在案例 6 中通过 ChatGPT 分析出股票数据存在缺失值问题，笔者使用 WPS 等电子表格工具打开文件，并将存在问题的数据所在单元格标注为灰色背景，如图 5-14 所示。

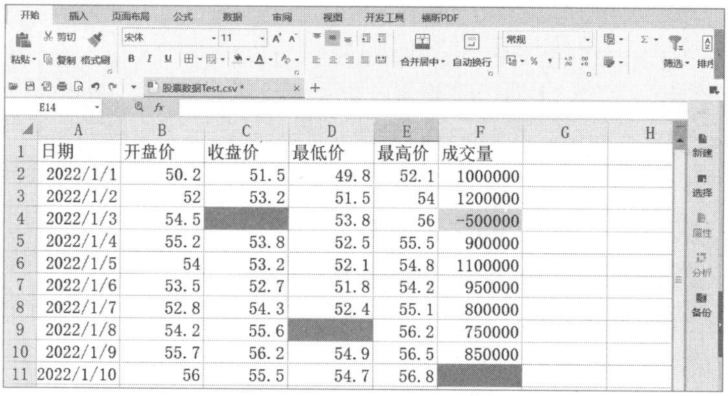

图 5-14 存在缺失值的数据

处理缺失值的方法通常取决于数据的性质和缺失值的类型。以下是几种常见的处理缺失值的方法。

（1）指定一个固定值进行填充：这种方法简单地使用一个预先定义的固定值（如 0 或 -1）填充缺失值。然而，它可能会引入偏差，因为它假设缺失值与该固定值是相等的，可能会对数据分析和建模产生不良影响。

（2）通过平均值进行填充：这种方法使用特征的平均值填充缺失值。对于数值型特征而言，平均值填充是一种简单而常用的方法。它适用于缺失值随机分布且缺失值数量较少的情况。

（3）通过中位数填充：与平均值填充类似，中位数填充是使用特征的中位数值填补缺失值。与平均值相比，中位数更适合处理存在极端值或偏斜分布特征的情况。

（4）邻近值填充：这种方法使用邻近的已知值填充缺失值。可以选择使用上一条数据或下一条数据进行填充，这在时间序列数据中比较常见。另外，KNN 邻近值算法也可以用于填充缺失值，它会根据其他特征值的相似性选择合适的邻近值进行填充。

（5）预测值填充：这种方法利用机器学习等算法预测缺失值。可以将其他特征作为输入，构建模型预测缺失值。它可以提供更准确的填充结果，但需要考虑模型的选择和训练过程。

在选择处理缺失值的方法时，需要考虑数据的特点、缺失值的模式及对后续分析结果的影响。应该根据具体情况选择最合适的方法处理缺失值。我们可以咨询 ChatGPT 让它给出参考意见。

处理缺失值的实现代码如下。

```
import pandas as pd
# 读取数据文件
df = pd.read_csv('data/ 股票数据 Test.csv')          ①
# 处理前的数据：
df                                                 ②
```

使用 Jupyter Notebook 工具运行上述代码，输出 df 数据，如图 5-15 所示，其中 NaN 表示缺失值（Not a Number）。

 提示

Jupyter Notebook 工具输出结果是嵌入 HTML 页面的，非常适合输出 DataFrame 这种表格数据，但是需要注意，输出时不要使用 print() 函数打印 df 数据变量。

	日期	开盘价	收盘价	最低价	最高价	成交量
0	2022-01-01	50.2	51.5	49.8	52.1	1000000.0
1	2022-01-02	52.0	53.2	51.5	54.0	1200000.0
2	2022-01-03	54.5	NaN	53.8	56.0	-500000.0
3	2022-01-04	55.2	53.8	52.6	56.6	900000.0
4	2022-01-05	54.0	53.2	52.1	54.8	1100000.0
5	2022-01-06	53.5	52.7	51.8	54.2	950000.0
6	2022-01-07	52.8	54.3	52.4	55.1	800000.0
7	2022-01-08	54.2	55.6	NaN	56.2	750000.0
8	2022-01-09	55.7	56.2	54.9	56.5	850000.0
9	2022-01-10	56.0	55.5	54.7	56.8	NaN

图 5-15　输出 df 数据

上述代码解释如下。

代码第①行 pd.read_csv() 是 Pandas 库中的一个函数，用于从 CSV 文件中读取数据并将其加载到一个 DataFrame 对象中。在这行代码中，"股票数据 Test.csv"是文件的路径和名称，它指定了要读取的 CSV 文件。读者需要确保该文件与代码文件在同一个目录下，或者提供正确的文件路径。

代码第②行 df 是一个变量名，可以根据需要自定义变量名。它表示 DataFrame 对象，将用于存储从 CSV 文件中读取的数据。在 Jupyter Notebook 中输出 df 数据。

事实上 Pandas 的 DataFrame 对象也提供查找缺失值的函数,即 DataFrame.snull(),代码如下。

```
# 查找缺失值
missing_values = df.isnull().sum()                    ①
print(" 缺失值数量: ")
print(missing_values)
```

运行上述代码,输出结果如下。

```
缺失值数量:
日期        0
开盘价       0
收盘价       1
最低价       1
最高价       0
成交量       1
dtype: int64
```

从上述运行结果可见,有 3 个缺失值。

上述代码解释如下。

- 代码第①行中的 df 是一个 DataFrame 对象,它包含加载的数据。
- df.isnull() 是一个 DataFrame 方法,用于检测 DataFrame 中的缺失值。它返回一个布尔值的 DataFrame,其中缺失值被标记为 True,非缺失值被标记为 False。
- sum() 是对 DataFrame 进行求和的方法。对于布尔值的 DataFrame,True 被解释为 1,False 被解释为 0。因此,使用 sum() 方法会对每列中的 True 值进行求和,从而得到每列缺失值的数量。
- missing_values 是一个新的变量,它用于存储每列缺失值的数量。该变量是一个 Series 对象,其中索引是 DataFrame 中的列名,值是对应列中的缺失值数量。

知道哪里存在缺失值,就可以进行处理了。笔者给出了几种处理方法,代码如下。

```
# 填充缺失值
# 使用平均值填充 " 收盘价 "
mean_close = df[' 收盘价 '].mean()                           ①
df[' 收盘价 '].fillna(mean_close, inplace=True)              ②

# 使用中位数填充 " 最低价 "
median_low = df[' 最低价 '].median()                         ③
df[' 最低价 '].fillna(median_low, inplace=True)             ④

# 使用邻近值填充 " 最高价 "
```

```
df['最高价'].fillna(method='ffill', inplace=True)          ⑤


# 使用 0 填充 "成交量"
df['成交量'].fillna(0, inplace=True)                       ⑥


# 查看填充后的数据
print("处理后的数据: ")
df
```

使用 Jupyter Notebook 工具运行上述代码，输出 df 数据，
如图 5-16 所示。从图中可见，缺失值被填充了。

这段代码用于对 DataFrame 中的缺失值进行填充，并输
出填充后的数据。下面是对每个步骤的解释。

- 代码第①行使用 mean() 函数计算"收盘价"列的平均
  值，并将结果存储在"mean_close"变量中。
- 代码第②行通过 fillna() 函数将"收盘价"列中的缺失
  值填充为平均值。"inplace=True"表示直接在原始
  DataFrame 上进行修改，而不是创建新的副本。

	日期	开盘价	收盘价	最低价	最高价	成交量
0	2022-01-01	50.2	51.5	49.8	52.1	1000000.0
1	2022-01-02	52.0	53.2	51.5	54.0	1200000.0
2	2022-01-03	54.5	54.0	53.8	56.0	-500000.0
3	2022-01-04	55.2	53.8	52.5	55.5	900000.0
4	2022-01-05	54.0	53.2	52.1	54.8	1100000.0
5	2022-01-06	53.5	52.7	51.8	54.2	950000.0
6	2022-01-07	52.8	54.3	52.4	55.1	800000.0
7	2022-01-08	54.2	55.6	52.4	56.2	750000.0
8	2022-01-09	55.7	56.2	54.9	56.5	850000.0
9	2022-01-10	56.0	55.5	54.7	56.8	0.0

图 5-16　输出 df 数据

- 代码第③行使用 median() 函数计算"最低价"列的中位数，并将结果存储在"median_low"
  变量中。
- 代码第④行通过 fillna() 函数将"最低价"列中的缺失值填充为中位数。
- 代码第⑤行对"最高价"列通过 fillna() 函数的"method='ffill'"参数使用邻近值填充缺失值。
  这意味着将缺失值用前一个非缺失值进行填充。
- 代码第⑥行使用 fillna() 函数将"成交量"列中的缺失值填充为"0"。

5.5.4　案例8：处理股票数据类型不一致问题

对于数据类型不一致的问题，可以考虑进行以下处理。

（1）检查数据类型：首先，需要确认各列的数据类型。可以使用 df.dtypes 查看 DataFrame 中每
列的数据类型。

（2）转换日期列：如果日期列是以字符串形式表示的，可以使用 pd.to_datetime() 函数将其转换
为日期类型。例如，可以使用以下代码将日期列转换为日期类型。

```
df['日期'] = pd.to_datetime(df['日期'])
```

（3）转换数值列：如果开盘价、收盘价、最低价、最高价和成交量列是字符串类型，可以使用
pd.to_numeric() 函数将其转换为数值类型。例如，可以使用以下代码将这些列转换为数值类型。

```
numeric_cols = ['开盘价', '收盘价', '最低价', '最高价', '成交量']
```

```
df[numeric_cols] = df[numeric_cols].apply(pd.to_numeric)
```

上述代码将指定的列应用pd.to_numeric()函数进行转换，并将转换后的结果重新赋值给相应的列。

处理股票数据类型不一致问题的具体代码如下。

```
import pandas as pd
# 读取数据文件
df = pd.read_csv('data/ 股票数据 Test.csv')
...
# 转换日期列的数据类型为字符串
df[' 日期 '] = df[' 日期 '].astype(str)

# 转换数值列的数据类型为浮点型
df[' 开盘价 '] = df[' 开盘价 '].astype(float)
df[' 收盘价 '] = df[' 收盘价 '].astype(float)
df[' 最低价 '] = df[' 最低价 '].astype(float)
df[' 最高价 '] = df[' 最高价 '].astype(float)
df[' 成交量 '] = df[' 成交量 '].astype(float)

# 查看处理后的数据
print(" 处理后的数据: ")
df
```

使用Jupyter Notebook工具运行上述代码，输出df数据，如图 5-17 所示。

5.5.5 案例9：处理股票数据异常值问题

在案例 6 中通过ChatGPT分析出股票数据存在异常值问题，即第 3 行的成交量为负数。

在处理异常值时，我们可以通过以下步骤检查和处理成交量为负数的异常值。

	日期	开盘价	收盘价	最低价	最高价	成交量
0	2022-01-01	50.2	51.5	49.8	52.1	1000000.0
1	2022-01-02	52.0	53.2	51.5	54.0	1200000.0
2	2022-01-03	54.5	54.0	53.8	56.0	-500000.0
3	2022-01-04	55.2	53.8	52.5	55.5	900000.0
4	2022-01-05	54.0	53.2	52.1	54.8	1100000.0
5	2022-01-06	53.5	52.7	51.8	54.2	950000.0
6	2022-01-07	52.8	54.3	52.4	55.1	800000.0
7	2022-01-08	54.2	55.6	52.4	56.2	750000.0
8	2022-01-09	55.7	56.2	54.9	56.5	850000.0
9	2022-01-10	56.0	55.5	54.7	56.8	0.0

图 5-17　输出 df 数据
（处理数据类型不一致问题）

```
# 检查异常值
negative_volume = df[df[' 成交量 '] < 0]if not negative_volume.empty:
    print(" 存在异常值: 成交量为负数 ")
    print(negative_volume)
# 将成交量为负数的异常值置为 NaN 或其他合适的值
df.loc[df[' 成交量 '] < 0, ' 成交量 '] = None
```

```
# 查看处理后的数据 print(" 处理后的数据：")print(df)
```

上述代码首先检查 DataFrame 中成交量列是否存在小于"0"的值，如果存在，将打印异常值所在的行。然后，将成交量为负数的值替换为 NaN 或其他合适的值（例如 0 或正数）。最后，打印处理后的数据。

处理股票数据异常值的具体代码如下。

```
import pandas as pd
# 读取数据文件
df = pd.read_csv(' 股票数据 Test.csv')

# 检查异常值
negative_volume = df[df[' 成交量 '] < 0]
if not negative_volume.empty:
    print(" 存在异常值：成交量为负数 ")
    print(negative_volume)

# 将成交量为负数的异常值置为 NaN 或其他合适的值
df.loc[df[' 成交量 '] < 0, ' 成交量 '] = None

# 查看处理后的数据
print(" 处理后的数据：")
df
```

使用 Jupyter Notebook 工具运行上述代码，输出 df 数据，如图 5-18 所示。从图中可见，第 3 行的成交量数据被修改为 NaN。

	日期	开盘价	收盘价	最低价	最高价	成交量
0	2022-01-01	50.2	51.5	49.8	52.1	1000000.0
1	2022-01-02	52.0	53.2	51.5	54.0	1200000.0
2	2022-01-03	54.5	NaN	53.8	56.0	NaN
3	2022-01-04	55.2	53.8	52.5	55.5	900000.0
4	2022-01-05	54.0	53.2	52.1	54.8	1100000.0
5	2022-01-06	53.5	52.7	51.8	54.2	950000.0
6	2022-01-07	52.8	54.3	52.4	55.1	800000.0
7	2022-01-08	54.2	55.6	NaN	56.2	750000.0
8	2022-01-09	55.7	56.2	54.9	56.5	850000.0
9	2022-01-10	56.0	55.5	54.7	56.8	NaN

图 5-18　输出 df 数据（处理异常值问题）

5.6　统计分析

在数据清洗之后，可以进行统计分析探索数据的特征和关系。以下是一些常见的统计分析方法。

（1）相关性分析：可以使用相关系数（如 Pearson 相关系数）衡量两个变量之间的线性相关性。这可以帮助我们了解变量之间的关系。例如，股票收益率与某个指标之间的相关性。

（2）因子分析：适用于探索多个变量之间的潜在关系和结构。通过将多个观测变量转化为少数几个无关因子，可以简化数据集并提取重要的信息。

（3）统计描述和摘要：通过计算数据的均值、中位数、标准差、最大值和最小值等统计指标，可以对数据进行描述和摘要，帮助我们了解数据的分布和特征。

（4）统计图表：绘制直方图、散点图、箱线图等图表可以可视化数据的分布和关系，进一步帮助我们理解数据的特征。这些图表我们之前已经介绍过了，这里不再赘述。

5.6.1 使用ChatGPT辅助统计分析

当涉及统计分析时，ChatGPT可以提供一些基本的指导和解释，但由于其文本生成性质，它并不具备直接执行统计分析的功能。ChatGPT可以帮助回答与统计分析相关的问题，提供理论解释、方法选择、概念解释及示例代码等方面的帮助。

以下是ChatGPT可以辅助完成的统计分析方面的问题和任务。

（1）解释统计概念：ChatGPT可以帮助解释统计学中的基本概念，例如平均值、标准差、相关系数、假设检验等。

（2）方法选择：根据数据情况和分析目的，ChatGPT可以提供适当的统计方法和技术的建议，例如相关性分析、因子分析、回归分析等。

（3）解读统计结果：当获得统计分析的结果时，ChatGPT可以帮助解读这些结果，说明其含义、统计显著性和实际意义。

（4）提供示例代码：ChatGPT可以提供一些示例代码，用于执行特定的统计分析任务，例如计算相关系数、执行假设检验、生成可视化图表等。

5.6.2 相关性分析

相关性分析是一种统计分析方法，用于衡量两个变量之间的线性相关程度。它可以帮助我们了解变量之间的关系，并揭示它们之间的相互影响。

在进行相关性分析之前，我们需要确保变量是数值型的。对于类别型变量，需要进行适当的编码或转换。以下是进行相关性分析的一般步骤。

（1）准备数据：确保数据集中包含要分析的变量。如果有缺失值或异常值，需要进行适当的处理。

（2）计算相关系数：常用的相关系数是Pearson相关系数，它衡量两个变量之间的线性关系强度和方向。可以使用相关系数公式计算Pearson相关系数。

（3）理解相关系数：Pearson相关系数的取值范围为-1到1。取值接近1表示正相关，取值接近-1表示负相关，取值接近0表示无相关性。通过观察相关系数的大小和符号，可以判断变量之间的关系。

（4）统计显著性检验：为了确定相关系数是否具有统计显著性，可以进行假设检验。常用的方法是计算相关系数的置信区间，如果置信区间不包含0，则相关系数是显著的。

（5）可视化结果：可以使用散点图、热力图等图表来可视化变量之间的相关关系，进一步帮助理解和解释结果。

Pearson指的是皮尔逊相关系数（Pearson Correlation Coefficient）。它是最常用的二元相关分析方法，用于衡量两个变量之间的线性相关性。皮尔逊相关系数的取值范围是-1到1，其中：

- 取值为 1 时，表示两个变量呈完全正相关，即一个变量增加，另一个变量也增加；
- 取值为 -1 时，表示两个变量呈完全负相关，即一个变量增加，另一个变量减少；
- 取值为 0 时，表示两个变量无相关，即一个变量的变化不会影响另一个变量。

皮尔逊相关系数的计算公式如下。

$$r = \text{cov}(X, Y)/(sx \times sy)$$

其中：

- r 为皮尔逊相关系数；
- cov(X, Y) 为 X 和 Y 的协方差；
- sx 和 sy 分别为 X 和 Y 的标准差。

皮尔逊相关系数主要用于判断定量数据之间是否存在线性相关性关系。但是，它对非线性相关性的检测能力有限，如果两个变量之间存在非线性相关，皮尔逊相关系数可能接近 0。

注意，它只反映了变量间的线性关系，不能完全代表变量间的因果关系。相关性分析只是探究变量间是否存在某种统计关联，不能完全判断原因和结果。

所以，皮尔逊相关系数是一个有限但很有用的统计分析方法。人工判断和其他知识对最终解释变量间的关系也很关键。

5.6.3 案例10：股票行业相关性分析

下面通过一个案例介绍一下如何进行相关性分析。

案例背景

当进行量化交易时，相关性分析是一项重要的工具，用于了解不同金融资产之间的关联性。通过分析资产之间的相关性，可以发现它们之间的价格走势是否存在一定的相似性或相反性。

Tom 是一位量化交易员，对股票市场感兴趣。Tom 关注的是两只股票：股票 A 和股票 B。Tom 想要确定这两只股票之间的相关性，并尝试利用这种相关性来制定交易策略。

图 5-19 所示的是 2023 年 1 月 1 日到 2023 年 1 月 5 日期间的股票 A 和股票 B 的价格数据，该数据保存在 "stock_data（相关性）.csv" 文件中。

	A	B	C
1	Date	Stock_A	Stock_B
2	2023/1/1	100	200
3	2023/1/2	105	210
4	2023/1/3	110	190
5	2023/1/4	115	205
6	2023/1/5	120	215

图 5-19 股票数据

案例具体代码如下。

```
import pandas as pd
import numpy as np

# 从 CSV 文件读取数据
```

```
df = pd.read_csv('data/stock_data（相关性）.csv')                    ①
# 转换日期列为日期类型
df['Date'] = pd.to_datetime(df['Date'])                              ②
# 将日期列设为索引
df.set_index('Date', inplace=True)                                   ③
# 计算相关系数
correlation_matrix = np.corrcoef(df['Stock_A'], df['Stock_B'])  ④
# 提取相关系数
correlation = correlation_matrix[0, 1]                               ⑤
print('皮尔逊相关系数：', correlation)
```

上述示例代码运行结果如下。

皮尔逊相关系数： 0.41099746826339323

上述代码解释如下。

- 代码第①行 df = pd.read_csv('stock_data（相关性）.csv')：通过 pd.read_csv() 函数从名为 "stock_data（相关性）.csv" 的 CSV 文件中读取数据，并将其存储在一个名为 "df" 的 Pandas DataFrame 中。

- 代码第②行 df['Date'] = pd.to_datetime(df['Date'])：将 df 中的 "Date" 列转换为日期类型，使用 pd.to_datetime() 函数将该列中的字符串日期转换为日期对象。

- 代码第③行 df.set_index('Date', inplace=True)：将 "Date" 列设置为 DataFrame 的索引，使用 set_index() 函数实现。"inplace=True" 表示在原始 DataFrame 上进行操作，而不是返回一个新的 DataFrame。

- 代码第④行 correlation_matrix = np.corrcoef(df['Stock_A'], df['Stock_B'])：使用 np.corrcoef() 函数计算 "Stock_A" 列和 "Stock_B" 列的皮尔逊相关系数。该函数接受将两个数组作为输入，并返回一个相关系数矩阵。相关系数矩阵的对角线上的元素是各个变量的相关系数，这里我们只关注 correlation_matrix[0, 1]，即第一行第二列的相关系数。

- 代码第⑤行 correlation = correlation_matrix[0, 1]：从相关系数矩阵中提取出 correlation_matrix[0, 1]，即股票 A 和股票 B 的皮尔逊相关系数，并将其赋值给变量 correlation。

皮尔逊相关系数计算出来后，量化交易员 Tom 让 ChatGPT 帮助进行分析。

⌨ **Tom 向 ChatGPT 发送请求消息：**

股票 A 和股票 B 的皮尔逊相关系是 0.41099746826339323，帮我分析一下它们的相关性。

---

⑥ **ChatGPT 的回答如下。**

根据给出的皮尔逊相关系数为 0.41099746826339323，可以得出股票 A 和股票 B 之间

存在一定程度的正相关关系。这意味着股票 A 和股票 B 的价格变动倾向于同时朝着同一个方向
发展，但并不代表绝对的上涨或下跌。当皮尔逊相关系数接近于 1 时，表示相关性更强，股票
A 和股票 B 的价格变动更趋向于同时上涨；当系数接近于 -1 时，表示相关性也较强，但股票 A
和股票 B 的价格变动更趋向于同时下跌。

因此，根据给定的皮尔逊相关系数 0.41099746826339323，可以推断股票 A 和股票 B
的价格变动有一定的正相关性，但不能确定其具体的趋势（上涨或下跌）。要更准确地了解股
票 A 和股票 B 之间的相关性及趋势，需要进一步分析和考察其他因素。

5.6.4　统计描述和摘要

统计描述和摘要（Statistical Description and Summary）是用于对数据集进行基本统计分析和总
结的方法。它旨在提供对数据的概括和描述，以便更好地理解数据的特征、分布和变异。

下面是一些常见的统计描述和摘要方法。

1. 中心趋势测量

- 平均值（Mean）：数据集的算术平均值，用于描述数据的集中程度。
- 中位数（Median）：将数据按大小排序后的中间值，用于描述数据的中心位置。
- 众数（Mode）：数据集中出现频率最高的值，用于描述数据的典型取值。

2. 离散程度测量

- 标准差（Standard Deviation）：数据的离散程度的度量，表示数据点相对于平均值的平均偏
  离程度。
- 方差（Variance）：数据的离散程度的度量，是标准差的平方。
- 范围（Range）：数据最大值和最小值之间的差异，用于描述数据的变化范围。

3. 分布特征测量

- 偏度（Skewness）：描述数据分布的偏斜程度，即数据分布的对称性或不对称性。
- 峰度（Kurtosis）：描述数据分布的尖锐程度，即数据分布的峰值或平坦程度。
- 百分位数（Percentiles）：将数据按大小排序后的特定百分比处的值，用于描述数据集中的观
  测值相对于整体的位置。

5.6.5　案例11：苹果股票数据统计描述和摘要分析

下面我们以苹果股票数据为例，介绍一下如何进行统计描述和摘要分析。Pandas库提供数据统
计描述和摘要分析方法相关函数，本小节的案例是通过Pandas库对股票数据进行统计分析和价格趋
势分析的。

图 5-20 所示的是苹果公司的股票数据，数据保存在 "AAPL.csv" 文件中。

图 5-20　苹果股票数据

由于案例具体代码比较多，下面分成几个步骤分别介绍。

1. 输出数据集的基本信息

具体代码如下。

```python
import pandas as pd
# 读取股票数据
data = pd.read_csv('data/AAPL.csv',
    converters={'Close': lambda x: float(x.replace('$', ''))})  ①
# 输出数据集的基本信息
data.info()
    ②
```

运行上述代码，输出结果如下。

```
<class 'pandas.core.frame.DataFrame'>
RangeIndex: 20 entries, 0 to 19
Data columns (total 6 columns):
 #   Column  Non-Null Count  Dtype
---  ------  --------------  -----
 0   Date    20 non-null     object
 1   Close   20 non-null     float64
 2   Volume  20 non-null     int64
 3   Open    20 non-null     object
 4   High    20 non-null     object
 5   Low     20 non-null     object
dtypes: float64(1), int64(1), object(4)
```

```
memory usage: 1.1+ KB
```

上述代码解释如下。

- 代码第①行 df = pd.read_csv('data/stock_data（相关性）.csv')：通过 pd.read_csv() 函数从名为 "stock_data（相关性）.csv" 的 CSV 文件中读取数据，并将其存储在一个名为 "df" 的 Pandas DataFrame 中。
- 代码第②行 data.info()：输出数据集的基本信息，包括列名、数据类型和非空值的数量。

2. 计算收盘价的统计特征

接着，还可以在上述代码的基础上计算收盘价的统计特征，代码如下。

```
# 计算收盘价的统计特征
mean = data['Close'].mean()                            ①
median = data['Close'].median()                        ②
std = data['Close'].std()                              ③
var = data['Close'].var()                              ④
skew = data['Close'].skew()                            ⑤
kurt = data['Close'].kurtosis()                        ⑥
print(' 均值 =%.2f, 中位数 =%.2f' % (mean, median))
print(' 标准差 =%.2f, 方差 =%.2f' % (std, var))
print(' 偏度 =%.2f, 峰度 =%.2f' % (skew, kurt))
```

运行上述代码，输出结果如下。

```
均值 =181.34, 中位数 =180.95
标准差 =3.92, 方差 =15.39
偏度 =-0.38, 峰度 =-0.61
```

上述代码解释如下。

- 代码第①行 mean = data['Close'].mean()：计算 "Close" 列的平均值，表示收盘价的平均水平。
- 代码第②行 median = data['Close'].median()：计算 "Close" 列的中位数，表示收盘价的中间值。
- 代码第③行 std = data['Close'].std()：计算 "Close" 列的标准差，表示收盘价的波动性。
- 代码第④行 var = data['Close'].var()：计算 "Close" 列的方差，表示收盘价的离散程度。
- 代码第⑤行 skew = data['Close'].skew()：计算 "Close" 列的偏度，衡量收盘价分布的偏斜程度。
- 代码第⑥行 kurt = data['Close'].kurtosis()：计算 "Close" 列的峰度，衡量收盘价分布的尖峰程度。

3. 计算百分位数

在上述代码的基础上计算百分位数，代码如下。

```
# 计算百分位数
Q1 = data['Close'].quantile(0.25)                              ①
Q2 = data['Close'].quantile(0.5)                               ②
Q3 = data['Close'].quantile(0.75)                              ③
print(' 第一四分位数 =%.2f, 第二四分位数 =%.2f, 第三四分位数 =%.2f' % (Q1, Q2, Q3))
```

运行上述代码，输出结果如下。

```
第一四分位数 =178.86, 第二四分位数 =180.95, 第三四分位数 =184.20
```

上述代码解释如下。

- 代码第①行 Q1 = data['Close'].quantile(0.25)：计算 "Close" 列的第一个四分位数，表示收盘价分布中 25% 的数据位于这个值以下。

- 代码第②行 Q2 = data['Close'].quantile(0.5)：计算 "Close" 列的第二个四分位数（中位数），表示收盘价分布中 50% 的数据位于这个值以下。

- 代码第③行 Q3 = data['Close'].quantile(0.75)：计算 "Close" 列的第三个四分位数，表示收盘价分布中 75% 的数据位于这个值以下。

4. 价格趋势分析

在上述代码的基础上进行价格趋势分析，代码如下。

```
# 价格趋势分析
# 计算涨跌天数和平均涨跌幅度
data['Return'] = data['Close'].pct_change()                    ①
Up_days = len(data.loc[data['Return'] > 0])                    ②
Down_days = len(data.loc[data['Return'] < 0])                  ③
Avg_Up = data.loc[data['Return'] > 0, 'Return'].mean()         ④
Avg_Down = data.loc[data['Return'] < 0, 'Return'].mean()       ⑤
print(' 涨 %d 天, 平均上涨幅度为 %0.2f%%' % (Up_days, Avg_Up*100))
print(' 下跌 %d 天, 平均下跌幅度为 %0.2f%%' % (Down_days, Avg_Down*100))
```

运行上述代码，输出结果如下。

```
上涨 8 天, 平均上涨幅度为 0.42%
下跌 11 天, 平均下跌幅度为 -0.99%
```

上述代码解释如下。

- 代码第①行 data['Return'] = data['Close'].pct_change()：计算收盘价的每日收益率，即每日收盘价相对于前一日的百分比变化，并将结果保存在新的列 "Return" 中。

- 代码第②行 Up_days = len(data.loc[data['Return'] > 0])：计算收益率大于 "0" 的天数，即上涨的天数。

- 代码第③行 Down_days = len(data.loc[data['Return'] < 0])：计算收益率小于 "0" 的天数，即

下跌的天数。

- 代码第④行 Avg_Up = data.loc[data['Return'] > 0, 'Return'].mean()：计算收益率大于"0"的天数中的平均收益率，表示平均上涨幅度。

- 代码第⑤行 Avg_Down = data.loc[data['Return'] < 0, 'Return'].mean()：计算收益率小于"0"的天数中的平均收益率，表示平均下跌幅度。

5.7 本章总结

本章介绍了数据采集的基本概念和方法。我们讨论了网页数据采集，包括静态网页和动态网页的爬取方法，以及使用API调用采集数据的方式。案例演示了如何采集股票数据。

此外，我们强调了数据清洗和预处理的重要性，并介绍了ChatGPT的辅助分析和编写数据清洗代码的方法。统计分析包括ChatGPT辅助的统计分析和相关性分析，案例展示了股票行业相关性分析和苹果股票数据的统计描述。

通过本章的学习，我们获得了数据采集、清洗、预处理和统计分析的关键技能，这些技能对于数据驱动的决策非常重要。

第 6 章

量化交易基础

本章我们介绍量化交易的基础知识和技能，帮助大家理解金融市场、分析交易品种、选择适当的交易策略，并学会获取和处理必要的数据。

6.1 量化交易概述

量化交易是利用系统化的方法和数学模型进行金融交易的过程。它结合金融学、计算机科学和统计学等领域的知识和技术，通过分析大量的历史数据、构建数学模型和算法，并利用计算机程序进行交易决策和执行。

在量化交易中，交易决策和执行过程被严格定义和规则化，减少了主观判断和情绪的干扰。量化交易依赖大量的数据分析和统计模型，通过对市场行为、价格趋势、交易模式等进行量化分析和建模，寻找潜在的市场规律和投资机会。

量化交易的关键步骤包括数据收集和预处理、策略开发和优化、回测和验证、交易执行和风险管理。交易者使用编程语言（如Python）和量化交易平台（如JoinQuant、Quantopian等）实现这些步骤，并构建自己的交易策略和算法。

量化交易的优势包括以下几个方面。

（1）科学性和客观性：量化交易基于系统化的方法和数学模型，减少了主观判断和情绪的影响，提高了交易决策的客观性和科学性。

（2）自动化和高效性：量化交易利用计算机程序进行交易决策和执行，实现了自动化和高效的交易过程，减少了人为错误和交易延迟。

（3）大数据分析：量化交易利用大量的历史数据进行分析和模型构建，可以发现隐藏的市场规律和趋势，提供更全面的市场洞察力。

（4）风险控制和资金管理：量化交易强调风险管理和资金管理，通过严格的风险控制措施和仓位管理规则，降低交易风险和损失。

总之，量化交易是利用系统化的方法、数学模型和计算机技术进行金融交易的过程。它通过科学分析和建模，提高交易决策的客观性和效率，减少人为因素的影响，从而追求更稳定和可靠的交易执行。

6.2 金融市场和交易品种概述

在量化交易中，了解金融市场和不同的交易品种是非常重要的。金融市场是资金供求的交汇点，提供各种交易品种供投资者进行交易。以下是一些常见的金融市场和交易品种的概述。

（1）股票市场：股票市场是公司股票交易的场所。投资者可以买入和卖出股票，通过持有股票分享公司的盈利和增长。

（2）债券市场：债券市场是债务工具交易的市场。债券是一种借款凭证，发行者（如政府或公司）

向债券持有人承诺在未来的日期偿还本金和利息。

（3）外汇市场：外汇市场是全球货币交易的市场。投资者可以通过买入和卖出不同的货币进行外汇交易，从汇率波动中获取利润。

（4）期货市场：期货市场是标准化合约交易的市场，合约规定了在未来特定日期和价格买入或卖出某种资产的义务。

（5）期权市场：期权市场是期权合约交易的市场。期权合约给予买方在未来特定日期以特定价格买入或卖出某种资产的权利，而卖方则有义务履行合约。

（6）商品市场：商品市场涉及交易各种实物商品，如黄金、原油、大豆等。投资者可以通过买入和卖出商品期货或现货来参与市场。

除了上述市场和品种，还有其他一些金融市场和交易品种，如指数市场（例如股票指数、商品指数）、外国证券市场、债务证券市场等。

了解不同的金融市场和交易品种对于制定量化交易策略和选择适合的交易工具至关重要。每个市场和品种都有其特定的规则、风险和机会，投资者需要深入了解它们的运作和特点，以便更好地参与交易和管理风险。

6.3 技术分析和基本面分析基础

技术分析和基本面分析是量化交易中常用的两种分析方法，用于研究和预测金融市场的走势和价格变动。它们有不同的理论基础和方法，可以相互补充，帮助投资者做出更明智的交易决策。

6.3.1 技术分析

技术分析（Technical Analysis）：技术分析是通过研究历史市场数据，如价格和交易量，预测未来价格走势的方法。

技术分析主要基于以下假设。

（1）市场行为是重复的：技术分析认为市场中存在一些模式和趋势，这些模式和趋势在历史上发生过，并且可能在未来再次出现。

（2）市场价格包含所有信息：技术分析假设市场价格已经反映了所有可用的信息，包括基本面因素和市场情绪。

（3）技术分析使用各种图表和指标来分析市场数据，其中一些常见的技术分析工具包括以下几种。

①趋势线：通过连接价格的高点或低点，可以通过绘制趋势线识别市场趋势的方向。

②图表形态：如头肩顶、双底、三角形等特定的价格图形，用于判断市场转折或持续的可能性。

③移动平均线：计算一段时间内平均价格的线，用于平滑价格波动并识别趋势的变化。

④相对强弱指标（RSI）：衡量市场的超买和超卖情况，用于判断市场的力量和反转点。

⑤成交量指标：通过分析成交量的变化，判断价格趋势的可靠性和市场参与者的行为。

⑥动量指标：如MACD（移动平均收敛/发散指标），用于衡量价格变动的速度和力量。

这些技术分析工具的目标是识别价格的趋势、反转和震荡等模式，并利用这些模式做出买入和卖出的决策。技术分析并不能提供绝对准确的预测，但可以作为一种辅助工具来辅助投资决策。

6.3.2 基本面分析

基本面分析（Fundamental Analysis）：基本面分析是研究和评估影响资产价值的基本因素，如公司财务状况、经济指标、行业发展等，以预测其未来的价值和走势。基本面分析的基本假设是市场价格会受到基本因素的影响。

基本面分析主要基于以下假设。

（1）市场价格与价值趋于一致：基本面分析认为市场价格会反映资产的真实价值，尽管短期内价格可能会受到市场情绪和技术因素的影响。

（2）经济和公司基本面会影响资产价值：基本面分析关注与资产相关的宏观经济因素、公司财务状况、行业竞争等因素，认为这些因素会对资产的价值产生影响。

基本面分析通常涉及以下几个方面的研究。

（1）宏观经济因素：包括国家经济指标、货币政策、通胀率、利率等，用于判断整体经济环境对资产的影响。

（2）公司财务状况：包括财务报表、利润水平、债务水平、盈利能力、现金流等，用于评估公司的盈利能力和财务稳定性。

（3）行业分析：对特定行业的竞争结构、增长前景、供需情况等进行分析，以判断该行业的投资价值和公司在行业中的竞争力。

（4）公司管理层和治理结构：评估公司管理层的能力和决策质量，以及公司的治理结构是否健全。

基本面分析的目标是找到被低估或高估的资产，并据此做出投资决策。分析师使用各种定量和定性的方法来评估基本面因素，并生成对资产价值的预测。这些方法包括财务比率分析、财务建模、竞争分析、SWOT分析等。

6.3.3 利用ChatGPT辅助技术分析

ChatGPT是一款基于Transformer的GPT语言模型，具有很强的文本生成和理解能力。我们可以利用ChatGPT辅助进行技术分析，主要体现在以下几个方面。

（1）数据处理和描述：ChatGPT可以根据我们提供的历史交易数据，自动生成对应的K线图描述、均线描述、指标计算公式等，辅助我们进行数据处理和特征提取。例如，我们提供历史价格数据，ChatGPT可以描述对应的K线图信息，包括实体颜色、影线长度、最高最低价等，并给出均线交叉信号等。这可以辅助我们快速理解数据和提取重要特征。

（2）分析定性描述：ChatGPT可以根据我们提供的技术分析结果或图表，自动生成对应的定性描述和分析结论。例如描述趋势的方向、导致价格变化的原因分析、重要技术信号的意义分析等。这可以提供比较客观和全面的定性分析，辅助我们理解技术分析结果和判断未来走势。但定性的笼统也是其局限。

（3）回测结果分析：如果我们提供一套完整的交易规则和历史数据，ChatGPT可以基于此生成对应的回测报告，包括风险指标分析、收益分布分析、超买超卖情况分析、持有期分析等等。这可以方便我们快速评估一套交易策略，了解其优缺点和适用场景。对提高我们的技术分析和策略设计能力很有帮助。

（4）新数据预测：如果提供过去一段时间的历史数据作为训练集，ChatGPT可以基于此训练出一款预测模型，我们提供新的数据可以得到对应的预测结果，如价格走势预测、超买超卖预判等。这种预测结果可以作为参考，结合技术分析进行综合判断，提高预测的准确性。

6.3.4 案例1:利用ChatGPT对000001.SZ股票进行技术分析

这里我们通过一个案例展示如何利用ChatGPT辅助进行技术分析。

案例背景

一家量化投资管理公司，主要通过编程算法和量化模型进行市场投资。为了丰富投资策略，公司决定尝试人工智能技术，探索其在量化投资中的应用价值。

Tom是公司的一名量化分析师，得知此信息后，Tom想尝试使用最近热门的GPT语言模型——ChatGPT，辅助自己进行技术分析工作，评估其效用和价值所在。Tom选择将000001.SZ股票作为第一个试点案例。Tom收集了000001.SZ股票近1年的日线交易数据，具体如下。

日期	开盘	收盘	最高	最低	成交量
2020-01-01	10.15	10.12	10.25	10.08	132451
2020-01-02	10.18	10.22	10.28	10.15	135621
2020-01-03	10.20	10.30	10.35	10.18	139785
2020-01-06	10.28	10.25	10.35	10.22	109342
...					
2020-12-01	11.15	11.20	11.30	11.10	132532
2020-12-02	11.18	11.22	11.28	11.15	135623
2020-12-03	11.20	11.30	11.35	11.18	141021
2020-12-04	11.21	11.15	11.25	11.10	102342

Tom首先输入此数据到ChatGPT，让其生成对应的K线图描述和技术分析。

> **Tom向ChatGPT提问:**
>
> 根据如下的000001.SZ股票的日线行情数据，描述其K线图形态和重要技术信号。

日期	开盘	收盘	最高	最低	成交量
2020-01-01	10.15	10.12	10.25	10.08	132451
2020-01-02	10.18	10.22	10.28	10.15	135621
2020-01-03	10.20	10.30	10.35	10.18	139785
2020-01-06	10.28	10.25	10.35	10.22	109342
...					
2020-12-01	11.15	11.20	11.30	11.10	132532
2020-12-02	11.18	11.22	11.28	11.15	135623
2020-12-03	11.20	11.30	11.35	11.18	141021
2020-12-04	11.21	11.15	11.25	11.10	102342

ChatGPT 的回答如下。

根据你提供的 000001.SZ 股票日线数据，我的分析如下：

1. K 线图形态：

从年初至今，股价在 10～11 震荡上涨，其中 3 月和 8 月出现较快上涨，10 月中旬出现明显回调，但随即再次回升至年初高点。最近股价在 11.1～11.3 盘整。总体来看，年度内股价处于上涨趋势，但也伴有部分回调行情。

2. 重要技术信号：

10 日均线在 3 月初和 8 月底发出金叉信号，显示上涨势头形成，随后股价快速上涨。10-60 日均线在 10 月中旬死叉，股价出现较深回调，是短期获利了结的机会。

MACD 红柱在 3 月初和 9 月上旬出现，显示买入动能形成，股价随后上涨。

RSI 指标在 10 月中旬超卖，随后一度反弹，是短期反弹信号。

综合判断，股价处于中期稳定上涨趋势，但也伴有技术调整，投资者应关注均线金叉和 MACD 买入信号出现后的上涨机会，同时也要防范出现死叉后的短期调整风险。中长期来看，技术面指引股价仍可能进一步上涨。

可以看到，ChatGPT 根据 Tom 提供的历史数据，生成了较为准确的 K 线形态描述、重要技术信号分析及对应的定性判断，这些信息可以较好地辅助 Tom 理解股价的变化趋势和关键点，判断未来潜在的行情变化。

Tom 可以基于 ChatGPT 的这些信息，结合基本面分析和个人判断进行综合分析。人机结合可以达到技术分析的最佳效果，而单独依赖任一方面都存在一定局限性。

所以，这个案例展示了如何利用 ChatGPT 生成定性的技术分析，这有助于扩充我们自身的判断，并在一定程度上弥补人工定性分析的不足。但仍需谨记 ChatGPT 分析的局限性，理性判断和参考其结果。

6.3.5 利用ChatGPT辅助基本面分析

ChatGPT作为一种基于GPT模型的AI语言技术，不但可以辅助我们进行技术分析，也可以为基本面分析提供一定帮助。主要体现在以下几个方面。

（1）公司业绩解读：我们可以将一家公司的业绩报告或财报输入ChatGPT，让它生成相应的解读报告。ChatGPT可以从收入、利润、成本费用等多个角度出发，对报告内容进行全面解读，指出关键数据变化及影响，并给出简要定性分析和评价。这可以作为我们理解业绩报告和判断公司基本面情况的有益参考。但也需警惕ChatGPT解读的不足，其分析仍需我们进一步审核和判断。

（2）公司公告信息解析：对于公司发布的重大公告，ChatGPT可以基于公告内容，给出对公告主旨和影响的解析和判断。这可以帮助我们快速理解公告中的关键信息，预判其对公司未来发展的潜在影响。

（3）行业分析报告：我们可以让ChatGPT根据一个行业的基本情况，如行业定义、主导公司、未来趋势等，自动生成一份行业分析报告。报告中会对行业现状、关键影响因素、竞争格局和未来展望等内容进行全面分析和描述。这可以作为我们分析一个行业的起点和参考，了解行业的全貌及最新动态。但ChatGPT的分析同样存在局限性，需要我们结合其他信息综合判断行业前景。

（4）个股投资报告：如果提供一只股票的基本面信息，ChatGPT可以生成一份较为全面但简要的投资分析报告。报告会基于传统的SWOT分析框架，从公司业绩、增长能力、竞争力等角度进行分析，并对此进行定性总结，给出比较客观的投资建议。这可作为个股研究的参考报告，但同样需要人工分析判断。

所以，总的来说，ChatGPT可以基于我们提供的各种基本面信息，迅速生成比较全面的定性分析报告，这为我们理解相关内容提供一定便利和参考价值。但其分析同样需要谨慎判断，黑箱的限制仍存在，人工分析的主观判断不可替代。只有两者结合，才能发挥ChatGPT的最大作用。

在未来，ChatGPT有可能在这一领域发挥更大作用，但人工分析目前仍是关键。

6.3.6 案例2:利用ChatGPT对某上市公司股票公告进行解析

下面我们通过一个案例介绍一下如何利用ChatGPT进行基本面分析。

案例背景

一家主营商业地产开发和运营的上市公司，在广东多个城市拥有较高品质的写字楼及商业物业。公司近年来收入和利润实现稳健增长，但商业地产资产在广州和深圳较为集中。公司计划通过并购进一步扩大在广东其他城市的布局。具体公告内容如下。

公司拟以 22 亿元收购位于东莞的一处高品质写字楼，该写字楼总面积约 10 万平方米，出租率近 95%。此举将大幅提高公司在东莞的商业地产资产，扩大收入规模，有利于公司拓展东莞市场。

分析师李先生想利用ChatGPT对该公司公告进行分析并让ChatGPT给出建议。

△ **李分析师向ChatGPT提问:**

我有一则公司公告要请你帮忙分析,具体内容如下:公司拟以22亿元收购位于东莞的一处高品质写字楼,该写字楼总面积约10万平方米,出租率近95%。此举将大幅提高公司在东莞的商业地产资产,扩大收入规模,有利于公司拓展东莞市场。请你基于公告信息和公司背景,对此公告进行全面解析,包括收购目的、影响(正面和负面)、投资者应持什么态度等。

⑤ **ChatGPT的回答如下。**

根据你提供的公告信息和公司背景,我的解析如下:

1. 收购目的:这是一笔高品质资产的收购,公司通过大规模收购东莞核心商圈的高品质写字楼,目的是快速提高在东莞的市场占有率,扩大商业地产规模,从而加速拓展东莞及周边城市的商业地产版图。

2. 正面影响:收购可以为公司带来稳定的租金收入和现金流,有利于公司后续在东莞的投资与发展;可以提高公司在东莞的知名度和竞争力,有利于公司品牌影响力的提升;中长期有望为公司业绩和股价带来正面提振。

3. 负面影响:短期内公司的资产负债率和现金流会受到一定影响,如果后续继续并购可能加重这一影响;公司商业地产资产的集中度会进一步提高,对东莞市场环境变化敏感度加大,风险也会随之增加。

4. 投资者态度:建议投资者持积极但审慎的态度。这是一项有利于公司长期发展的战略举措,但短期内在财务上会带来影响,公司及时补充资本和控制负债很关键。如果公司管理层有持续并购的意图,投资者需密切跟踪公司的财务变化和风险状况。中长期积极,短期审慎。

总体来说,这是一则积极的收购公告,有利于公司进一步拓展东莞市场和增加稳定收入,但也需防范其带来的财务影响,公司需审慎权衡。如果管理层有持续并购的计划,公司需采取措施确保负债率处于合理区间。投资者应密切关注公司后续并购动向及财务变化,积极但审慎。

这个对话反映了在投资分析与决策中,机器与人工的关系与合作模式。机器具有生成定性信息和建议的能力,这为人工提供参考;但人工具有更加广博的视角与思考,需要对各种信息进行综合判断。二者的结合可以实现更佳效果,单一依赖任何一方都会产生盲点。

6.4 量化交易策略概述

量化交易策略是在量化交易中所采用的具体交易策略和规则。简单来说,量化交易策略是指在交易市场中为了实现投资目标而制定的一系列活动方案和行为规律。它决定交易者在什么时候进场,什么时候退场,采取什么样的操作手段等。

6.4.1 量化交易策略分类

量化交易策略可以分为两大类，具体如下。

1. 定量策略

这类策略主要根据定量分析结果进行交易决策。常见的定量策略有以下几种。

（1）动量策略：通过动量指标判断市场和股票趋势，在趋势形成时买入，在趋势反转时卖出。

（2）价值策略：通过基本面和定量指标判断股票价值，在价值被低估时买入，在价值被高估时卖出。

（3）机器学习策略：利用机器学习算法分析大量数据寻找交易信号，进行机器自动化交易。

2. 定性策略

这类策略主要根据定性分析和交易者主观判断进行交易。常见的定性策略有以下几种。

（1）趋势跟随策略：通过图形分析方法判断市场趋势，跟随上升趋势买入，跟随下跌趋势卖出。

（2）消息驱动策略：根据新闻事件和消息判断股票趋势，在利好消息出现时买入，在利空消息出现时卖出。

（3）经验主义策略：根据交易者的经验和主观判断进行交易决策，难以形式化与定量化。

综上，交易策略是交易的指导思想和行动纲领。通过研究市场规律和价格行为，选择适合自己风格与能力的策略，并不断优化和调整，最终实现稳定的投资收益，这是每个交易者和投资者的重要学习课题。选择一种适合自己的交易策略，对交易至关重要。

6.4.2 ChatGPT与量化交易策略

ChatGPT可以在量化交易策略的开发和优化过程中提供一定的辅助和支持。以下是ChatGPT在量化交易策略中的应用方式。

（1）策略开发和优化：ChatGPT可以回答与策略开发相关的问题，提供技术指标的解释和使用方法，以及编程语言（如Python）相关的帮助。它可以作为一个参考工具，为交易者提供建议和思路。

（2）数据分析和预测：ChatGPT可以帮助交易者进行数据分析和预测，提供关于市场趋势、基本面数据、行业分析等方面的见解。交易者可以向ChatGPT提问，获取有关数据分析和预测的指导。

（3）策略评估和优化：ChatGPT可以协助交易者进行策略评估和优化，提供建议和反馈。交易者可以咨询ChatGPT有关策略的风险管理、仓位控制、参数调整等方面的问题，以改进和优化策略的表现。

（4）市场情报和新闻分析：ChatGPT可以帮助交易者跟踪市场动态和新闻，提供关于特定事件和市场情绪的解读。这有助于交易者更好地理解市场背景和决策环境，进而制定更有针对性的交易策略。

需要注意的是，尽管ChatGPT可以提供有用的信息和见解，但交易者仍需对其提供的建议进行独立验证和评估。交易策略的开发和执行需要考虑多个因素，并综合判断市场环境和个人投资目标。

ChatGPT 可以作为辅助工具，但最终的决策和责任仍由交易者自身承担。

6.5 本章总结

本章介绍了量化交易的基本概念、金融市场、交易品种、技术分析和基本面分析。技术分析用于预测价格走势，基本面分析用于评估股票价值。我们还介绍了 ChatGPT 在这些分析中的应用，以及量化交易策略的分类和 ChatGPT 的角色。

这些知识对于理解量化交易和 ChatGPT 在其中的应用非常有帮助。

AI时代
Python 量化交易实战
ChatGPT 让量化交易插上翅膀

第 7 章

ChatGPT 与量化交易结合

ChatGPT作为一款强大的语言模型，具有理解和生成自然语言的能力。这使ChatGPT在金融市场分析和交易决策方面展现出巨大潜力。

ChatGPT与量化交易结合主要应用于以下方面。

（1）市场情报分析：ChatGPT可以用于大规模的市场数据分析和情报收集。它可以处理和解析各种市场数据源，包括新闻、社交媒体、财务报表等，提供实时的市场情报和洞察。这有助于交易员和投资者更好地理解市场动态和趋势。

（2）市场预测和趋势识别：ChatGPT可以通过学习历史市场数据和趋势，进行市场预测和趋势识别。它可以分析市场走势、价格波动、技术指标等，从而预测未来市场的走势。这可以为交易员提供重要的参考信息，帮助他们制定交易策略。

（3）交易决策支持：ChatGPT可以作为交易决策支持工具，为交易员提供实时的市场分析和交易建议。它可以根据市场数据、技术指标和交易规则，给出买卖信号、止损建议等，帮助交易员做出更明智的交易决策。这提供了交易员与ChatGPT进行互动的机会，使交易决策更加智能化和高效化。

（4）风险管理：ChatGPT可以用于风险管理和资产配置。它可以帮助交易员识别潜在风险因素，预测市场波动，并进行资产组合优化。这有助于降低交易风险，增强资本保值能力。

（5）情绪分析：ChatGPT可以分析市场参与者的情绪和情感，包括新闻评论、社交媒体帖子等。它可以识别市场情绪的变化和情感偏向，帮助交易员更好地理解市场情绪对价格走势的影响。

需要注意的是，ChatGPT作为一款语言模型，其预测结果可能存在一定的不确定性和局限性。在将ChatGPT与量化交易结合使用时，交易员需要结合其他量化分析方法和市场专业知识，进行综合判断和风险控制。

此外，ChatGPT的预测结果也需要经过充分的验证和回测，以确保其可靠性和有效性。

7.1　ChatGPT在市场情报分析中的应用

ChatGPT可以快速分析海量的市场信息和新闻，提取关键信息，判断信息影响，生成相应的市场情报报告。这可以作为量化交易者掌握市场最新动态的有效手段之一。但同样需人工判断，识别ChatGPT的局限性，避免其定性描述的片面性导致交易决策出现偏差。

7.1.1　案例1：利用ChatGPT对"央行发布降息25个基点"消息进行分析

下面我们通过一个案例介绍一下如何利用ChatGPT分析市场情报。

案例背景

日前，央行发布降息25个基点的决定，股市出现大幅波动。投资者Tom想通过ChatGPT对该消息进行分析，以获得投资方面的帮助。

Ⓡ Tom 向 ChatGPT 提问：

央行日前发布降息 25 个基点的决定，股市出现大幅波动，你如何看待这条消息及其影响？

Ⓢ ChatGPT 的回答如下。

我的情报分析如下：

1. 央行降息消息本质上是利好消息，有利于提高企业运营效率和市场信心。但同时也可能推高通胀预期和资产泡沫风险。

2. 对股市影响：

（1）积极影响：有利于企业盈利与市场情绪，推动股市上涨；增加杠杆空间，支撑市场上行势头。

（2）消极影响：通胀预期和泡沫风险上升，令股市面临一定压力，回调概率增加。利率调整空间有限，难以持续推动市场大幅上涨。

3. 建议：总体积极，但投资者不宜过度乐观。中长期积极配置蓝筹股，短期谨慎，关注回调进行选择性配置。双向波动概率较大，投资者须控制风险。

可见，ChatGPT 的分析报告可以较准确判断政策信息和市场影响，给出比较平衡的建议。但其分析也存在局限性，仍需我们进行综合判断。ChatGPT 是快速获取情报分析的工具，但不宜完全依赖，单一依赖可能产生判断误差。我们需要识别 ChatGPT 的局限，结合更广泛信息进行判断，这样可以较好发挥人机结合的作用，达到互补效果。

7.1.2 案例2：利用ChatGPT对"重磅项目获得批复，股价大涨20%"消息进行分析

下面我们再通过一个案例介绍一下如何利用 ChatGPT 分析市场情报。

🏢 案例背景

某上市公司发布公告称其投资的重大项目获得政府部门批复，这意味着项目可以正式启动，公司未来发展前景较为稳定。投资者预期公司盈利与成长性获得保障，股价当日大涨 20%。

投资者 Tom 想通过 ChatGPT 对该消息进行分析，以获得投资方面的帮助。

Ⓡ Tom 向 ChatGPT 提问：

某上市公司发布公告称其投资的重大项目获得政府部门批复，这意味着项目可以正式启动，

公司未来发展前景较为稳定。投资者预期公司盈利与成长性获得保障，股价当日大涨 20%。你如何看待这条消息及其影响？

⑤ ChatGPT 的回答如下。

根据你提供的案例信息，我的分析如下：

1. 项目获得批复是重要利好消息，意味着公司未来发展更为稳定可持续，这提高了投资者的信心与预期。股价的大幅上涨也理所当然。

2. 但是，一项重大项目的批复并不意味着公司短期业绩会立即大幅改善。项目还需要一定周期来实施与投产，这将对公司的资金与财务产生影响，公司需要密切关注现金流变化。

3. 股价的过快上涨也增加了市场对公司未来发展的预期，这可能产生"买入传闻，卖出事实"的局面，如果项目推进不及预期或受外部环境影响，可能会对股价产生一定压力。

4. 建议：投资者可以持稍微积极的态度，但需理性看待。项目批复是有利消息，但公司短期业绩改善还需要一定周期，股价短期的大幅上涨过度反映市场情绪，也可能面临一定回调。建议密切关注项目进展与公司财务变化，中长期采取逐步加仓的策略。短期避免过度追涨，防范回调风险。

综上，项目批复本质上是利好消息，但投资者仍需客观理性。太过乐观心态可能面临"买进传闻，卖出新闻"的风险，项目短期内不会立即改善公司业绩，这需要一定时间周期。密切关注公司变化，中长期采取渐进策略。短期审慎，防范回调。

这个案例也证明，ChatGPT 可以快速判断重大事件信息与影响，给出较为中性与理性的投资建议。但其分析同样需要我们综合判断，识别其局限性，并根据更广泛信息行事。单一依赖 ChatGPT 易出现判断误差，我们需要理性判断机器分析的合理性，这也是人工智能应用于投资环境的理想模式。

7.2 使用ChatGPT进行市场预测和趋势识别

我们可以将历史市场数据及相关信息输入 ChatGPT，让它学习市场运行规律和关键因素，并基于此生成相应的市场预测或趋势判断。这可以为我们判断市场未来走向提供一定参考，但预测的准确性依然需要人工判断，ChatGPT 的局限性在于其学习依赖数据有限，很难达到人工的广度与灵活性。所以，其预测仍需人工分析判断。

7.2.1 案例3：使用ChatGPT预测某城市商业地产市场走势

下面我们通过一个案例介绍一下如何利用ChatGPT进行市场预测。

案例背景

随着某城市商业地产市场近3年持续暴涨与活跃交易，价格大幅上涨30%，我们担忧市场存在过热迹象与泡沫风险，面临一定调整压力。为判断市场未来3~6个月走势，我们将近期市场数据输入ChatGPT，请求其做出预测与分析。

⅍ 我们向 ChatGPT 提问：

随着某城市商业地产市场近3年持续暴涨与活跃交易，价格大幅上涨30%，我们担忧市场存在过热迹象与泡沫风险，面临一定调整压力。为判断市场未来3~6个月走势，你如何看待这条消息及其影响？

---

⑤ ChatGPT 的回答如下。

我的分析如下：

1. 市场近3年持续上涨显示市场热度高涨与预期乐观，但价格过快飙升存在泡沫风险，上涨动力有限，难以持续。

2. 开发商扩张开发与加大推盘也显示过度乐观，新增供应量增加会给市场带来压力。成交周期延长与交易量下降，价格面临下行压力。

3. 所以，未来3-6个月，市场可能面临调整与下行压力。现阶段过热与预期过高，上涨空间有限，调整概率增加。建议投资者避免追涨，关注市场变化与供应，审慎判断走势，谨慎配置。

ChatGPT的预测报告基于数据判断市场过热与存在泡沫风险，为我们进行市场判断提供参考。但其分析基于有限信息，需要我们综合更多变量判断，确保准确性。ChatGPT的预测工具需要我们善加判断才可以发挥作用，单独依赖ChatGPT预测可能误差过大。

7.2.2 案例4：使用ChatGPT预测"新能源汽车补贴退坡"的影响

下面我们再通过一个案例介绍一下如何利用ChatGPT进行市场预测。

案例背景

某国家发布新能源汽车补贴退坡政策，即每年补贴标准逐年下调30%。鉴于新能源汽车行业发展依赖政策补贴，我们担忧这一政策变化会对行业产生较大影响。将该信息输入 ChatGPT 请求其预测分析。

> 𝒜 **我们向 ChatGPT 提问：**
>
> 某国家发布新能源汽车补贴退坡政策，即每年补贴标准逐年下调 30%。鉴于新能源汽车行业发展依赖政策补贴，我们担忧这一政策变化会对行业产生较大影响，你如何看待这个政策及其影响？

> ⑤ **ChatGPT 的回答如下。**
>
> 根据新能源汽车补贴退坡政策，我对该行业的预测分析如下：
>
> 1. 政策补贴是新能源汽车行业发展的重要驱动因素之一，补贴标准的下调将直接减少消费者购买动力，可能导致行业销量与利润面临一定下行压力。短期内市场景气度下降，个股业绩也面临一定挑战。
>
> 2. 但是，新能源汽车远期发展前景不会因单一政策变化而改变。行业发展依然需要政策扶持，技术进步与成本下降也在推动需求及市场规模不断扩大。所以，中长期来看，行业发展势头不会受太大影响，也面临新的机遇。
>
> 3. 个股方面，技术先进与成本领先的企业会受政策影响相对较小，依然具备较强的市场竞争力。而发展依赖政策扶持的企业可能面临一定的业绩压力与股价回调，但也具备较大的估值修复机会。建议投资者中长期看好行业龙头，短期谨慎，关注政策变化对个股的影响。

ChatGPT 的预测报告比较准确地判断出新能源汽车补贴退坡政策对行业与个股的两方面影响。短期内政策变化可能导致市场景气度略有下降，面临一定业绩压力；但中长期来看，行业发展前景不会受太大影响，依然具有较大机会。这为我们判断政策影响提供了参考。但 ChatGPT 的分析也基于对有限信息的判断，无法做到全面综合，其分析可能出现遗漏或不足，这需要我们根据更广泛的知识和信息进行判断。

7.3 ChatGPT 在交易决策支持中的应用

我们可以向 ChatGPT 描述一只股票的技术面信息或关键事件，让它基于这些信息提出交易决策建议，如买入、卖出、持有等。这可以为我们交易决策提供参考，但交易环境复杂多变，ChatGPT 的决策建议依然存在定性判断的局限性，关键信息可能遗漏或权衡不足，这需要交易者综合各方面因素进行判断。ChatGPT 只能作为决策参考，不可完全依赖。

7.3.1 案例5：猛龙科技获大单，ChatGPT提出交易决策建议

下面我们通过一个案例介绍一下如何利用 ChatGPT 提供交易决策支持。

案例背景

上市公司猛龙科技发布公告称其获得总金额 10 亿元的新能源电池与控制系统项目，公司预计未来 3 年营收与利润将大幅增长。股价近日大涨 8%，显示市场对公司业绩的预期提高。我们将此事件输入 ChatGPT，请求其提出交易决策建议。

> **我们向 ChatGPT 提问：**
>
> 上市公司猛龙科技发布公告称其获得总金额 10 亿元的新能源电池与控制系统项目，公司预计未来 3 年营收与利润将大幅增长。股价近日大涨 8%，显示市场对公司业绩的预期提高，你如何看待这个消息及其影响？

ChatGPT 的回答如下。

根据你提供的信息，我的交易决策建议如下：

1. 公司获得重大订单是利好消息，预示未来业绩的大幅增长，这会提高市场对公司未来发展的信心，股价的上涨也在预期之内。这意味着买入的时机较为利好。

2. 但是，单一订单的影响还需要结合公司其他基本面因素进行判断。大订单会对公司产生资金与运营压力，能否转化为实际效益还存在不确定性。公司管理层的能力也是关键。

3. 股价的大幅上涨也增加了市场预期，如果项目效益结算或管理履行不及预期，可能会加大股价回调的压力。技术指标显示股价短期存在较大上涨动力，但回调概率也在提高。

4. 建议：投资者可以考虑适当增仓，以分享项目预期带来的上涨空间。但需密切关注项目进展与财务结算，防范回调风险。可以采取逐步买入的策略，关注回调时机进行加仓。投资时间窗口约 3~6 个月，限价买入或选择跌停板时机较为稳妥。止盈止损位保持在 8%~12%。交易决策需要全面判断各方面因素，建议仅作为参考。

ChatGPT 的交易决策建议较为理性和平衡，提醒投资者关注公司其他基本面与风险，而非单一依赖当前事件做决策。但其建议依然基于有限信息，无法做到全面深入判断各种影响因素。投资环境复杂多变，对关键信息及其关联性的考虑，也难以做到面面俱到。所以，ChatGPT 的建议只能作为参考。交易者需要综合更加广泛与深入的因素进行判断，并根据个人风格偏好与风险接受度进行决策。ChatGPT 可以提供快速建议，但建议的准确性并非绝对，仅供参考。

单独依赖 ChatGPT 的建议执行交易决策可能面临较大风险，这需要我们识别 ChatGPT 的局限性，

理性判断其建议，将其作为参考之一进行决策。

7.3.2 案例6：某新能源概念股获多项利好，ChatGPT提出交易建议

下面我们再通过一个案例介绍一下如何利用ChatGPT提供交易决策支持。

案例背景

某上市新能源概念股最近频繁发布公告，发布多项利好消息，包括投资项目获得批准、与大客户签署战略合作、生产考核达标等，股价连续涨停，市场热度高涨。基于这些信息，我们输入ChatGPT，请求其交易决策建议。

我们向ChatGPT提问：

某上市新能源概念股最近频繁发布公告，发布多项利好消息，包括投资项目获得批准、与大客户签署战略合作、生产考核达标等，股价连续涨停，市场热度高涨。你如何看待这些消息及其影响？

ChatGPT 的回答如下。

根据你提供的信息，我的建议如下：

1. 公司最近宣布的多项利好消息，显示公司业务与发展状况良好，这也提高了市场对公司前景的信心与预期，支撑股价的持续上涨。这为买入股票提供了较好时机。

2. 但是，股价的连续涨停也反映市场情绪与热度过高，存在一定泡沫迹象。利好消息提振的作用可能已逐渐减弱，上涨空间或面临限制，回调概率在提高。

3. 公司的基本面状况虽然不错，但近期的利好也主要为市场预期后的实施情况，能否真正转化为业绩提高还需要时间。股价过快上涨也可能产生不利的商誉效应，面临市场审慎与质疑。

4. 建议：可以适当关注，但需理性看待。公司基本面尚可，但近期利好主要激发市场热情，效果可能逐渐减弱。股价可能面临高位调整，建议避免过度追涨。可以在回调后选择性买入，关注公司中长期发展。立场以稳为主，避免过度乐观情绪驱动。人工判断在复杂交易环境中作用更加重要。

ChatGPT的交易建议针对近期利好与股价涨停做出判断，认为公司基本面尚可但近期上涨过于依赖市场热度，面临高位回调风险。这为我们交易决策提供了参考。但是，ChatGPT的判断依然基于有限信息，无法做到全面灵活综合各种影响因素。交易环境复杂多变，关键信息和因素的关联性也难以准确判断。

7.4 本章总结

　　本章介绍了ChatGPT在市场情报分析、市场预测、趋势识别和交易决策支持中的应用。我们通过案例展示了ChatGPT如何帮助分析市场消息、预测市场趋势，并提供交易决策建议。这包括对央行降息和重大项目获批消息的分析，市场趋势的预测，以及基于股票大单和获利好消息的交易建议。

　　通过本章的学习，我们了解了ChatGPT如何在金融领域为投资者提供智能分析和决策支持，帮助他们做出更明智的投资决策。

第 8 章

趋势跟踪策略

从本章开始，我们会介绍一些常见的量化交易策略，本章先介绍趋势跟踪策略。

8.1 趋势跟踪策略概述

趋势跟踪策略是一种常见的量化交易策略，旨在通过追踪市场价格的趋势实现利润。该策略基于一个简单的假设，即价格趋势在一定时间内会延续下去。

趋势跟踪策略的基本思想是，当市场价格处于上升趋势时，我们倾向于买入；而当市场价格处于下降趋势时，我们倾向于卖出或做空。通过捕捉和利用价格趋势，这种策略试图在价格上涨和下跌之间获取利润。

趋势跟踪策略通常涉及以下几个关键要素。

（1）趋势判断：使用技术分析指标或数学模型识别市场价格的趋势。常用的趋势指标包括移动平均线、趋势线、相对强弱指标（RSI）等。

（2）信号生成：基于趋势判断，生成买入或卖出的交易信号。例如，当市场价格突破移动平均线时，产生买入信号；当价格下穿移动平均线时，产生卖出信号。

（3）风险管理：设定止损位和止盈位，控制交易的风险和回报。止损位是在价格逆转时触发止损订单的价格水平，而止盈位是在价格达到预定目标时触发止盈订单的价格水平。

（4）仓位管理：根据市场情况和风险承受能力，确定每个交易的仓位大小。仓位管理涉及资金分配、杠杆使用等方面的决策。

（5）执行和监控：根据生成的交易信号执行交易，并及时监控交易的执行情况和市场变化。这包括下单、成交确认、交易费用等环节。

趋势跟踪策略的优势在于利用价格趋势的延续性，可以在市场上涨或下跌时获得较高的盈利潜力。然而，该策略也面临市场转折或震荡时的假突破风险，需要注意及时调整策略参数或采取其他风险控制手段。

要设计和实施一个有效的趋势跟踪策略，需要对市场有一定的理解和分析，并掌握熟练的编程和量化交易技术。同时，持续的策略优化和风险管理也是成功应用趋势跟踪策略的关键。

8.1.1 趋势跟踪和交易决策中的主要概念

在趋势跟踪和交易决策中，有一些主要的概念需要了解，具体如下。

（1）趋势：趋势是指市场价格或资产价格在一段时间内的持续方向和倾向。趋势可以分为上升趋势（价格不断上涨）、下降趋势（价格不断下跌）和横盘趋势（价格在一定范围内波动）。

（2）移动平均线：移动平均线是一种常用的技术分析工具，用于平滑价格走势并确定趋势的方向。它通过计算一段时间内的平均价格消除价格的短期波动，并提供更清晰的趋势信号。

（3）短期和长期移动平均线：在移动平均线策略中，常常使用不同时间周期的移动平均线捕捉不同的趋势信号。较短期的移动平均线对短期趋势更为敏感，而较长期的移动平均线对长期趋势更为敏感。

（4）交叉信号：当短期移动平均线向上穿越长期移动平均线时，称为"金叉"信号，表明市场可能进入上升趋势；当短期移动平均线向下穿越长期移动平均线时，称为"死叉"信号，表明市场可能进入下降趋势。

（5）止损和止盈：在交易决策中，止损和止盈是关键的风险管理工具。止损指设定一个价格水平，当市场价格达到或低于该水平时，触发卖出交易以限制损失。止盈指设定一个价格水平，当市场价格达到或高于该水平时，触发卖出交易以锁定利润。

（6）波动性：波动性是指市场价格或资产价格的变动幅度和速度。在趋势跟踪和交易决策中，了解波动性对于确定适当的止损和止盈水平及调整交易策略非常重要。

（7）入场和出场信号：趋势跟踪策略通常基于特定的入场和出场信号进行交易。入场信号指触发建立新头寸或进入市场的信号，而出场信号指触发平仓或离开市场的信号。

这些概念是趋势跟踪和交易决策中的核心概念。理解和运用这些概念可以帮助我们分析市场趋势、制定交易策略，并进行风险管理。

提示

在金融交易中，头寸是指投资者在某个特定资产或证券上的持仓量或持仓规模。头寸的大小取决于投资者对于该资产的看法和风险承受能力。

头寸规模可以通过多种方式表示，如股票数量、合约数量或投资金额。投资者根据自己的交易计划和风险管理策略，决定在特定交易中愿意承担的头寸规模。

头寸规模的决策涉及风险管理。过大的头寸规模可能增加交易风险，而过小的头寸规模可能限制潜在利润。投资者通常会根据自己的风险偏好和市场条件确定适当的头寸规模。

头寸管理在交易决策中起着重要的作用，它涉及确定适当的头寸规模、设置止损和止盈水平、调整仓位大小等方面。有效的头寸管理可以帮助投资者控制风险，平衡潜在回报和风险，并提高交易的整体效果。

8.1.2 使用移动平均线进行分析

使用移动平均线进行分析是一种常见的趋势跟踪和技术分析方法。它可以帮助识别价格的趋势、判断市场的走势及产生交易信号。以下是使用移动平均线进行分析的主要概念。

（1）移动平均线（Moving Average）：移动平均线是一条平滑的曲线，表示一段时间内的平均价格。它通过计算一系列价格数据的平均值消除短期价格波动，从而反映价格的长期趋势。

（2）窗口大小（Window Size）：移动平均线的计算需要指定窗口大小，也称为期间或周期。窗口大小决定了计算平均值所使用的价格数据的数量。常见的窗口大小包括20天、50天和200天等，具体选择取决于分析的时间尺度和交易策略。

（3）短期移动平均线和长期移动平均线：根据窗口大小的不同，移动平均线可以分为短期移动平均线和长期移动平均线。短期移动平均线对价格变动更为敏感，能够更早地捕捉到价格的短期趋势；而长期移动平均线更平滑，更适合用于判断价格的长期趋势。

（4）交叉信号（Crossover Signal）：移动平均线的交叉可以产生交易信号。当短期移动平均线向上穿越长期移动平均线时，被称为"黄金交叉"，表示价格可能上升，可以考虑买入；当短期移动平均线向下穿越长期移动平均线时，被称为"死亡交叉"，表示价格可能下降，可以考虑卖出。

（5）趋势判断：通过观察移动平均线的走势，可以判断价格的趋势是上涨、下跌还是盘整。当价格位于移动平均线上方并且移动平均线呈上升趋势时，表示价格可能处于上涨趋势；当价格位于移动平均线下方并且移动平均线呈下降趋势时，表示价格可能处于下跌趋势。

（6）支撑位和阻力位：移动平均线也可以用作支撑位和阻力位的参考。当价格下跌至短期移动平均线附近时，短期移动平均线可能成为支撑位，阻止价格进一步下跌；当价格上涨至短期移动平均线附近时，短期移动平均线可能成为阻力位，阻止价格进一步上涨。

（7）价格上穿：价格上穿是指股票或其他资产的价格从下方突破移动平均线或其他技术指标的情况。这被视为一个潜在的买入信号，暗示着股票价格可能进入上涨趋势。

（8）价格下穿：价格下穿是指股票或其他资产的价格从上方跌破移动平均线或其他技术指标的情况。这被视为一个潜在的卖出信号，暗示着股票价格可能进入下跌趋势。

通过分析移动平均线的走势、交叉信号和进行趋势判断，可以辅助制定交易策略和进行买卖决策。然而，移动平均线仅作为辅助工具，应结合其他技术指标和基本面分析进行综合判断。

8.2 使用ChatGPT辅助趋势跟踪策略决策过程

将ChatGPT作为辅助工具可以增强趋势跟踪策略的决策过程，让其提供额外的见解和建议。下面是使用ChatGPT辅助趋势跟踪策略的典型决策过程。

（1）策略开发和信号生成：开发趋势跟踪策略，包括确定趋势判断指标、设定交易信号生成规则等。使用技术分析工具和编程语言（如Python）实现策略，并生成交易信号。

（2）ChatGPT辅助决策：ChatGPT模型分析输入数据，并给出回答和建议。这些建议可能包括市场趋势的解读、特定交易的潜在风险和机会等。

（3）综合判断和风险管理：结合ChatGPT的建议和个人的判断，进行综合决策和风险管理。考虑交易信号的可靠性、市场条件、风险承受能力等因素，确认是否执行交易。

（4）交易执行和监控：根据最终的决策，下达交易指令并执行交易。同时，监控交易的执行情况和市场变化，及时调整策略或采取风险控制措施。

（5）记录和评估：记录交易细节和结果，进行绩效评估。比较实际交易结果和ChatGPT辅助决策的预测，评估模型的辅助效果和策略的表现。

使用ChatGPT辅助趋势跟踪策略的决策过程可以提供额外的市场见解和建议，增强决策的准确性和效果。然而，需要注意模型的训练数据和准确性，理解模型的局限性，并结合个人的知识和经验进行决策。及时监控模型的性能和适应性，并根据实际情况进行调整和改进策略，最终仍然需要个人进行判断和决策。

8.3 案例：使用ChatGPT辅助股票移动平均线策略分析

案例背景

在这个案例中，我们将使用ChatGPT来辅助分析移动平均线策略，并对策略进行回测优化。

主要步骤如下。

（1）选取股票及时间范围：选择AAPL（苹果公司）股票。

（2）计算5日与20日移动平均线：收集AAPL在选定时间范围内的收盘价数据，并计算5日和20日的移动平均线。这些移动平均线将用于策略的信号生成和分析。

（3）初始策略规则：制定初始的策略规则，其中包括买入信号和卖出信号的定义，以及资金管理的规则。

（4）ChatGPT辅助回测：交易员从K线图和移动平均线图中提取关键特征作为输入，让ChatGPT分析策略的表现并提出优化建议。ChatGPT会评价策略相对于大盘和行业的表现，并给出收益率、最大回撤、胜率等指标的评价和改进意见。此外，它还会分析策略在不同行情阶段的表现，并提供针对性的优化建议。

（5）优化策略：根据ChatGPT的分析和建议，对策略规则进行修改和优化，例如调整移动平均线的周期、改变止损点的认定方式、动态调整仓位管理等。然后再次进行回测，比较优化后的策略表现。

（6）实盘跟踪：选择较优的策略规则，在实际交易中跟踪AAPL股票并执行交易。持续关注市场和个股的变化，并根据ChatGPT的建议进行策略调整和优化。

通过这六个步骤，人与AI系统密切互动与配合，可以对移动平均线策略进行深入分析和不断优化，以达到更优的策略规则和实盘表现。回测是评估和优化策略的重要工具，需要进行广泛的测试找到最适合个人风格和市场环境的交易规则。

具体实现过程如下。

8.3.1 计算移动平均线

绘制5日与20日移动平均线。首先需要加载数据，数据位于data文件夹中的"AAPL.csv"文件中，内容如图8-1所示。

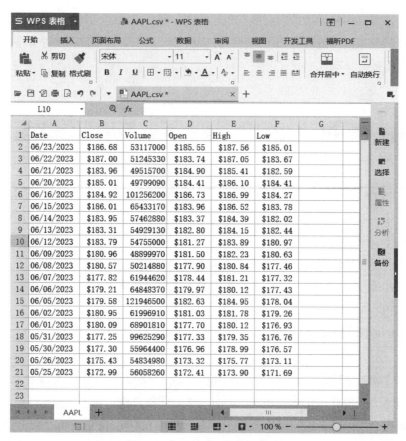

图 8-1 "AAPL.csv" 数据文件

1. 加载数据

从 "AAPL.csv" 数据文件加载数据，代码如下。

```python
import pandas as pd
import matplotlib.pyplot as plt

plt.rcParams['font.family'] = ['SimHei']
plt.rcParams['axes.unicode_minus'] = False

# 从文件中读取数据，并进行数据类型转换
df = pd.read_csv('data/AAPL.csv', parse_dates=['Date'])
df['Close'] = df['Close'].str.replace('$', '').astype(float)
df
```

使用 Jupyter Notebook 工具运行上述代码，输出 df 数据，如图 8-2 所示。从图中可见，Close（收盘价）中美元符号被移除，这是数据清洗的工作。

图 8-2　输出 df 数据（1）

2. 计算 5 日移动平均线

加载数据完成后，我们就可以计算 5 日移动平均线。在上述代码基础上，添加代码如下。

```
# 计算 5 日移动平均线
window = 5    # 移动平均线窗口大小
df['MA5'] = df['Close'].rolling(window,min_periods=1).mean()
df
```

使用 Jupyter Notebook 工具运行上述代码，输出 df 数据，如图 8-3 所示。从图中可见，增加 "MA5" 列，这一列的值就是我们计算出的 5 日移动平均线。

图 8-3　输出 df 数据（2）

上述代码解释如下。

- df['MA5']：这是将计算的移动平均线存储到 df 对象中的一个新列。在这个例子中，该列被命名为"MA5"。

- df['Close']：这是 df 对象中的一个现有列，表示每个数据点的收盘价。

- rolling(window, min_periods=1)：这是一个用于计算滚动窗口操作的函数。它将在指定的窗口大小内对数据进行滚动计算。

- window：表示滚动窗口的大小。在这个例子中，window 是一个变量，可以是一个整数，表示窗口的大小。例如，如果 window 等于"5"，则表示计算过去 5 个数据点的移动平均值。

- min_periods=1：这是一个可选参数，指定要计算滚动统计量所需的最小观察数量。在这个例子中，设置为"1"表示即使在窗口内只有一个数据点时，也会计算移动平均值。

- .mean()：这是对滚动窗口内的数据进行计算的函数。在这个例子中，它计算滚动窗口内数据的平均值。

综上所述，代码的作用是在数据框中添加一个名为"MA5"的新列，该列包含收盘价的 5 日移动平均值。移动平均值是一种用于平滑数据、观察趋势和去除噪声的常用统计方法。

3. 计算 20 日移动平均线

参考计算 5 日移动平均线的方法，再来计算 20 日移动平均线。在上述代码基础上，添加代码如下。

```
# 计算 20 移动平均线
window = 20   # 移动平均线窗口大小
df['MA20'] = df['Close'].rolling(window,min_periods=1).mean()
df
```

使用 Jupyter Notebook 工具运行上述代码，输出 df 数据，如图 8-4 所示。从图中可见，增加"MA20"，这一列的值就是我们计算出的 20 日移动平均线。

	Date	Close	Volume	Open	High	Low	MA5	MA20
0	2023-06-23	186.68	53117000	$185.55	$187.56	$185.01	186.6800	186.680000
1	2023-06-22	187.00	51245330	$183.74	$187.045	$183.67	186.8400	186.840000
2	2023-06-21	183.96	49515700	$184.90	$185.41	$182.5901	185.8800	185.880000
3	2023-06-20	185.01	49799090	$184.41	$186.10	$184.41	185.6625	185.662500
4	2023-06-16	184.92	101256200	$186.73	$186.99	$184.27	185.5140	185.514000
5	2023-06-15	186.01	65433170	$183.96	$186.52	$183.78	185.3800	185.596667
6	2023-06-14	183.95	57462880	$183.37	$184.39	$182.02	184.7700	185.361429
7	2023-06-13	183.31	54929130	$182.80	$184.15	$182.44	184.6400	185.105000
8	2023-06-12	183.79	54755000	$181.27	$183.89	$180.97	184.3960	184.958889
9	2023-06-09	180.96	48899970	$181.50	$182.23	$180.63	183.6040	184.559000
10	2023-06-08	180.57	50214880	$177.895	$180.84	$177.46	182.5160	184.196364
11	2023-06-07	177.82	61944620	$178.44	$181.21	$177.32	181.2900	183.665000
12	2023-06-06	179.21	64848370	$179.965	$180.12	$177.43	180.4700	183.322308
13	2023-06-05	179.58	121946500	$182.63	$184.951	$178.035	179.6280	183.055000
14	2023-06-02	180.95	61996910	$181.03	$181.78	$179.26	179.6260	182.914667
15	2023-06-01	180.09	68901810	$177.70	$180.12	$176.9306	179.5300	182.738125
16	2023-05-31	177.25	99625290	$177.325	$179.35	$176.76	179.4160	182.415294
17	2023-05-30	177.30	55964400	$176.96	$178.99	$176.57	179.0340	182.131111
18	2023-05-26	175.43	54834980	$173.32	$175.77	$173.11	178.2040	181.778421
19	2023-05-25	172.99	56058260	$172.41	$173.895	$171.69	176.6120	181.339000

图 8-4　输出 df 数据（3）

4. 绘制收盘价和移动平均线走势图

计算完成 5 日和 20 日移动平均线后，我们就可以绘制收盘价和移动平均线走势图了。在上述代码基础上，添加代码如下。

```
# 绘制收盘价和移动平均线走势图
plt.figure(figsize=(10, 6))
plt.plot(df['Date'], df['Close'], label='Close')
plt.plot(df['Date'], df['MA5'], label='5 日移动平均线 ')
plt.plot(df['Date'], df['MA20'], label='20 日移动平均线 ')

plt.xlabel(' 日期 ')
plt.ylabel(' 收盘价 ')
plt.title('APPL 收盘价和移动平均线走势图 ')

plt.xticks(rotation=45)
plt.legend()
plt.grid(True)
plt.show()
```

使用 Jupyter Notebook 工具运行上述代码，输出 df 数据，如图 8-5 所示。

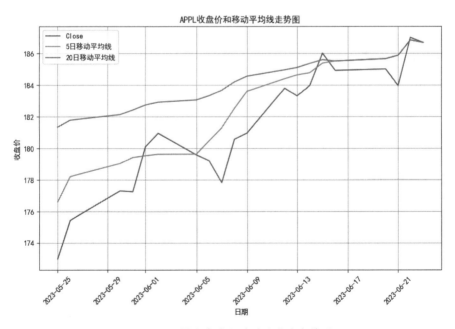

图 8-5　绘制收盘价和移动平均线走势图

从图 8-5 可见，短期（5 日）移动平均线与长期（20 日）移动平均线有交叉点，说明可以产生金叉或死叉的信号。

（1）金叉：短期移动平均线从下方上穿长期移动平均线，表示短期涨势加快，长期涨势有望继续，是买入信号。

（2）死叉：短期移动平均线从上方下穿长期移动平均线，表示短期跌势加快，长期涨势可能结束，是卖出信号。所以，在移动平均线图上，两个均线的交叉点反映了趋势或热度的变化，有可能产生交易信号。

要准确判断，需要遵循以下原则。

（1）交叉角度要锐利。如果交叉时两线距离较近或角度较平缓，信号强度会降低，准确度下降。

（2）交叉信号要持续一段时间才可确认，避免短期错动。如果很快出现再次反向交叉，则难以判断前一个信号的准确性。

（3）均线斜率要发生显著变化，如短线斜率加快为买入信号，减速为卖出信号。如果斜率变化不大，则信号准确度会降低。

8.3.2 K线图

如果仅依靠移动平均线图判断金叉或死叉，信号的准确度会受到影响，因为移动平均线图无法清楚显示价格的详细变化。要准确判断移动平均线交叉背后的信号，K线图是必不可少的工具。它可以提供价格变化的全面与清晰信息，让我们准确判断移动平均线交叉的强弱与方向。

从"AAPL.csv"数据文件加载数据，代码如下。

```python
import matplotlib.pyplot as plt
import mplfinance as mpf
import pandas as pd


plt.rcParams['font.family'] = ['SimHei']          # 设置中文字体
plt.rcParams['axes.unicode_minus'] = False        # 设置负号显示


# 读取股票数据
df = pd.read_csv('data/AAPL.csv', index_col='Date', parse_dates=True)
# 清洗数据
df['Close'] = df['Close'].str.replace('$', '').astype(float)
df['Open'] = df['Open'].str.replace('$', '').astype(float)
df['High'] = df['High'].str.replace('$', '').astype(float)
df['Low'] = df['Low'].str.replace('$', '').astype(float)


df
```

使用Jupyter Notebook工具运行上述代码，输出df数据如图8-6所示。从图中可见，Close（收盘价）、Open（开盘价）、High（最高价）、Low（最低价）中美元符号被移除，这是数据清洗的工作。

	Close	Volume	Open	High	Low
Date					
2023-06-23	186.08	53117000	185.550	187.500	185.0100
2023-06-22	187.00	51245330	183.740	187.045	183.6700
2023-06-21	183.96	49515700	184.900	185.410	182.5901
2023-06-20	185.01	49799090	184.410	186.100	184.4100
2023-06-16	184.92	101256200	186.730	186.990	184.2700
2023-06-15	186.01	65433170	183.960	186.520	183.7800
2023-06-14	183.95	57462880	183.370	184.390	182.0200
2023-06-13	183.31	54929130	182.800	184.150	182.4400
2023-06-12	183.79	54755000	181.270	183.890	180.9700
2023-06-09	180.96	48899970	181.500	182.230	180.6300
2023-06-08	180.57	50214880	177.895	180.840	177.4600
2023-06-07	177.82	61944620	178.440	181.210	177.3200
2023-06-06	179.21	64848370	179.965	180.120	177.4300
2023-06-05	179.58	121946500	182.630	184.951	178.0350
2023-06-02	180.95	61996910	181.030	181.780	179.2600
2023-06-01	180.09	68901810	177.700	180.120	176.9306
2023-05-31	177.25	99625290	177.325	179.350	176.7600
2023-05-30	177.30	55964400	176.960	178.990	176.5700
2023-05-26	175.43	54834980	173.320	175.770	173.1100
2023-05-25	172.99	56058260	172.410	173.895	171.6900

图 8-6 输出 df 数据

绘制 K 线图

加载数据完成后，我们就可以绘制 K 线图了。在上述代码基础上，添加代码如下。

```
market_colors = mpf.make_marketcolors(up='red', down='green')
my_style = mpf.make_mpf_style(marketcolors=market_colors)
# 绘制 K 线图
mpf.plot(df, type='candle',
        mav=(10, 20),
        volume=True,
        show_nontrading=True,
        style=my_style)
```

使用 Jupyter Notebook 工具运行上述代码，输出 K 线图，如图 8-7 所示。

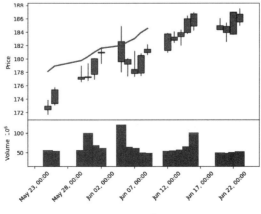

图 8-7 K 线图

8.3.3 合并K线图和移动平均线图

如果能同时将K线图和移动平均线绘制在一个图表上，那么可以提供更加直观全面的信息，为我们的技术分析和策略开发提供依据。在实际应用中，也经常会将二者结合使用。mplfinance库可以实现这个操作。

实现代码如下。

```python
import matplotlib.pyplot as plt
import mplfinance as mpf
import pandas as pd

plt.rcParams['font.family'] = ['SimHei']       # 设置中文字体
plt.rcParams['axes.unicode_minus'] = False  # 设置负号显示

# 读取股票数据
df = pd.read_csv('data/AAPL.csv', index_col='Date', parse_dates=True)
# 清洗数据
df['Close'] = df['Close'].str.replace('$', '').astype(float)
df['Open'] = df['Open'].str.replace('$', '').astype(float)
df['High'] = df['High'].str.replace('$', '').astype(float)
df['Low'] = df['Low'].str.replace('$', '').astype(float)
ma5 = df['MA5'] = df['Close'].rolling(5,min_periods=1).mean()
ma20 = df['MA20'] = df['Close'].rolling(20,min_periods=1).mean()
...
# 绘制 K 线图和移动平均线图
# 添加移动平均线参数
ap0 = [
    mpf.make_addplot(ma5,color="b", width=1.5),    ①
    mpf.make_addplot(ma20,color="y", width=1.5),   ②
]

market_colors = mpf.make_marketcolors(up='red', down='green', )
my_style = mpf.make_mpf_style(marketcolors=market_colors)
# 绘制 K 线图
mpf.plot(df, type='candle',
        figratio=(10,4),
        mav=(10, 20),
        show_nontrading=True,
        addplot = ap0,                              ③
        style=my_style)

mpf.show()                          ④
```

使用 Jupyter Notebook 工具运行上述代码，输出 K 线图 + 移动平均线图，如图 8-8 所示。

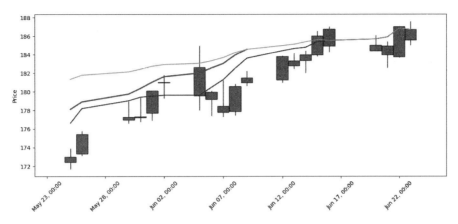

图 8-8　K 线图 + 移动平均线图

从图 8-8 可见，K 线图和移动平均线图在同一个图表上，这便于策略分析。

上述代码解释如下。

- 代码第①行添加了 5 日移动平均线 "ma5" 的参数，设置其颜色为蓝色，宽度为 "1.5"。
- 代码第②行添加了 20 日移动平均线 "ma20" 的参数，设置其颜色为黄色，宽度为 "1.5"。
- 代码第③行的 "addplot = ap0" 是将 ap0 列表中的移动平均线参数添加到 K 线图中绘制。
- 代码第④行显示最终的图表。

8.3.4　初始策略规则

接下来，我们制定初始策略规则，具体规则如下。

买入规则：

5 日移动平均线上穿 20 日移动平均线。

卖出规则：

（1）5 日移动平均线下穿 20 日移动平均线。

（2）收盘价跌破 20 日移动平均线的 92%。

该策略利用短期与长期移动平均线的交叉点来产生买卖信号，同时结合收盘价跌破长期移动平均线一定幅度的信号来确定卖出时机，这可以提高策略的灵敏度。

移动平均线策略的关键在于选择合适的移动平均线周期，这里选用 5 日和 20 日周期可以产生适度频率的交易信号。同时，92% 的设置也需要根据回测结果进行优化。

策略的开发离不开代码的实现，我们需要将策略规则转化为程序进行回测与优化。

初始策略规则的代码如下。

```
# 导入需要的库
import numpy as np
import pandas as pd
```

```python
# 从文件中读取数据，并进行数据类型转换
df = pd.read_csv('data/AAPL.csv', parse_dates=['Date'])
df['Close'] = df['Close'].str.replace('$', '').astype(float)


df['MA5'] = df['Close'].rolling(5,min_periods=1).mean()
df['MA20'] = df['Close'].rolling(20,min_periods=1).mean()



# 买入信号
def buy_signal(row):
    if row.MA5 > row.MA20:
        return True
    else:
        return False


# 卖出信号
def sell_signal(row):
    if row.MA5 < row.MA20 or row['Close'] < row.MA20 * 0.92:
        return True
    else:
        return False
# 找出所有买入信号的日期
buy_dates = df[df.apply(buy_signal, axis=1)]['Date']

# 找出所有卖出信号的日期
sell_dates = df[df.apply(sell_signal, axis=1)]['Date']
# 打印买入和卖出信号
print("所有买入信号的日期: ", buy_dates)
print("所有卖出信号的日期: ", sell_dates)
```

使用Jupyter Notebook工具运行上述代码，输出结果如下。

```
所有买入信号的日期:  Series([], Name: Date, dtype: datetime64[ns])
所有卖出信号的日期:
5     2023-06-15
6     2023-06-14
7     2023-06-13
8     2023-06-12
9     2023-06-09
10    2023-06-08
11    2023-06-07
```

```
12    2023-06-06
13    2023-06-05
14    2023-06-02
15    2023-06-01
16    2023-05-31
17    2023-05-30
18    2023-05-26
19    2023-05-25
Name: Date, dtype: datetime64[ns]
```

从运行结果可见，有买入信号为空，说明没有出现买入时间。

上述代码解释如下。

上述代码中使用 DataFrame 的 apply 函数，该函数是 Pandas 中的一个函数，用于对 DataFrame 或 Series 中的数据进行函数应用。它可以按行或按列地将函数应用于数据，并返回应用后的结果。

apply 函数的语法如下。

```
df.apply(func, axis=0)
```

参数解释如下。

- func：要应用的函数，可以是内置函数、自定义函数或 lambda 函数。
- axis：指定应用函数的轴。"axis=0" 表示按列应用函数，"axis=1" 表示按行应用函数。

在给定的代码中，df.apply(buy_signal, axis=1) 将函数 buy_signal 按行应用于 DataFrame df 的数据。它会逐行传递数据给函数，并返回一个布尔值的 Series，表示每行是否满足买入信号的条件。

8.3.5 绘制价格和信号图表

8.3.4 小节的计算结果只是一些数据，不方便查看，我们可以将交易信号进行可视化处理，绘制价格和信号图表。

在 8.3.4 小节代码的基础上，添加如下代码。

```
# 绘制价格和信号图表
plt.figure(figsize=(12, 6))
plt.plot(df['Date'], df['Close'], label='Close Price')
plt.scatter(buy_dates, df[df['Date'].isin(buy_dates)]['Close'],
color='green', marker='^', label='Buy Signal')          ①
plt.scatter(sell_dates, df[df['Date'].isin(sell_dates)]['Close'],
color='red', marker='v', label1='Sell Signal')          ②
plt.title('贵州茅台股票价格和交易信号')
plt.xlabel('日期')
plt.ylabel('股价')
plt.legend()
```

```
plt.grid(True)                                                    ③
plt.show()
```

这段代码将贵州茅台股票的收盘价绘制成折线图，并在买入信号处用绿色箭头表示，在卖出信号处用红色箭头表示。

使用Jupyter Notebook工具运行上述代码，输出价格和信号图表，如图 8-9 所示。但是从图中可见，没有买入信号。

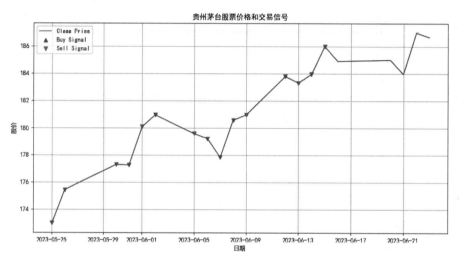

图 8-9　价格和信号图表

上述代码解释如下。

- 代码第①行绘制买入信号的散点图。它使用plt.scatter()函数，在买入信号的日期（buy_dates）处绘制散点，并将对应的股票收盘价（df[df['Date'].isin(buy_dates)]['Close']）作为纵坐标。散点的颜色为绿色（color='green'），标记形状为箭头（marker='^'），并在图例中标注为"Buy Signal"。
- 代码第②行绘制卖出信号的散点图。它使用plt.scatter()函数，在卖出信号的日期（sell_dates）处绘制散点，并将对应的股票收盘价（df[df['Date'].isin(sell_dates)]['Close']）作为纵坐标。散点的颜色为红色（color='red'），标记形状为箭头（marker='v'），并在图例中标注为"Sell Signal"。
- 代码第③行将图表设置为显示网格线。

最后，通过plt.show()函数展示绘制好的图表，图表将包括贵州茅台股票的价格曲线、买入信号散点和卖出信号散点。图表的标题为"贵州茅台股票价格和交易信号"，横坐标为"日期"，纵坐标为"股价"。图例将显示买入信号和卖出信号的标识，并以绿色箭头和红色箭头表示。

8.3.6　使用ChatGPT辅助回测

对于K线图和移动平均线图的解释结果，需要专业的分析师解答。事实上ChatGPT有能力解析，但是目前我们使用的ChatGPT版本还不支持图片输入，只能提取图表特征，用文本描述；然后将文本输入ChatGPT，让它帮我们进行解析，给出建议。

假设我们这样提问。

我们向ChatGPT提问：

K线走势平稳上升，MA5于6月上穿MA20，相交点价格为$200，最高价达$220，此时策略产生买入信号。此时买入是否可行？

ChatGPT的回答如下。

根据您提供的情景描述，K线走势平稳上升，MA5于6月上穿MA20，相交点价格为$200，最高价达$220，此时策略产生买入信号。在这种情况下，买入信号的触发是一个积极的指标，因为MA5上穿MA20通常被视为短期趋势向上的信号。同时，K线走势平稳上升和最高价达到$220也进一步支持了买入信号。

基于这个买入信号，您可以考虑以下几点来优化策略：

风险管理：确定合适的止损点位和止盈点位。设置止损点位是为了控制风险，防止亏损过大。设置止盈点位是为了锁定利润，避免错过价格上涨的机会。

确认买入信号后，进行更深入的技术分析。例如，结合其他指标（如相对强弱指标、成交量等）来确认买入信号的有效性，并进一步评估市场的整体状况。

考虑整体市场趋势。尽管当前的买入信号是积极的，但还是需要考虑市场的整体趋势。如果整体市场趋势不利或出现重要的市场事件，可能需要重新评估买入信号的可行性。

请注意，以上建议是基于一般市场观察和常见策略规则的经验性建议。为了更精确地优化策略，最好基于实际的历史数据和详细的回测分析来进行决策。

提示

由于数据采集量有限，本来图8-8并未出现金叉，根据交易策略没有产生买入信号。

8.3.7 优化策略

我们可以让ChatGPT对策略优化给出建议。

我们向ChatGPT提问：

我们的策略如下，判断是否需要优化。买入规则：5日移动平均线上穿20日移动平均线。卖出规则：1.5日移动平均线下穿20日移动平均线；2.收盘价跌破20日移动平均线的92%。

⑥ **ChatGPT 的回答如下。**

根据您提供的策略规则，买入规则是当 5 日移动平均线上穿 20 日移动平均线时进行买入，卖出规则包括 5 日移动平均线下穿 20 日移动平均线和收盘价跌破 20 日移动平均线的 92%。

对于是否需要优化，这需要根据具体情况和策略的表现来评估。以下是一些优化策略的考虑因素：

1. 参数优化：考虑尝试不同的移动平均线窗口大小，例如调整 5 日和 20 日的窗口大小，以确定最佳的参数组合。

2. 风险管理：评估和优化止损和止盈策略。确定合适的止损点位和止盈点位，以控制风险并锁定利润。

3. 过滤器和确认指标：考虑引入其他技术指标或过滤器来确认买入和卖出信号。这些指标可以包括相对强弱指标、波动性指标等，以提高信号的准确性。

4. 市场环境适应性：考虑策略在不同市场环境下的表现，并根据市场情况进行调整。不同市场阶段可能需要不同的策略，要灵活适应市场变化。

5. 回测和验证：进行详细的回测和验证，评估策略的历史表现和实际交易结果。通过回测和验证可以识别策略的优势和劣势，并进行相应的优化。

综上所述，是否需要优化您的策略取决于策略的表现和您的目标。建议根据实际情况和需求，使用回测和优化工具对策略进行评估和改进。同时，注意风险管理和市场环境适应性，以确保策略在不同市场条件下的稳定性和适应性。

我们可以根据 ChatGPT 建议进行优化，具体过程不再赘述。

8.4 本章总结

本章介绍了趋势跟踪策略及其在交易决策中的应用，以及 ChatGPT 如何辅助这一过程。我们首先讨论了趋势跟踪策略的概念和相关概念，特别关注了移动平均线的使用。

然后，我们详细探讨了 ChatGPT 在决策过程中的辅助作用，包括策略开发、信号生成、决策辅助、综合判断、风险管理、交易执行、监控和记录评估。我们还通过一个股票移动平均线策略的案例演示了 ChatGPT 如何辅助分析、回测和优化策略。

通过本章的学习，我们了解了趋势跟踪策略的基本原理和 ChatGPT 在交易决策中的辅助作用，帮助投资者制定更明智的交易策略。

AI
时代

Python 量化交易实战

ChatGPT 让量化交易插上翅膀

第 9 章

动量策略

在本章中，我们将深入探讨动量策略的原理、实施方法和应用案例，讨论如何选择和计算动量指标，以及如何使用这些指标确定买入和卖出的时机。

9.1 动量策略概述

动量策略是一种基于市场趋势的交易策略，它利用资产价格的持续上涨或下跌趋势进行交易。该策略基于一种常见的市场现象，即过去的价格趋势在一段时间内往往会延续。

动量策略的基本思想是追逐市场上涨的资产或下跌的资产，并在趋势结束时进行买入或卖出的操作。这一策略认为，价格的动量或趋势可以反映市场参与者的情绪和行为，从而提供交易机会。

在动量策略中，常用的指标包括相对强弱指标（RSI）、移动平均线交叉和通道突破等。这些指标可以帮助确定买入和卖出的时机，以捕捉价格趋势的持续性。

动量策略的优点之一是它能够捕捉到大的趋势，并在市场上涨或下跌时获得较高的收益。此外，动量策略相对简单易懂，适用于不同的交易品种和市场。

然而，动量策略也存在一些限制和风险。市场的趋势可能不持续，价格可能出现反转，从而导致策略失效。此外，过度依赖过去的价格趋势也可能导致错过市场的转折点。

9.1.1 动量策略中的主要概念

在动量策略中，有一些主要概念是关键和重要的。下面是动量策略中的一些常见概念。

（1）动量：动量是指资产价格的变动速度和幅度。在动量策略中，我们关注资产价格的上涨或下跌的幅度和持续性。较高的正动量表示资产价格上涨的趋势，而较低的负动量表示资产价格下跌的趋势。

（2）相对强弱指标（RSI）：相对强弱指标是一种常用的动量指标，用于衡量资产的超买和超卖状态。RSI基于资产价格的变动幅度，通常在0到100之间取值。较高的RSI值表示资产被过度买入，可能出现价格的回调或反转；而较低的RSI值表示资产被过度卖出，可能出现价格的反弹或反转。

（3）移动平均线交叉：移动平均线交叉是一种常见的动量策略中的技术指标。它基于不同期间的移动平均线之间的交叉点，确定买入和卖出的时机。一般情况下，当短期移动平均线上穿长期移动平均线时，被视为买入信号；当短期移动平均线下穿长期移动平均线时，被视为卖出信号。

（4）通道突破：通道突破是一种基于价格波动幅度的动量策略。它基于资产价格突破之前的价格区间或通道，确定买入和卖出的时机。当资产价格突破上升通道的上界或下跌通道的下界时，被视为买入或卖出信号。

这些是动量策略中一些主要的概念，可以帮助我们衡量市场的动量和趋势，并提供确定买入和卖出时机的指导。在实施动量策略时，我们可以根据具体的市场和交易品种选择合适的概念和指标，并结合其他技术分析工具进行分析和决策。

9.1.2 动量策略的优点和限制

动量策略的优点，主要体现在以下几个方面。

（1）按趋势交易，利润机会较大。动量策略试图捕捉股票价格变动的初始阶段，这时价格波动幅度最大，利润率也最高。

（2）交易频率高，适合短期投资。动量策略通常在中短期内完成交易，适合追求短期高收益的投资者。

（3）容易实施，指标简单。动量策略主要依靠简单的动量指标来实现，容易理解和操作。

但是，动量策略也存在一定的限制，主要体现在以下几个方面。

①交易风险大。动量策略追求短期利润，必然面临较大的价格波动风险，可能出现较大亏损。

②易受市场噪音影响。动量策略过于依赖近期价格变动，容易被短期市场噪音误导，产生错误信号。

③长期表现不佳。动量策略侧重短期交易，长期持有的表现不如价值投资和成长投资策略。

④交易频繁，交易成本高。动量策略的高频短期交易会产生较高的交易税和手续费，减少实际收益。

⑤难以实现全自动化。动量策略仍然需要人工判断和选股，难以实现完全自动化的量化交易。

综上，动量策略适用于短期追求高收益的投资，但也面临较大风险。投资者需要综合考虑自身风险偏好和资金实力，慎重选择。

9.2 相对强弱指标

相对强弱指标（RSI）用来衡量股票在一定时间区间内价格上涨与下跌的幅度，用于判断股票当前的超买超卖状况。RSI的计算公式如下：

$$RSI = 100 - 100 / (1 + RS)$$

其中，RS = 上涨日平均收益 / 下跌日平均收益，具体计算步骤如下。

（1）计算一定期间（通常为 14 天）内的股票上涨总点数和下跌总点数。

（2）计算上涨日平均收益 = 上涨总点数 / 上涨天数。

（3）计算下跌日平均收益 = 下跌总点数 / 下跌天数。

（4）计算RS = 上涨日平均收益 / 下跌日平均收益。

（5）将RS代入公式计算，RSI值介于 0-100。

一般来说，RSI>70 表明股票超买，会出现回调，届时卖出；30<RSI<70 表明行情较平稳，可持有；RSI<30 表明股票超卖，会出现反弹，届时买入。RSI是相对简单且常用的动量指标，可以较好地衡量股票的强弱和超买超卖状态，常用于动量策略和反转策略。

9.3　使用ChatGPT辅助动量策略决策过程

使用ChatGPT辅助动量策略决策可以提供额外的洞察和意见，帮助优化和改进策略的表现。以下是使用ChatGPT辅助动量策略决策的一般过程。

（1）收集数据：首先，收集所需的股票或其他金融市场数据。这可能包括价格数据、成交量、技术指标等。

（2）数据预处理：对收集的数据进行必要的清洗和预处理，例如去除缺失值、异常值处理等。

（3）定义动量策略规则：根据动量策略的要求，定义买入和卖出的规则。例如，可以基于价格涨跌、技术指标交叉等制定规则。

（4）ChatGPT辅助决策：将收集的数据和定义的策略规则提供给ChatGPT模型。可以向ChatGPT提出关于当前市场趋势、交易信号的问题，或者请求建议和意见。

（5）解读ChatGPT的回答：根据ChatGPT模型的回答和建议，结合自己的判断和经验，评估当前市场情况和策略的执行。

（6）优化和改进策略：根据ChatGPT的回答和其他决策因素，对动量策略进行优化和改进。这可能包括调整策略参数、改变买卖规则、加入其他指标等。

（7）回测和评估：使用历史数据对优化后的策略进行回测和评估，检验其表现和盈利能力。根据回测结果，进一步调整和改进策略。

（8）实盘交易：在经过充分的回测和评估后，可以将优化后的动量策略应用于实际的交易中。但仍需密切关注市场情况，并定期进行策略评估和调整。

将ChatGPT的智能回答和建议，与自己的专业知识和经验相结合，可以提高动量策略决策的准确性和效果，并优化策略的表现。重要的是，决策者要保持对市场的敏感性和决策的灵活性，不断学习和改进策略，以适应不断变化的市场条件。

9.4　案例：使用ChatGPT辅助贵州茅台股票价格和RSI交易信号分析

下面我们通过具体的案例介绍如何利用动量策略对股票交易信号进行分析。

案例背景

贵州茅台股票是中国A股市场中的知名股票之一，代号为600519。贵州茅台是中国最大的白酒生产企业，其产品茅台酒享有盛誉，并且具有较高的市场价值和投资潜力。

案例目的：分析贵州茅台股票的价格和RSI（相对强弱指标）交易信号，旨在辅助投资者进行股票交易决策。RSI指标是一种常用的技术指标，用于衡量股票价格的超买和超卖情况，可作为买入和卖出信号的参考。

实现方法：利用历史交易数据，计算贵州茅台股票的RSI指标，并根据RSI的取值范围判断买入和卖出的信号。买入信号一般出现在RSI低于某个阈值（如30）的情况下，表明股票被过度卖出，可能存在反弹机会；卖出信号一般出现在RSI高于某个阈值（如70）的情况下，表明股票被过度买入，可能存在回调风险。

通过绘制价格和交易信号的图表，可以直观地观察价格走势和交易信号的关系，辅助投资者进行判断和决策。

当使用ChatGPT辅助进行贵州茅台股票价格和RSI交易信号分析时，可以按照以下步骤进行。

（1）数据获取：获取贵州茅台股票的历史交易数据，可以从API或本地文件等数据源获取数据。

（2）数据准备：对获取的数据进行必要的处理和准备，包括数据清洗、格式转换、缺失值处理等。确保数据格式正确，并创建日期索引。

（3）RSI指标计算：使用合适的计算方法，计算RSI指标。根据贵州茅台股票历史交易数据中的收盘价，计算RSI指标的值。

（4）交易信号生成：根据RSI指标的值，确定买入和卖出的交易信号。可以根据一定的阈值或规则，将RSI指标值与预设的阈值进行比较，生成相应的交易信号。

（5）可视化分析：使用适当的图表库（如Matplotlib、Plotly等），将贵州茅台股票的价格走势、RSI指标和交易信号绘制成图表。可以同时展示K线图和RSI指标曲线，标注买入和卖出信号点。

在整个流程中，ChatGPT的辅助作用主要体现在交流和交互环节。我们可以与ChatGPT进行对话，提出问题、寻求解释、获取指导等，以便更好地理解和执行每个步骤。ChatGPT可以提供相关知识、解释和指导，帮助我们完成分析过程并做出相应的决策。

9.4.1 数据获取和准备数据

我们之前收集获取贵州茅台相关数据，具体过程不再赘述。获得的数据文件是"贵州茅台股票历史交易数据.csv"，具体内容如图9-1所示，数据位于data文件夹。

获取数据后，在使用前，我们可以检查一下数据是否需要清洗。通常需要检查是否有缺失值，检查是否有缺失值的代码如下。

```python
import pandas as pd

# 读取贵州茅台股票历史交易数据
df = pd.read_csv('data/贵州茅台股票历史交易数据 .csv')
missing_values = df.isnull().sum()

print(" 缺失值数量: ")
print(missing_values)
```

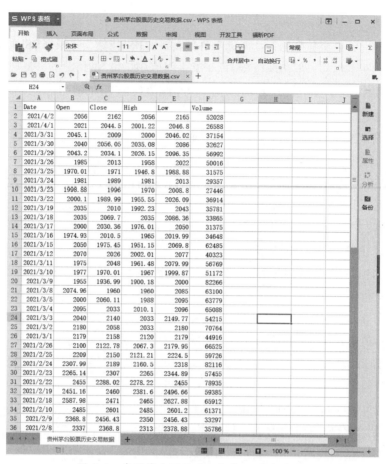

图 9-1　贵州茅台股票历史交易 csv 数据文件

运行代码，输出结果如下所示：

```
缺失值数量：
Date        0
Open        0
Close       0
High        0
Low         0
Volume      0
dtype: int64
```

当然，如果我们不能通过编写程序代码检查是否有缺失值，则可以请 ChatGPT 帮助检查数据。

我们向 ChatGPT 发送如下问题：

有如下数据，帮我检查是否有缺失值、异常值等问题。

Date,Open,Close,High,Low,Volume

2021-04-02,2056.0,2162.0,2056.0,2165.0,52028
2021-04-01,2021.0,2044.5,2001.22,2046.8,26588
2021-03-31,2045.1,2009.0,2000.0,2046.02,37154
....

ⓢ ChatGPT 的回答如下。

从该股价数据中，我未发现明显的缺失值或异常值。数据包括日期、开盘价、收盘价、最高价、最低价和成交量等信息，数据格式规范，连续性较好。但是，我们还是可以从几个方面进行检查：

1. 日期连续性检查：检查日期是否连续，有无跳跃的情况。从提供的数据看，日期是按顺序连续的，没有问题。

2. 价格离群值检查：检查最高价和最低价是否存在极端离群的值。从数据看，最高价和最低价的变动在正常范围内，没有明显的离群值。

3. 收盘价与前一日较大偏差检查：检查收盘价是否与前一日收盘价有较大的偏差。从数据看，所有交易日的收盘价与前一日收盘价的变动在 10% 以内，没有较大偏差的问题。

4. 成交量离群值检查：检查成交量数据是否存在极端离群值。从数据看，所有交易日的成交量在正常变动范围内，没有发现明显的离群值。

5. 开盘价与前一日收盘价偏差检查：检查开盘价与前一日的收盘价是否存在较大偏差。从数据看，所有交易日的开盘价与前一日收盘价的偏差在正常范围内，没有较大偏差的问题。

综上，从提供的股票行情数据来看，未发现明显的缺失值、异常值等问题。数据连续性较好，各项价格指标变动在正常范围内。但为了提高数据质量，建议添加开盘价与收盘价、最高价与最低价之间的差额指标进行参考。这将有利于判断价格波动的合理性，并发现潜在的异常值。

9.4.2 RSI指标计算

计算 RSI 指标可以使用第三方库，如 TA-Lib 等。但是，从熟悉算法的角度考虑，笔者推荐自己编写计算函数。

具体代码如下。

```
# 计算 RSI 指标
def calculate_rsi(data, window=14):          ①
    delta = data['Close'].diff()             ②
    gain = delta.copy()                      ③
    loss = delta.copy()                      ④
    gain[gain < 0] = 0                       ⑤
    loss[loss > 0] = 0                       ⑥
```

```
avg_gain = gain.rolling(window).mean()          ⑦
avg_loss = abs(loss.rolling(window).mean())     ⑧
rs = avg_gain / avg_loss                        ⑨
rsi = 100 - (100 / (1 + rs))                     ⑩
return rsi
```

上述代码解释如下。

- 代码第①行声明计算RSI指标函数，其中window用于计算RSI指标的窗口大小，默认为 "14"。窗口大小表示计算RSI时要考虑多少个前期数据。

- 代码第②行data['Close'].diff()：计算每天收盘价的差异，即当前收盘价减去前一天的收盘价。 这将得到一个Series对象，其中包含每天的价格变化量。

- 代码第③行delta.copy()：创建了一个副本，用于存储正收益。这是为了后续处理而创建的 新的Series对象。

- 代码第③行delta.copy()：再次创建了一个副本，用于存储负收益。这也是为了后续处理而 创建的新的Series对象。

- 代码第④行gain[gain < 0] = 0：将负的收益值设置为零。这样做是为了保留正的收益，将负 收益转换为零。

- 代码第⑤行loss[loss > 0] = 0：将正的收益值设置为零。这样做是为了保留负的收益，将正 收益转换为零。

- 代码第⑥行gain.rolling(window).mean()：计算正收益的滚动平均值。滚动平均值是在指定窗 口大小下计算的移动平均值，它表示一段时间内的平均收益。

- 代码第⑦行abs(loss).rolling(window).mean()：计算负收益的绝对值的滚动平均值。这里先对 负收益取绝对值，然后计算滚动平均值。

- 代码第⑧行avg_gain / avg_loss：计算相对强度（RS）。它是平均收益除以平均亏损的比值。

- 代码第⑨行100 - (100 / (1 + rs))：根据RS的值计算RSI指标。RSI指标用于衡量价格的相对 强度，这个公式将RS转换为RSI指标值。

- 代码第⑩行使用合适的计算方法，计算RSI指标。根据贵州茅台股票历史交易数据中的收 盘价，计算RSI指标的值。

上述函数通过处理每天的收盘价差异计算RSI指标。它将正的收益和负的收益分别计算滚动平 均值，然后将它们用于计算RSI指标。RSI指标可用于衡量股票价格的相对强度，并提供超买和超 卖信号。

调用calculate_rsi函数计算RSI指标，代码如下。

```
# 调用 calculate_rsi 函数计算 RSI 指标
df['RSI'] = calculate_rsi(df)
# 打印
df['RSI']
```

运行代码，输出结果如下所示。

```
0           NaN
1           NaN
2           NaN
3           NaN
4           NaN
            ...
75     33.953190
76     44.664032
77     45.525292
78     46.502385
79     43.119571
Name: RSI, Length: 80, dtype: float64
```

提示
这个过程中我们可以问ChatGPT有哪些常用的RSI计算方法可以使用。

9.4.3 RSI指标曲线

将RSI指标绘制成指标曲线是非常有必要的，它可以更加直观地呈现变化。绘制RSI指标曲线代码如下。

```
import matplotlib.pyplot as plt
plt.rcParams['font.family'] = ['SimHei']   # 设置中文字体
plt.rcParams['axes.unicode_minus'] = False   # 设置负号显示


rsi = calculate_rsi(df)   # 计算 RSI 指标
plt.figure(figsize=(12, 6))
plt.plot(df.index, rsi, label='RSI')
plt.title('RSI 指标 ')
plt.xlabel(' 日期 ')
plt.ylabel('RSI')
plt.legend()
plt.grid(True)
plt.show()
```

使用Jupyter Notebook工具运行上述代码，绘制RSI指标曲线，如图9-2所示。上述代码不再详细解释。

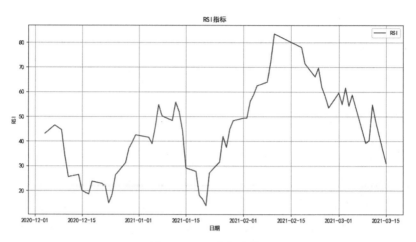

图 9-2　RSI 指标曲线

9.4.4 交易信号生成

我们可以根据RSI指标的值，确定买入和卖出的交易信号。可以根据一定的阈值或规则，将RSI指标值与预设的阈值进行比较，生成相应的交易信号。

具体代码如下。

```
#  交易信号生成
df['Signal'] = 0
df.loc[df['RSI'] > 70, 'Signal'] = -1
df.loc[df['RSI'] < 30, 'Signal'] = 1
# 打印 df 对象
df
```

使用Jupyter Notebook工具运行上述代码，输出df数据如图 9-3 所示。其中"Signal"列是新添加的；其中"1"表示买入信号；"-1"表示卖出信号；"0"表示持有或无交易信号。

	Date	Open	Close	High	Low	Volume	RSI	Signal
0	2021-04-02	2056.00	2162.00	2056.00	2165.00	52028	NaN	0
1	2021-04-01	2021.00	2044.50	2001.22	2046.80	26588	NaN	0
2	2021-03-31	2045.10	2009.00	2000.00	2046.02	37154	NaN	0
3	2021-03-30	2040.00	2056.05	2035.08	2086.00	32627	NaN	0
4	2021-03-29	2043.20	2034.10	2026.15	2096.35	56992	NaN	0
...	...	...	...	...	...	...	...	...
75	2020-12-10	1840.00	1832.90	1828.00	1849.77	32654	33.953190	0
76	2020-12-09	1865.95	1840.00	1839.00	1866.00	31152	44.664032	0
77	2020-12-08	1815.00	1850.00	1813.00	1875.00	61454	45.525292	0
78	2020-12-07	1802.70	1812.40	1800.55	1840.39	58331	46.502385	0
79	2020-12-04	1752.00	1793.11	1752.00	1800.10	62491	43.119571	0

80 rows × 8 columns

图 9-3　输出 df 数据

9.4.5 可视化分析

为了便于查看，我们将贵州茅台股票的价格走势、RSI 指标和交易信号绘制成图表。可以同时展示 K 线图和 RSI 指标曲线，标注买入和卖出信号点。

1. K 线图

绘制 K 线图，具体代码如下。

```python
import matplotlib.pyplot as plt
import mplfinance as mpf

plt.rcParams['font.family'] = ['SimHei']      # 设置中文字体
plt.rcParams['axes.unicode_minus'] = False  # 设置负号显示
# 重新加载数据
df = pd.read_csv('data/ 贵州茅台股票历史交易数据 .csv')
# 创建日期索引
df['Date'] = pd.to_datetime(df['Date'])
df.set_index('Date', inplace=True)
market_colors = mpf.make_marketcolors(up='red', down='green')
my_style = mpf.make_mpf_style(marketcolors=market_colors)
# 绘制 K 线图
mpf.plot(df, type='candle',
        figsize=(10, 6),
        mav=(10, 20),
        volume=True,
        style=my_style)
```

使用 Jupyter Notebook 工具运行上述代码，输出 K 线图，如图 9-4 所示。

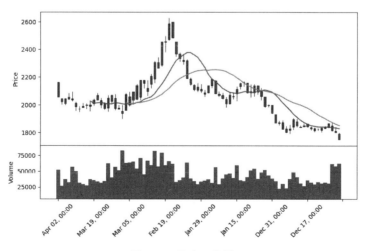

图 9-4　输出 K 线图

K线图我们多次介绍过了，这里不再赘述。

2. 绘制价格和交易信号图表

RSI指标曲线对于RSI交易信号分析非常重要，通过该曲线我们可以直观地看出买入和卖出的信号。具体代码如下。

```python
import pandas as pd
import matplotlib.pyplot as plt


plt.rcParams['font.family'] = ['SimHei']      # 设置中文字体
plt.rcParams['axes.unicode_minus'] = False # 设置负号显示
# 读取贵州茅台股票历史交易数据
df = pd.read_csv('data/ 贵州茅台股票历史交易数据 .csv')
...
# 绘制价格和交易信号图表
plt.figure(figsize=(12, 6))
plt.plot(df.index, df['Close'], label='Close Price')
plt.scatter(df[df['Signal'] == 1].index, df[df['Signal'] == 1]['Close'],
color='green', marker='^', label='Buy Signal')
plt.scatter(df[df['Signal'] == -1].index, df[df['Signal'] == -1]['Close'],
color='red', marker='v', label='Sell Signal')
plt.title(' 贵州茅台股票价格和交易信号 ')
plt.xlabel(' 日期 ')
plt.ylabel(' 股价 ')
plt.legend()
plt.grid(True)
plt.show()
```

使用Jupyter Notebook工具运行上述代码，绘制价格和交易信号图表，如图 9-5 所示。

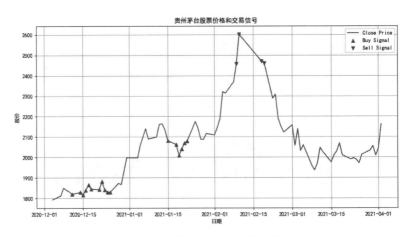

图 9-5 价格和交易信号图表

从图 9-5 中可以清楚地看出交易信号了。

9.5 本章总结

本章介绍了动量策略及其在交易决策中的应用，以及 ChatGPT 如何辅助这一过程。我们首先概述了动量策略，然后详细介绍了相对强弱指标（RSI）的计算和应用。

在案例中，以贵州茅台股票为例，展示了如何使用 ChatGPT 辅助进行分析，包括数据准备、RSI 计算、交易信号生成和可视化分析。

通过本章的学习，我们了解了动量策略的基本原理和 ChatGPT 在交易决策中的辅助作用，有助于投资者更有效地执行动量策略。

AI时代
Python 量化交易实战
ChatGPT 让量化交易插上翅膀

第 **10** 章

海龟交易策略

在本章中，我们将深入了解海龟交易策略的概念、原则和实施步骤，探讨入场规则、退出规则，以及关键的风险管理和仓位管理方法。了解这些内容将有助于理解海龟交易策略的核心思想和运作方式。

10.1 海龟交易策略概述

海龟交易策略是一种著名的趋势跟随交易策略，由 Richard Dennis 和 William Eckhardt 在 20 世纪 80 年代提出，并成功运用于商品期货交易。该策略基于以下几个核心原则。

（1）市场选择：选择具备明显趋势的市场进行交易，避免在横盘市场中交易。

（2）头寸规模：根据账户资金规模和市场波动性确定每个交易的头寸规模，以控制风险。

（3）入市策略：通过突破过去一段时间最高价或最低价的方式确定入市时机。

（4）止损策略：设定固定的止损点，当价格触及止损点时平仓。

（5）退出策略：设定固定的退出点，当价格达到退出点时平仓并获利。

海龟交易策略的核心思想是跟随趋势，即在趋势形成时进场并持有头寸，直到趋势反转或达到退出条件。该策略强调风险管理，通过严格控制头寸规模和设置止损点保护资金并控制风险。

10.1.1 海龟交易策略中的主要概念

海龟交易策略中涉及一些主要概念，下面是具体的解释。

（1）头寸规模（Position Sizing）：头寸规模是指每个交易的投资金额或数量，它是根据账户资金规模和市场波动性确定的。头寸规模的目的是控制风险，确保每个交易的风险在可接受范围内。

（2）入市信号（Entry Signal）：入市信号是指确定进场（买入）交易的条件或规则。在海龟交易策略中，入市信号通常是通过突破过去一段时间内的最高价或最低价确定的。

（3）止损点（Stop Loss）：止损点是设定的一个价格水平，当价格触及或穿过该价格水平时，会触发平仓操作，以限制损失。止损点的设定是为了控制风险，防止损失进一步扩大。

（4）退出点（Exit Point）：退出点是设定的一个价格水平，当价格达到或超过该价格水平时，会触发平仓操作，以获得利润。退出点的设定是为了锁定利润，让盈利交易尽可能保持盈利。

（5）市场选择（Market Selection）：市场选择是指在海龟交易策略中选择具备明显趋势的市场进行交易。根据市场的历史走势和波动性，选择适合的交易品种或市场，以提高交易成功的概率。

（6）平均真实波动幅度（Average True Range，ATR）：平均真实波动幅度是一种衡量价格波动性的指标，它通常用于确定头寸规模和设定止损点。ATR 表示在一段时间内的价格波动范围的平均值。

这些概念在海龟交易策略中起着重要的作用，帮助交易者进行头寸管理、入市判断和风险控制。对这些概念的理解和应用是实施海龟交易策略的关键。

10.1.2 实施海龟交易策略

海龟交易策略的实施过程包括：确定交易股票、判断趋势、确定止损点和获利点、继续跟踪行情、动态调整止损点和获利点。以某股票为例，实施过程如下。

（1）选取某个长期上涨股票。例如20日和50日移动平均线均呈上升趋势，此时可以买入股票，设定买入价格为23元。

（2）确定初次止损点和获利点。止损点定为22元（买入价-1元），获利点定为25元（买入价+2元）。

（3）继续跟踪股票行情。如果股价达到获利点25元时，卖出1手股票，获利2元。然后调整止损点到23元，获利点到27元。

（4）如果股价下跌触及止损点22元，则全部平仓止损。整个交易获利2元，损失控制在1元以内，体现海龟交易策略的稳健特征。

（5）根据股票行情随时更新止损点和获利点，保证获利最大化和风险最小化。动态调整，灵活操作。

10.2 使用ChatGPT辅助实施海龟交易策略

使用ChatGPT辅助实施海龟交易策略的过程可以概括为以下几个步骤。

（1）数据获取和准备：获取股票历史交易数据，并对数据进行清洗和整理，确保数据格式正确且适合进行分析。

（2）数据分析和特征工程：对股票历史交易数据进行分析，计算技术指标如移动平均线、相对强弱指标（RSI）、波动率等，并将其作为特征进行工程处理。

（3）对话交互和决策支持：通过与ChatGPT模型进行交互式对话，输入当前的市场情况和交易信号，获取模型生成的回应和建议。根据模型的建议和个人判断，做出相应的交易决策。

（4）执行交易和风险管理：根据制定的交易策略和模型的建议，执行相应的交易操作，包括买入、卖出或持仓调整。同时，进行风险管理，采取设定止损点和获利点等风险控制措施。

（5）监控和调整：密切监控市场情况和交易结果，及时调整交易策略和模型参数，根据实际情况进行优化和改进。

（6）绩效评估和反馈：定期评估交易绩效，分析交易记录和模型的表现，通过回测和实际交易结果对策略和模型进行评估，并进行反馈和调整。

需要注意的是，使用ChatGPT辅助实施海龟交易策略是一个综合的过程，需要结合个人的判断和市场情况进行决策。模型只是一个工具，不能完全取代人的思考和决策能力。同时，合法合规的投资行为和风险管理也是非常重要的。

10.3 案例：使用ChatGPT辅助实施海龟交易策略（以中石油为例）

下面通过一个具体案例介绍一下如何利用海龟交易策略进行股票投资。

案例背景

李先生是一名股票投资爱好者，他研究了多种股票投资策略后，对海龟交易策略颇感兴趣。这是一种简单实用的股票交易法，适合初学者学习和运用，可以实现风险可控与长期稳定收益的投资目标。李先生决定选取中国石油（601857）股票实践海龟交易策略。中国石油是中国三大石油公司之一，具有较高的市场地位和稳定的基本面。李先生分析了该股票的历史行情，发现其日均线图形态良好，短期内有望继续上涨，从技术面来看也比较适合采用海龟策略进行操作。李先生设定好海龟交易策略的规则，包括将 20 日和 50 日移动平均线作为入市条件，将 ATR 的乘数为 0.4 作为止损/获利点的计算依据。然后收集了中国石油股票的历史行情数据，并编写程序模拟实施该策略。

10.3.1 数据获取和准备数据

李先生从搜狐证券网搜集中国石油股票数据，数据文件是"0601857 股票历史交易数据 .csv"，具体内容如图 10-1 所示，数据位于 data 文件夹。

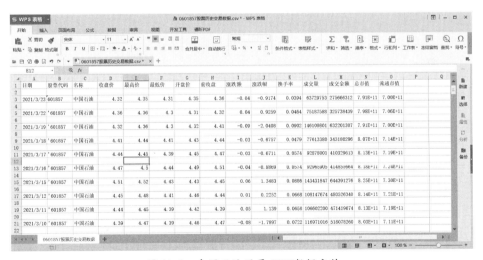

图 10-1　中国石油股票 CSV 数据文件

分析数据会发现如下问题。

- 存在空行数据，在两行数据之间存在一个空行。
- 文件采用的 GBK 编码，在读取文件时需要注意。
- 数据冗余，"股票代码"和"名称"每一行都有，事实上这两列是冗余。

- 数据量大，数据跨度为 2007—2021 年。
- 列名采用中文，在程序代码中可能会引发错误。

下面介绍程序代码的实现过程。

1. 处理空行数据问题

我们首先处理空行数据问题。上述空行没有用 CSV 字段分隔符（逗号）分隔，不能使用 Pandas 的相关函数处理，因此我们可以使用 Python 自带的文件读写函数自己处理。

具体程序代码如下。

```python
# 原始文件
inputfile = 'data/0601857 股票历史交易数据 .csv'
# 目标文件
outfile = 'data/0601857 股票历史交易数据（清洗后）.csv'
# 打开原始文件和目标文件
with open(inputfile, 'r') as input_file, open(outfile, 'w') as output_file:
    # 逐行读取原始文件
    for line in input_file:
        # 去除行末的换行符
        line = line.rstrip('\n')
        # 判断是否为空行
        if line:
            # 写入非空行到目标文件
            output_file.write(line + '\n')
print(' 处理完成。')
```

程序运行成功后，会在 data 目录生成"0601857 股票历史交易数据（清洗后）.csv"。文件内容如图 10-2 所示，可见已经没有空行了。

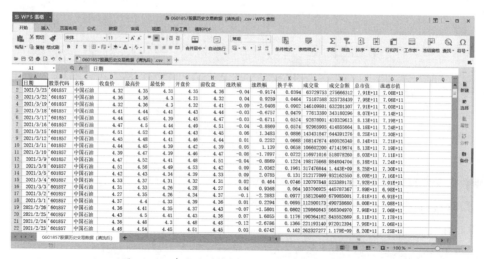

图 10-2　清洗后的中国石油股票 CSV 数据文件

2. 读取数据

数据处理完成后，我们可以读取股票历史交易数据。具体实现代码如下。

```
import pandas as pd
# 数据文件
f =  'data/0601857 股票历史交易数据（清洗后）.csv'
# 读取股票历史交易数据
df = pd.read_csv(f, encoding='gbk', index_col=' 日期 ', parse_dates=True)
df
```

上述代码很简单不再解释，但是读者需要注意的是：由于文件的字符集采用的是GBK，所以需要在read_csv函数中指定参数 "encoding='gbk'"；而参数 "parse_dates=True" 是解析日期数据的选项，将日期数据解析为日期类型而不是字符串。

使用Jupyter Notebook工具运行上述代码，输出df数据，如图10-3所示。

	日期	股票代码	名称	收盘价	最高价	最低价	开盘价	前收盘	涨跌额	涨跌幅	换手率	成交量	成交金额	总市值	流通市值
0	2021-03-23	'601857	中国石油	4.32	4.35	4.31	4.35	4.36	-0.04	-0.9174	0.0394	63729753	2.756663e+08	7.906506e+11	6.995034e+11
1	2021-03-22	'601857	中国石油	4.36	4.36	4.30	4.31	4.32	0.04	0.9259	0.0464	75187588	3.257384e+08	7.979715e+11	7.059803e+11
2	2021-03-19	'601857	中国石油	4.32	4.36	4.30	4.32	4.41	-0.09	-2.0408	0.0902	146109801	6.322013e+08	7.906506e+11	6.995034e+11
3	2021-03-18	'601857	中国石油	4.41	4.44	4.41	4.43	4.44	-0.03	-0.6757	0.0479	77613380	3.431803e+08	8.071225e+11	7.140764e+11
4	2021-03-17	'601857	中国石油	4.44	4.45	4.39	4.45	4.47	-0.03	-0.6711	0.0574	92878001	4.103296e+08	8.126131e+11	7.189340e+11
...	...	...	...	...	...	...	...	...	...	...	...	...	...	...	...
3251	2007-11-09	'601857	中国石油	38.18	38.39	36.66	37.85	38.19	-0.01	-0.0262	4.7742	143226603	5.379485e+09	6.987741e+12	1.145400e+11
3252	2007-11-08	'601857	中国石油	38.19	39.75	38.00	39.20	40.43	-2.24	-5.5404	4.6684	140050961	5.447045e+09	6.989571e+12	1.145700e+11
3253	2007-11-07	'601857	中国石油	40.43	40.73	38.28	39.70	39.99	0.44	1.1003	7.2206	216618870	8.575267e+09	7.399538e+12	1.212900e+11
3254	2007-11-06	'601857	中国石油	39.99	42.40	39.80	41.40	43.96	-3.97	-9.0309	11.4326	342977820	1.400025e+10	7.319009e+12	1.199700e+11
3255	2007-11-05	'601857	N石油	43.96	48.62	41.70	48.60	16.70	27.26	163.2335	51.5833	1547499487	6.999139e+10	8.045602e+12	1.318800e+11

3256 rows × 15 columns

图 10-3　输出 df 数据（1）

3. 处理数据冗余

从如图10-3所示的输出结果可见，"股票代码"和"名称"每一行都有，事实上这两列是冗余的，我们可以移除这两列。具体代码如下。

```
# 移除 "股票代码" 和 "名称" 列
df = df.drop([' 股票代码 ',' 名称 '], axis=1)
df
```

上述代码使用drop方法从DataFrame对象df中移除了名为"股票代码"和"名称"的两列。

使用Jupyter Notebook工具运行上述代码，输出df数据，如图10-4所示。

	日期	收盘价	最高价	最低价	开盘价	前收盘	涨跌额	涨跌幅	换手率	成交量	成交金额	总市值	流通市值
0	2021-03-23	4.32	4.35	4.31	4.35	4.36	-0.04	-0.9174	0.0394	63729753	2.756663e+08	7.906506e+11	6.995034e+11
1	2021-03-22	4.36	4.36	4.30	4.31	4.32	0.04	0.9259	0.0464	75187588	3.257384e+08	7.979715e+11	7.059803e+11
2	2021-03-19	4.32	4.36	4.30	4.32	4.41	-0.09	-2.0408	0.0902	146109801	6.322013e+08	7.906506e+11	6.995034e+11
3	2021-03-18	4.41	4.44	4.41	4.43	4.44	-0.03	-0.6757	0.0479	77613380	3.431803e+08	8.071225e+11	7.140764e+11
4	2021-03-17	4.44	4.45	4.39	4.45	4.47	-0.03	-0.6711	0.0574	92878001	4.103296e+08	8.126131e+11	7.189340e+11
...	...	...	...	...	...	...	...	...	...	...	...	...	...
3251	2007-11-09	38.18	38.39	36.66	37.85	38.19	-0.01	-0.0262	4.7742	143226603	5.379485e+09	6.987741e+12	1.145400e+11
3252	2007-11-08	38.19	39.75	38.00	39.20	40.43	-2.24	-5.5404	4.6684	140050961	5.447045e+09	6.989571e+12	1.145700e+11
3253	2007-11-07	40.43	40.73	38.28	39.70	39.99	0.44	1.1003	7.2206	216618870	8.575267e+09	7.399538e+12	1.212900e+11
3254	2007-11-06	39.99	42.40	39.80	41.40	43.96	-3.97	-9.0309	11.4326	342977820	1.400025e+10	7.319009e+12	1.199700e+11
3255	2007-11-05	43.96	48.62	41.70	48.60	16.70	27.26	163.2335	51.5833	1547499487	6.999139e+10	8.045602e+12	1.318800e+11

3256 rows × 13 columns

图 10-4　输出 df 数据（2）

上述代码解释如下。

- df.drop(['股票代码','名称'], axis=1)：这是 drop 方法的调用语法。drop 方法用于从 DataFrame 对象中移除指定的列。传入的参数是一个列表，包含要移除的列名。
- axis=1：这是 drop 方法的参数，表示按列进行操作。"axis=1"表示按列移除指定的列。

代码的执行效果是，移除了 DataFrame 对象 df 中"股票代码"和"名称"两列，返回一个不包含这两列的新的 DataFrame 对象，并将其赋值给 df 变量。

4. 过滤数据

由于数据量比较大，我们只关注 2021 年的数据如何实现。实现代码如下。

```
# 将日期列转换为日期时间类型
# 筛选出 2021 年的数据
df = df.query(' 日期 .dt.year == 2021')        ①
# 打印前 10 条数据
df.head(10)                                    ②
```

使用 Jupyter Notebook 工具运行上述代码，输出 df 数据，如图 10-5 所示。

	日期	收盘价	最高价	最低价	开盘价	前收盘	涨跌额	涨跌幅	换手率	成交量	成交金额	总市值	流通市值
0	2021-03-23	4.32	4.35	4.31	4.35	4.36	-0.04	-0.9174	0.0394	63729753	275666312.0	7.906506e+11	6.995034e+11
1	2021-03-22	4.36	4.36	4.30	4.31	4.32	0.04	0.9259	0.0464	75187588	325738439.0	7.979715e+11	7.059803e+11
2	2021-03-19	4.32	4.36	4.30	4.32	4.41	-0.09	-2.0408	0.0902	146109801	632201307.0	7.906506e+11	6.995034e+11
3	2021-03-18	4.41	4.44	4.41	4.43	4.44	-0.03	-0.6757	0.0479	77613380	343180296.0	8.071225e+11	7.140764e+11
4	2021-03-17	4.44	4.45	4.39	4.45	4.47	-0.03	-0.6711	0.0574	92878001	410329613.0	8.126131e+11	7.189340e+11
5	2021-03-16	4.47	4.50	4.44	4.49	4.51	-0.04	-0.8869	0.0574	92965905	414855664.0	8.181038e+11	7.237917e+11
6	2021-03-15	4.51	4.52	4.43	4.43	4.45	0.06	1.3483	0.0886	143431847	644391276.0	8.254246e+11	7.302686e+11
7	2021-03-12	4.45	4.48	4.41	4.46	4.44	0.01	0.2252	0.0668	108147674	480526340.0	8.144434e+11	7.205532e+11
8	2021-03-11	4.44	4.45	4.39	4.42	4.39	0.05	1.1390	0.0658	106602200	471419674.0	8.126131e+11	7.189340e+11
9	2021-03-10	4.39	4.47	4.39	4.46	4.47	-0.08	-1.7897	0.0722	116971016	518078260.0	8.034621e+11	7.108379e+11

图 10-5　输出 df 数据（3）

上述代码解释如下。

- 代码第①行将名为"日期"的列转换为日期时间类型。这一步骤是为了确保"日期"列中的值能够被正确解析为日期。
- 代码第②行 df = df.query('日期 .dt.year == 2021')：使用 query() 方法筛选出"日期"列中年份为"2021"的数据。日期".dt.year"表示提取"日期"列中的年份部分，然后使用"=="操作符进行比较，筛选出年份等于 2021 的行。
- 代码第③行 df.head(10)：打印筛选出的子集中的前 10 条数据。head(10) 方法用于获取 DataFrame 的前 10 行数据。默认情况下，它会返回前 5 行数据，但可以通过指定参数改变返回的行数。

5. 处理中文列名

对于中文列名，我们可以为列名重新命名，具体代码如下。

```
# 重新命名列名
column_mapping = {                                    ①
    '日期': 'Date',
    '收盘价': 'Close',
    '最高价': 'High',
    '最低价': 'Low',
    '开盘价': 'Open',
}
df = df.rename(columns=column_mapping)                 ②
# 打印前 10 条数据
df.head(10)
```

使用 Jupyter Notebook 工具运行上述代码，输出 df 数据，如图 10-6 所示。

日期	Close	High	Low	Open	前收盘	涨跌额	涨跌幅	换手率	成交量	成交金额	总市值	流通市值
2021-03-23	4.32	4.35	4.31	4.35	4.36	-0.04	-0.9174	0.0394	63729753	275000312.0	7.900650e+11	6.995034e+11
2021-03-22	4.36	4.36	4.30	4.31	4.32	0.04	0.9259	0.0464	75187588	325738439.0	7.979715e+11	7.059803e+11
2021-03-19	4.32	4.36	4.30	4.32	4.41	-0.09	-2.0408	0.0902	146109801	632201307.0	7.906506e+11	6.995034e+11
2021-03-18	4.41	4.44	4.41	4.43	4.44	-0.03	-0.6757	0.0479	77613380	343180296.0	8.071225e+11	7.140764e+11
2021-03-17	4.44	4.45	4.41	4.45	4.47	-0.03	-0.6711	0.0574	92878001	410329613.0	8.126131e+11	7.189340e+11
2021-03-16	4.47	4.50	4.44	4.49	4.51	-0.04	-0.8869	0.0574	92965905	414855664.0	8.181038e+11	7.237917e+11
2021-03-15	4.51	4.52	4.43	4.43	4.45	0.06	1.3483	0.0886	143431847	644391276.0	8.254246e+11	7.302686e+11
2021-03-12	4.45	4.48	4.41	4.46	4.44	0.01	0.2252	0.0668	108147674	480526340.0	8.144434e+11	7.205532e+11
2021-03-11	4.44	4.45	4.39	4.42	4.39	0.05	1.1390	0.0658	106602200	471419674.0	8.126131e+11	7.189340e+11
2021-03-10	4.39	4.47	4.39	4.46	4.47	-0.08	-1.7897	0.0722	116971016	518078260.0	8.034621e+11	7.108379e+11

图 10-6　输出 df 数据（4）

上述代码解释如下。

- 代码第①行column_mapping：这是一个字典对象，其中键是当前列名，值是希望重命名的新列名。
- 代码第②行df.rename(columns=column_mapping)：这是DataFrame对象的rename()方法，它接受一个columns参数指定列名的映射关系。通过传递column_mapping字典将其作为columns参数，将原始列名根据映射关系进行重命名。

注意，本例中我们只是将列名"日期"重命名为"Date"，"收盘价"重命名为"Close"，"最高价"重命名为"High"，"最低价"重命名为"Low"，"开盘价"重命名为"Open"。而其他的列没有重新命名。

10.3.2 编写海龟交易策略程序

数据准备完成后，李先生开始编写海龟交易策略程序，代码编写过程如下。

1. 计算移动平均线

在海龟交易策略中，为了判断价格走势的长期趋势，并作为海龟策略中的一个指标，我们需要计算移动平均线。在海龟策略中，通常会使用两条移动平均线：短期移动平均线和长期移动平均线。实现代码如下。

```
import numpy as np
import pandas as pd

# 设置移动平均线窗口期
ma_short_window = 20
ma_long_window = 50

# 计算移动平均线
df['MA20'] = df['Close'].rolling(window=ma_short_window, min_periods=1).
mean()    ①
df['MA50'] = df['Close'].rolling(window=ma_long_window, min_periods=1).
mean()    ②

# 移除 NaN 值
df.dropna(subset=['MA50'], inplace=True)                              ③
```

上述代码解释如下。

- 在代码第①行中，使用rolling函数计算以"Close"列为基础的 20 日移动平均线（MA20）。rolling函数可以创建一个滑动窗口对象，通过指定窗口期（window）和最小观测期（min_periods）计算移动平均值。这里的"window=ma_short_window"表示窗口期为 20 个交易日，"min_periods=1"表示即使窗口期内的观测值不满足 20 个，也会进行计算。
- 在代码第②行中，使用同样的方式计算以"Close"列为基础的 50 日移动平均线（MA50）。

- 在代码第③行中，使用dropna函数移除包含 "NaN值" 的行，其中通过 "subset=['MA50']" 指定了要检查 "NaN值" 的列为 "MA50"。这一步是为了确保计算移动平均线后的DataFrame中不包含任何 "NaN值"，以便后续的策略计算和分析。

2. 定义海龟交易策略规则

海龟交易策略有些复杂，我们定义一个函数turtle_trading_strategy，该函数实现了以下内容：

- 根据移动平均线确定买卖信号；
- 计算持仓量和资金曲线；
- 计算每日盈亏和总盈亏。

turtle_trading_strategy 函数的实现代码如下。

```
# 定义海龟策略函数
def turtle_trading_strategy(df):
    # 从策略参数
    initial_capital = 1000000   # 初始资金
    unit_size = 100   # 每次交易量
    # 确定买入和卖出信号
    df['Buy_Signal'] = df['Close'].gt(df['MA20']) & df['Close'].shift(1).      ①
lt(df['MA20'].shift(1))
    df['Sell_Signal'] = df['Close'].lt(df['MA20']) & df['Close'].shift(1).
gt(df['MA20'].shift(1))

    # 计算持仓量和资金曲线
    df['Position'] = 0                                                         ②
    df.loc[df['Buy_Signal'], 'Position'] = unit_size                          ③
    df.loc[df['Sell_Signal'], 'Position'] = -unit_size                        ④
    df['Total_Value'] = df['Position'] * df['Close'].shift(-1)                 ⑤

    # 计算每日盈亏和总盈亏                                                       ⑥
    df['Daily_Return'] - df['Total_Value'].pct_change()                        ⑦
    # 清除 NaN 和 inf 值
    df['Daily_Return'].replace([np.inf, -np.inf], np.nan, inplace=True)        ⑧
    df['Daily_Return'].fillna(0, inplace=True)                                 ⑨

    df['Cumulative_Return'] = (df['Daily_Return'] + 1).cumprod()               ⑩

    # 计算总收益和平均收益
    cumulative_returns = df['Cumulative_Return'].iloc[-1] * initial_capital
- initial_capital                                                             ⑪
    total_trades = df[df['Position'] != 0].shape[0]                            ⑫
    average_return = cumulative_returns / total_trades                         ⑬
```

```
return cumulative_returns, average_return                    ⑭
```

上述代码解释如下。

- 代码第①行：通过比较收盘价（Close）和 20 日移动平均线（MA20）确定买入和卖出信号。如果收盘价大于MA20，并且前一个交易日的收盘价小于前一个交易日的MA20，将产生买入信号（Buy_Signal）。如果收盘价小于MA20，并且前一个交易日的收盘价大于前一个交易日的MA20，将产生卖出信号（Sell_Signal）。

- 代码第②行：创建了一个新的名为 "Position" 的列，并将所有行的值初始化为 "0"，表示初始时没有持仓。

- 代码第③和④行：根据买入和卖出信号，设置相应的持仓量。如果有买入信号，则将对应的 "Position" 列设置为正数（unit_size），表示买入 100 股。如果有卖出信号，则将对应的 "Position" 列设置为负数（-unit_size），表示卖出 100 股。

- 代码第⑤行：通过计算 "Position" 列和收盘价的乘积，得到每个交易日的持仓价值，并将其保存在新的 "Total_Value" 列中。注意，这里使用 "shift(-1)" 表示将下一交易日的收盘价作为交易价格，这是为了模拟实际交易中的价格。

- 代码第⑥到⑩行：这部分计算了每日盈亏和累积收益。首先，在代码第⑦行中，通过计算每日持仓价值的百分比变化，得到每日盈亏（Daily_Return）。接着，在代码第⑧行中，将其中的无穷大（inf）和无穷小（-inf）替换为 "NaN"，并在代码第⑨行中将 "NaN值" 填充为 "0"。代码第⑩行计算了累积收益（Cumulative_Return），即每日盈亏的累积乘积。

- 代码第⑪到⑬行：通过计算累积收益（Cumulative_Return）的最后一个值（iloc[-1]），得到总收益（cumulative_returns）。同时，在代码第⑫行中，计算了总交易次数（total_trades），即持仓量不为 "0" 的次数，表示实际的买卖交易次数。最后，通过代码第⑬行计算平均收益（average_return），即总收益除以总交易次数。

- 代码第⑭行：将计算得到的总收益。

3. 调用 turtle_trading_strategy 函数

turtle_trading_strategy 函数编写完成就可以调用了。调用代码如下。

```
# 调用 turtle_trading_strategy 函数
total_profit, average_return = turtle_trading_strategy(df)

print(f" 总交易次数：{df[df['Position'] != 0]['Position'].count()}")
print(f" 总盈利：{total_profit:.2f}元 ")
print(f" 平均收益：{average_return:.2f}元 / 交易 ")
```

到此为止，代码编写完成了。李先生运行程序，输出结果如下。

```
总交易次数：11
总盈利：-1000000.00元
```

平均收益：-90909.09 元 / 交易

10.3.3 可视化分析

为了便于分析，我们可以绘制 K 线 + 移动平均线图，并将它们绘制在同一个图表中，另外还可以绘制交易信号图。

1. 绘制 K 线 + 移动平均线图

绘制 K 线 + 移动平均线图的代码如下。

```python
import numpy as np
import pandas as pd
import mplfinance as mpf
import matplotlib.pyplot as plt

# 绘制 K 线图和移动平均线图
plt.rcParams['font.family'] = ['SimHei']      # 设置中文字体
plt.rcParams['axes.unicode_minus'] = False    # 设置负号显示

# 添加移动平均线参数
ap0 = [
    mpf.make_addplot(df['MA20'], color="b", width=1.5),
    mpf.make_addplot(df['MA50'], color="y", width=1.5),
]

market_colors = mpf.make_marketcolors(up='red', down='green')
my_style = mpf.make_mpf_style(marketcolors=market_colors)

# 绘制 K 线图
mpf.plot(df, type='candle',
        figratio=(10, 4),
        mav=(ma_short_window, ma_long_window),
        show_nontrading=True,
        addplot=ap0,
        style=my_style)

mpf.show()
```

上述代码与 8.3.3 小节类似，这里不再解释。

使用 Jupyter Notebook 工具运行上述代码，输出结果如图 10-7 所示。

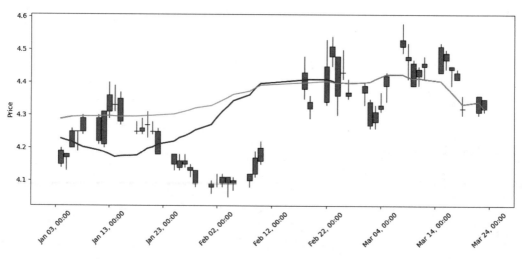

图 10-7　K线图 + 移动平均线图

K线图我们多次介绍过了，这里不再赘述。

2. 绘制交易信号图表

绘制交易信号图表的具体代码如下。

```python
import matplotlib.pyplot as plt
plt.rcParams['font.family'] = ['SimHei']  # 设置中文字体
plt.rcParams['axes.unicode_minus'] = False   # 设置负号显示
# 设置图表大小
plt.figure(figsize=(10, 6))

# 绘制交易信号图
plt.plot(df['Close'], label='收盘价')
plt.plot(df.loc[df['Buy_Signal'], 'Close'], 'o', markersize=8,
color='green', label='买入信号')
plt.plot(df.loc[df['Sell_Signal'], 'Close'], 'o', markersize=8,
color='red', label='卖出信号')
plt.title('交易信号')
plt.xlabel('日期')
plt.ylabel('价格')
plt.legend()

# 调整 x 轴标签倾斜
plt.xticks(rotation=45)

plt.grid(True)
plt.show()
```

使用 Jupyter Notebook 工具运行上述代码，输出结果如图 10-8 所示。

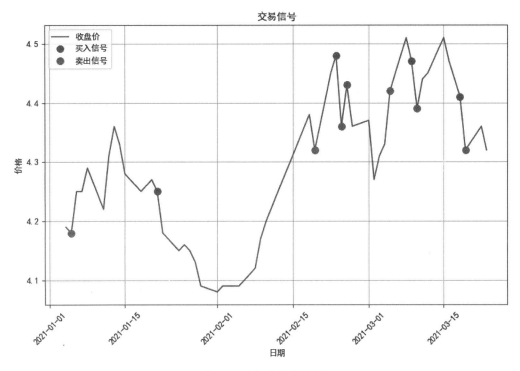

图 10-8　交易信号图表

10.3.4　使用ChatGPT辅助结果化分析

对于海龟交易策略的实施结果，应该请专业的交易分析师来分析。事实上我们也可以咨询ChatGPT 完成结果的分析。

⋊ **我们向 ChatGPT 提问：**

海龟责交易策略，实施结果如下，你帮我分析一下。

总交易次数: 11

总盈利: -1000000.00 元

平均收益: -90909.09 元/交易

---

⑤ **ChatGPT 的回答如下。**

根据您提供的实施结果，我们可以对海龟交易策略进行分析：

1. 总交易次数: 11

这表示在回测期间内，根据海龟交易策略，进行了 11 次交易（包括买入和卖出）。交易次数可以作为评估策略活跃度的指标。

2. 总盈利: -1000000.00 元

总盈利为负数，说明在回测期间内，海龟交易策略产生了亏损。具体的数值为-1000000.00元，表示亏损了 100 万人民币。

3. 平均收益: -90909.09 元/交易

平均收益为负数，表示每次交易的平均收益为亏损。具体的数值为-90909.09 元/交易，表示每次交易平均亏损了 9.09 万人民币。

综合分析以上结果，海龟交易策略在该回测期间内表现不佳，产生了总体亏损。每次交易的平均亏损较大，表明策略在选取买入和卖出时并未获得良好的结果。建议进一步分析策略的具体细节，可能需要优化策略的买入和卖出条件、止损和止盈策略，或者考虑其他因素来改进策略的表现。另外，需要注意的是，单一回测结果并不能完全代表策略的长期表现，因此建议结合更多的回测结果和风险评估来综合评估策略的可行性和稳定性。

10.4 本章总结

本章介绍了海龟交易策略和如何使用 ChatGPT 来执行它。我们首先了解了策略的基本概念，然后详细介绍了策略的实施步骤。在案例中，以中石油股票为例，演示了如何用 ChatGPT 的帮助来执行策略。

通过这章的学习，我们了解了策略的原理和 ChatGPT 如何辅助实施和评估，有助于投资者更好地执行和改进策略。

AI时代

Python 量化交易实战

ChatGPT 让量化交易插上翅膀

第 11 章

高频交易策略

在本章中，我们将探讨高频交易策略。高频交易是一种以快速执行和自动化为基础的交易策略，旨在利用大量的交易机会和微小的价格差异获得利润。这种策略利用高速交易系统和算法捕捉瞬间的市场波动，以迅速进行交易并获得利润。

11.1 高频交易策略概述

高频交易通常依赖计算机算法和高速交易系统，可以在毫秒或甚至微秒级别上执行交易。这种策略对技术基础设施和数据处理速度的要求极高。

高频交易策略的主要优势在于能够捕捉短期市场波动，利用价格波动中的微小差异进行交易，并在瞬间获得利润。然而，高频交易也面临着一些挑战，如技术风险、市场风险和监管风险。

11.2 高频交易策略中的主要概念

在高频交易策略中，有一些主要的概念和术语，下面是简要介绍。

（1）低延迟（Low Latency）：低延迟是指交易系统从接收市场数据到执行交易指令所需的时间尽可能短。高频交易非常依赖低延迟技术，因为即使微小的延迟差异也可能导致错失交易机会。

（2）交易算法（Trading Algorithm）：交易算法是高频交易策略的核心，它是一组规则和指令，用于决定何时及如何进行交易。交易算法通常基于统计模型、市场数据和技术指标，以实现最佳的交易执行效果。

（3）流动性（Liquidity）：流动性指的是市场中可供交易的资产数量。高流动性意味着资产易于买卖，交易成本较低，且交易执行更快速有效。高频交易策略通常利用流动性提供市场制造者的角色，增加市场的交易活动和深度。

（4）套利（Arbitrage）：套利是利用不同市场或同一市场上的价格差异进行交易，以获取无风险或低风险利润的策略。高频交易策略常使用套利策略，通过快速捕捉价格差异并进行交易，从中获得利润。

（5）市场制造者（Market Maker）：市场制造者是在市场上提供买卖报价，增加市场流动性的交易者。高频交易策略可以扮演市场制造者的角色，通过快速调整买卖报价吸引交易对手，并从报价差异中获利。

（6）高频交易系统（High-Frequency Trading System）：高频交易系统是用于执行高频交易策略的自动化交易系统。它通常由快速的计算机硬件、高速数据传输和执行交易的软件算法组成。高频交易系统的目标是以尽可能快的速度识别、执行和管理交易。

（7）风险管理（Risk Management）：风险管理在高频交易策略中至关重要。它涉及识别、评估和控制交易风险，以确保策略的稳定性和可持续性。风险管理包括资金管理、市场风险控制、技术风险管理和合规性风险管理等方面。

这些概念是高频交易策略中的一些核心要素，理解它们对于深入了解高频交易的原理和运作方式至关重要。请注意，高频交易是一个复杂的领域，涉及许多技术和市场知识。

11.2.1 实施高频交易策略

在实施高频交易策略时，有几个关键步骤需要考虑。以下是实施高频交易策略的一般流程。

（1）策略开发：首先，需要开发或选择适合高频交易的策略。这可能涉及技术指标的选择、交易信号的定义、交易规则的建立等。可以使用量化分析方法、统计模型、机器学习算法等开发策略。

（2）数据获取：获取市场数据对于高频交易至关重要。可以通过数据供应商、交易所提供的数据接口或第三方API获取实时市场数据，包括行情数据、盘口数据等。

（3）数据预处理：在进行高频交易之前，通常需要对获取的市场数据进行预处理和清洗。这可能包括数据的去噪、过滤、对齐等处理步骤，以确保数据的准确性和一致性。

（4）策略执行：使用编程语言（如Python、C++等）编写交易策略的执行代码。这些代码根据具体的策略逻辑进行交易信号的生成和执行，包括下单、撤单、订单状态的监控等操作。

（5）风险管理：高频交易策略需要采取严格的风险管理措施。交易者需要定义止损、止盈规则，设置资金管理策略，限制单笔交易量和总交易量等，以控制风险并保护资金。

（6）测试与优化：在实际应用策略之前，进行回测和模拟交易是必要的。通过历史数据的回测和模拟交易，评估策略的表现，并进行优化和调整，以改进策略的稳定性和盈利能力。

（7）实时交易：在完成测试和优化后，交易者可以将策略部署到实时交易环境中。这可能涉及连接交易所的API，设置交易账户和权限，确保策略能够正确执行交易指令。

（8）监控与维护：一旦策略开始实施，需要进行实时的监控和维护。交易者可以设置报警机制，监控交易系统的运行状况、策略的表现和交易执行情况，及时发现并解决潜在问题。

需要注意的是，实施高频交易策略需要对市场的快速变动做出快速响应，并且需要确保交易系统的稳定性和可靠性。因此，在实施过程中，建议仔细考虑系统架构、技术性能和风险管理等因素，并进行充分的测试和验证，以确保策略能够在实时环境中有效运行。

11.2.2 高频交易策略中常见的算法策略

高频交易策略是一个宽泛的策略领域，涵盖多种不同的算法和策略。这些策略旨在通过快速执行交易、利用市场微小的价格波动或短期趋势获取利润。

高频交易策略通常包括以下几个方面。

（1）套利策略（Arbitrage Strategies）：利用不同市场、交易所或工具之间的价格差异进行套利交易。常见的套利策略包括时间套利、空间套利和跨市场套利等。

（2）市场制造策略（Market Making Strategies）：通过同时报出买入和卖出价格，在市场中提供流动性并从买卖价差中获利。市场制造者经常进行快速的交易和订单管理，以确保市场的流动性和深度。

（3）统计套利策略（Statistical Arbitrage Strategies）：利用统计模型和算法寻找价格之间的统计偏差或相关性，从而进行交易以获得利润。统计套利策略通常涉及多个相关标的资产的交易。

（4）趋势跟踪策略（Trend Following Strategies）：根据市场的短期或中长期趋势方向进行交易。这些策略通常利用技术指标和趋势分析工具识别和跟踪市场趋势。

（5）事件驱动策略（Event-Driven Strategies）：基于特定事件或公告的信息进行交易。这些事件可能包括公司财报公布、重大政策变化、收购兼并等。采取事件驱动策略需要具备快速获取和解读信息的能力。

11.2.3 高频交易策略技术、设施层面问题

在高频交易策略的技术和设施层面，有以下几个关键问题需要考虑。

（1）低延迟技术：高频交易依赖快速的交易执行和信息传递。因此，投资者需要使用低延迟的技术基础设施，包括高速计算机、快速网络连接和优化的交易软件。这些技术可以帮助减少交易的执行延迟，并提高交易效率。

（2）交易执行平台：选择适合高频交易的交易执行平台非常重要。投资者可以选择使用专门的交易平台或直接连接到交易所的接口。这些平台通常提供快速的交易执行、实时市场数据和高级的订单管理功能。

（3）数据订阅和处理：高频交易依赖准确和实时的市场数据。投资者需要订阅并获取与交易策略相关的市场数据，例如报价、交易量和深度数据。同时，他们还需要具备处理大量数据的能力，包括数据的解析、分析和策略计算。

（4）风险管理系统：高频交易涉及快速的交易和大量的交易操作，因此风险管理是至关重要的。投资者需要建立有效的风险管理系统，包括监控交易风险、控制杠杆和仓位、设置止损和止盈等。这可以帮助投资者降低风险并保护资金。

（5）合规性和监管要求：高频交易领域受到严格的合规性和监管要求。投资者需要遵守相关的法律法规，包括交易所规则、市场监管要求和反洗钱等规定。同时，他们还需要保持与监管机构的合作和沟通，确保交易策略的合法性和合规性。

综上所述，高频交易策略在技术和设施层面需要关注低延迟技术、交易执行平台、数据订阅和处理、风险管理系统及合规性和监管要求。这些方面的考虑可以帮助投资者建立高效、稳定和合规的高频交易系统。

11.3 使用ChatGPT辅助实施高频交易策略过程

交易者可以使用ChatGPT辅助实施高频交易策略的各个过程，具体如下。

（1）制定策略。交易者可以向ChatGPT描述想实施的高频交易策略类型和目标，ChatGPT会给出相关的策略指南和建议，然后由交易者修改和定制策略。

（2）选择交易平台和技术手段。ChatGPT可以提供不同的交易平台和硬件选项的优缺点分析，帮助交易者选择最适合的技术手段。

（3）撰写交易算法。ChatGPT可以辅助交易者描述和解释算法流程，帮助找到可能的算法突破瓶颈。由交易者来实际设计和编码算法。

（4）识别策略风险点。在和ChatGPT交互解释策略过程中，它可能识别出交易者忽略的风险点，提醒交易者加强相关控制措施。

（5）执行和监控策略。ChatGPT可以为交易者提供实时监控和调整策略时相关的建议，比如当看到关键指标异常时提示交易者进行对应调整。

（6）优化和改进策略。在分析策略执行结果后，ChatGPT可以为交易者调整策略的各个方面提供专业的建议，提高策略执行效果和盈利能力。

通过人机协作的方式，由交易者负责策略决策和编码工作，ChatGPT作为一个智能助手，提供思维扩展和监督功能，有助于交易者更好地实施高频交易策略。当然，ChatGPT还有其自身的局限性，它不会替交易者做具体的交易决策，还需要交易者来把关做出最终决策。

总的来说，ChatGPT可以为交易者提供辅助思考、建议和盲点检查等功能，协助交易者更顺畅地实施高频交易策略。交易者仍需要主导整个过程，核对ChatGPT的分析结果以避免错误。

案例1：使用ChatGPT辅助实施高频交易策略

下面通过一个具体案例介绍一下如何使用ChatGPT辅助实施高频交易策略进行股票投资。

案例背景

Tom 是一位热衷于股票投资的个人投资者。他一直在寻找更有效的方式进行股票交易，以获取更好的回报。由于他对高频交易策略感兴趣，他决定尝试利用高频交易进行股票投资。然而，由于高频交易需要快速地决策和执行，他意识到单纯依靠自己的判断和经验可能难以达到理想的效果。

因此，Tom 决定寻求人工智能的帮助，特别是 ChatGPT，辅助他制定高频交易策略。他计划使用 ChatGPT 预测股票价格的波动和发现交易机会，以便更准确地进行交易决策。

1. 制定策略

> ⋊ **Tom 向 ChatGPT 发送请求消息：**
>
> 我对高频交易策略很感兴趣，希望能够利用它在股票市场中获取更好的回报。我想请你给我一些建议，帮助我制定一个适合我的高频交易策略。

> ⑤ **ChatGPT 的回答如下。**
>
> 请告诉我一些关于你的目标和偏好的细节，以便我能够给出更具体的建议。

> ⚗ **Tom 向 ChatGPT 发送请求消息：**
>
> 我的目标是在股票市场中实现高频交易，利用市场价格的瞬时波动来获取利润。我希望能够利用这些波动快速买入和卖出股票，并且希望能够尽量减少风险。我对技术分析和市场趋势很感兴趣，希望能够基于这些因素做出交易决策。

⑤ ChatGPT 的回答如下。

基于你的目标和偏好，我建议你考虑以下几个方面：

1. 技术指标的使用：考虑利用技术指标来分析股票价格的走势和波动。常见的技术指标包括移动平均线、相对强弱指标（RSI）和布林带等。这些指标可以帮助你识别价格的趋势和过度买卖的情况，从而做出更准确的交易决策。

2. 交易频率和持仓时间：高频交易通常涉及频繁的买卖操作，因此你需要确定你的交易频率和持仓时间。这需要考虑你的资金规模、交易成本和市场流动性等因素。同时，你还需要注意风险管理，确保你的交易策略不会过度暴露于市场波动。

3. 市场数据的获取和处理：为了实施高频交易策略，你需要快速获取并处理大量的市场数据。考虑使用合适的数据源和工具，例如股票行情 API、数据订阅服务和实时数据处理系统等，以确保你能够及时获取准确的市场数据并进行相应的决策。

4. 根据上述建议，你可以开始构建一个基于技术指标的高频交易策略，并在模拟交易环境中进行测试和优化。记得及时进行风险评估和策略调整，以适应不同的市场情况和波动。

以上是一些建议供你参考。你可以根据自己的需求和情况对策略进行修改和定制。如果你有任何具体的问题或需要更深入的讨论，请随时告诉我。

通过以上对话，Tom 可以获取一些建议和指导，以帮助他制定适合自己的高频交易策略。他可以根据自己的需求和情况对策略进行修改和定制，以确保其适应股票市场的实际情况。

2. 选择交易平台和技术手段

当使用 ChatGPT 辅助选择交易平台和技术手段时，ChatGPT 可以提供不同交易平台和硬件选项的优缺点分析，帮助 Tom 做出最合适的选择。

> ⚗ **Tom 向 ChatGPT 发送请求消息：**
>
> 我想选择一个适合我的交易平台和技术手段，但我对不同选项的优缺点不太了解。你能给我一些建议吗？

⑤ ChatGPT 的回答如下。

我可以为你提供不同交易平台和技术手段的优缺点分析，以帮助你做出决策。请告诉我你对交易平台和技术手段有哪些要求和偏好？

ℛ Tom 向 ChatGPT 发送请求消息：

我希望选择一个可靠且易于使用的交易平台，它应该提供实时市场数据和交易执行功能。对于技术手段，我想使用高性能的硬件设备，以确保快速的数据处理和执行交易操作。

---

⑨ ChatGPT 的回答如下。

基于你的要求，以下是一些常见交易平台和技术手段的优缺点分析：

交易平台：

1. 专业交易平台（如 Bloomberg Terminal ）

- 优点：提供广泛的市场数据、研究工具和交易执行功能；可靠性高。
- 缺点：价格较高；对于初学者可能有陡峭的学习曲线。

2. 在线券商平台（如 Interactive Brokers ）

- 优点：低费用；提供实时市场数据和交易执行功能；易于使用。
- 缺点：功能可能较基础；对于高级交易策略的支持可能有限。

技术手段：

1. 高性能计算机（如专业级交易服务器 ）

- 优点：快速的数据处理和执行交易操作；可靠性高。
- 缺点：价格较高；需要专业知识来设置和维护。

2. 云计算平台（如 AWS、Azure ）

- 优点：灵活性高；可根据需要调整计算资源；可靠性高。
- 缺点：费用可能较高；需要一定的技术知识来配置和管理。

请注意，以上仅是一些常见选项的优缺点分析，你还可以根据自己的具体需求和预算进行进一步的研究和比较。建议你在选择之前考虑交易平台的可靠性、功能性、费用及技术手段的性能、可扩展性和成本等因素。

3. 撰写交易算法

当使用 ChatGPT 进行算法设计和编码时，ChatGPT 可以辅助 Tom 描述和解释算法流程，并帮助 Tom 找到可能的算法突破瓶颈。

ℛ Tom 向 ChatGPT 发送请求消息：

我正在设计一个高频交易算法，但我在实现过程中遇到了一些瓶颈。你能帮助我吗？

---

⑨ ChatGPT 的回答如下。

我很乐意帮助你解决算法设计和编码中的问题。请告诉我你目前遇到的瓶颈是什么？

> **Tom 向 ChatGPT 发送请求消息:**
>
> 我的算法需要实时处理大量的市场数据,并根据特定的策略进行交易决策。我发现在处理大量数据时,算法的执行速度较慢,导致无法及时响应市场变化。我想优化算法以提高执行速度。

ChatGPT 的回答如下。

针对你的问题,我有几点建议可以帮助你优化算法的执行速度:

1. 数据处理优化: 检查你的数据处理部分是否存在不必要的重复计算或冗余操作。尽量使用高效的数据结构和算法减少计算时间。

2. 并行计算: 考虑将算法的某些部分进行并行化处理,以利用多核处理器或分布式计算资源。这可以显著提高算法的执行效率。

3. 硬件加速: 考虑使用专门的硬件加速器(如 GPU)加速某些计算密集型任务。这些硬件可以提供高性能的并行计算能力。

4. 内存管理: 合理利用内存,避免频繁的内存读写操作。使用适当的数据缓存策略和内存管理技术可以减少访问延迟并提高执行速度。

另外,请注意算法的复杂度和时间复杂度。如果算法的复杂度较高,可能需要重新考虑算法的设计或引入更高效的算法来替代。

11.4 案例2: 基于价差的高频交易策略实施过程

价差策略通常被视为高频交易中的一种套利策略。高频交易是指通过利用非常快速的交易执行和数据处理能力,在极短的时间内进行大量交易的策略。而价差策略作为其中一种常见形式,利用不同市场或相关资产之间的价格差异进行套利交易。

高频交易的关键在于迅速捕捉市场价格的微小波动,并在瞬间进行交易以获得利润。价差策略在高频交易中发挥作用,通过同时买入低价资产和卖出高价资产的方式,利用价格差异获取利润。这种策略需要快速的交易执行和高速数据处理能力,因此常常依赖高性能的计算机算法和专门的交易系统。

需要注意的是,高频交易和价差策略在不同市场和资产类别中都可以应用,包括股票、期货、外汇等。这些策略的实施需要技术和设施的支持,包括快速的数据获取、低延迟的交易执行及强大的风控和监控系统。

以下是基于价差的高频交易策略的示例代码,用于展示其实施过程。

```python
import random
import time
import logging
```

```
import sys

# 配置日志记录
logging.basicConfig(filename='trading.log', level=logging.INFO,
                    format='%(asctime)s - %(levelname)s - %(message)s')    ①

# 创建控制台输出处理器
console_handler = logging.StreamHandler(sys.stdout)        ②
console_handler.setLevel(logging.INFO)
console_formatter = logging.Formatter('%(asctime)s - %(levelname)s -
%(message)s')
console_handler.setFormatter(console_formatter)

# 将控制台输出处理器添加到日志记录器
logger = logging.getLogger()
logger.addHandler(console_handler)

def get_price(symbol):
    # 模拟获取标的的最新报价
    return random.uniform(100, 200)        ③

def trade(threshold):                       ④
    while True:
        # 获取标的 1 和标的 2 的最新价格
        price1 = get_price("AAPL")
        price2 = get_price("GOOGL")

        # 计算价差
        spread = price1 - price2

        # 判断价差是否超过阈值
        if abs(spread) > threshold:
            # 根据价差变化方向下单
            if spread > 0:
                buy("AAPL", price1)          ⑤
                sell("GOOGL", price2)
            clsc:
                sell("AAPL", price1)         ⑥
                buy("GOOGL", price2)

        # 控制交易频率
```

```
        time.sleep(1)                                    ⑦

def buy(symbol, price):                                  ⑧
    # 下买单逻辑 ...
    logging.info("买入 %s - 价格：%.2f", symbol, price)

def sell(symbol, price):                                 ⑨
    # 下卖单逻辑 ...
    logging.info("卖出 %s - 价格：%.2f", symbol, price)

# 示例使用
threshold = 5   # 设置价差变化阈值                           ⑩
trade(threshold)                                         ⑪
```

上述程序在运行过程中会在当前执行文件的目录下面生成日志文件"trading.log"。打开文件，内容如图 11-1 所示。

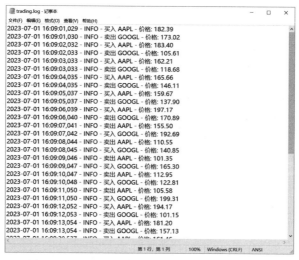

图 11-1　输出日志文件内容

上述代码解释如下。

- 代码第①行：配置了日志记录系统。它设置日志的输出文件名为"trading.log"，将日志级别设置为INFO，还指定了日志消息的格式。

- 代码第②行：创建了一个控制台输出处理器，将日志输出定向到标准输出（控制台）。它将控制台作为日志的另一个输出目标。

- 代码第③行：使用random.uniform()函数生成一个介于100和200之间的随机浮点数，并将其作为最新报价返回。这个函数模拟获取给定标的物的最新报价。

- 代码第④行 def trade(threshold)：定义了一个名为"trade"的函数，它接受一个参数threshold（阈值）。这个函数表示主要的交易逻辑，用于模拟实时交易。

- 代码第⑤行 buy("AAPL", price1)：调用了 buy(symbol, price) 函数，买入标的物为 "AAPL"，价格为 price1。它根据价差变化方向下买单。
- 代码第⑥行 sell("AAPL", price1)：调用了 sell(symbol, price) 函数，卖出标的物为 "AAPL"，价格为 price1。它根据价差变化方向下卖单。
- 代码第⑦行 time.sleep(1)：线程休眠 1 秒，控制交易的频率。
- 代码第⑧行 def buy(symbol, price)：定义了一个名为 "buy" 的函数，它接受两个参数 symbol（标的物）和 price（价格）。这个函数表示下买单的逻辑。
- 代码第⑨行 def sell(symbol, price)：定义了一个名为 "sell" 的函数，它接受两个参数 symbol（标的物）和 price（价格）。这个函数表示下卖单的逻辑。
- 代码第⑩行 threshold = 5：将变量 threshold 的值设置为 "5"，表示价差变化的阈值，读者可以根据自己的需要实时调整这个阈值。
- 代码第⑪行 trade(threshold)：调用了 trade(threshold) 函数，开始交易模拟。它传递了之前设置的阈值，将其作为参数。

注意

这是一个简单的交易策略的模拟程序，读者要根据实际情况修改，其中代码第③行 "random.uniform(100, 200)" 是模拟报价，读者需要调用交易平台 API 获取实际的报价。

另外，在下单买入和卖出时也需要调用 API 实现完成自动交易。

提示

运行上述程序代码时，我们推荐采用 Python 脚本文件运行方式，在命令行终端中输入 "python python HighFrequencyTrading.py"，如图 11-2 所示。"HighFrequencyTrading.py" 是笔者编写的脚本文件。

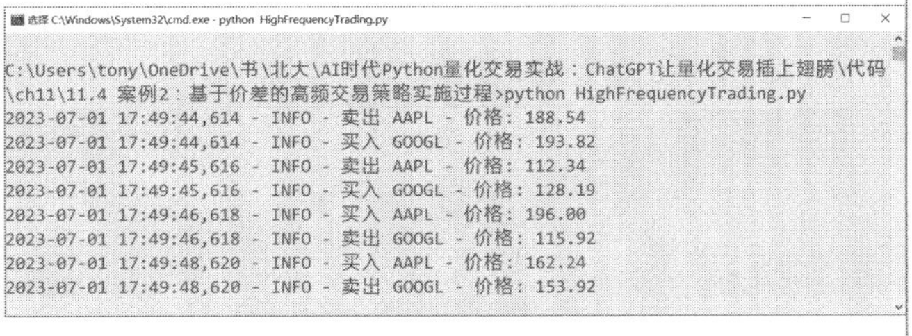

图 11-2　运行 "HighFrequencyTrading.py" 脚本文件

11.5　案例3：打造自己的高频交易系统

高频交易系统（High-Frequency Trading System）是一种利用快速计算机算法和高速网络连接执行交易的系统。它的目标是利用微小的市场价格变动和瞬间的交易机会获得利润。高频交易系统通常以毫秒或微秒级的速度进行交易，具有高度自动化和高度优化的特点。

高频交易系统通常包括以下关键组件和功能。

（1）行情获取：通过连接到交易所、数据提供商或其他行情来源，获取实时的市场行情数据。这些数据包括标的资产的价格、交易量等信息。

（2）数据分析：对获取的行情数据进行实时分析和处理。这包括使用统计模型、机器学习算法等技术识别潜在的交易机会和模式，以及评估风险。

（3）交易执行：基于分析结果和预设的交易策略，自动生成交易指令并发送给交易所进行执行。交易指令通常以极快的速度发送，以抓住瞬间的交易机会。

（4）风险管理：实施风险控制措施，包括设置最大交易量、最大亏损限制等，以确保系统在不利情况下能够停止交易或采取相应的风险对冲措施。

（5）系统监控和优化：监控系统的运行状态、交易执行情况和性能指标，并进行实时优化和调整。这包括对系统的稳定性、速度和延迟进行监控和改进。

高频交易系统的设计和实现需要考虑许多因素，包括硬件设备的选择和配置、算法和模型的开发、系统的容错和稳定性等。同时，高频交易也受到监管机构的监管和市场规则的限制，因此在开发和运营高频交易系统时需要遵守相关的法律法规和规定。

需要强调的是，高频交易是一项技术密集型的活动，对系统性能和低延迟要求非常高。它也是一个竞争激烈的领域，交易者需要具备专业的知识和经验。在进入高频交易领域之前，建议交易者充分了解相关的市场知识、技术要求和风险控制措施，并在适当的环境中进行实验和验证。

下面是简单的 Python 代码示例，展示如何搭建一个基本的高频交易系统框架。

```
import time

symbols = []                                            ①

def add_symbol(symbol):                                 ②
    symbols.append(symbol)

def remove_symbol(symbol):                              ③
    if symbol in symbols:
        symbols.remove(symbol)

def start_trading():                                    ④
    while True:
        for symbol in symbols:
            execute_trading_strategy(symbol)            ⑤
        time.sleep(1)

def execute_trading_strategy(symbol):                   ⑥
    # 在这里实现你的交易策略逻辑
    # 包括行情获取、数据分析、下单等步骤
    # 可以使用相关的库或 API 进行行情获取和交易操作
```

```
        # 示例：打印交易信号
        print(f"执行交易策略：{symbol}")                    ⑦


# 示例使用
add_symbol("AAPL")                                          ⑧
add_symbol("GOOGL")
add_symbol("MSFT")


start_trading()                                             ⑨
```

通过脚本方式运行上述程序代码，结果如图 11-3 所示。

图 11-3　运行 "HighFrequencyTradingSystem.py" 脚本文件

上述代码解释如下。

- 代码第①行 symbols = []：这行代码定义了一个空的交易标的列表，用于存储要交易的标的。
- 代码第②行 def add_symbol(symbol):：这是一个函数定义，用于将交易标的添加到列表中。它接受一个参数 symbol，代表要添加的标的名称。在函数内部，使用 "symbols.append(symbol)" 将标的添加到列表中。
- 代码第③行 def remove_symbol(symbol):这个函数用于从交易标的列表中移除指定的标的。它接受一个参数 symbol，代表要移除的标的名称。在函数内部，使用条件判断 "if symbol in symbols:" 检查要移除的标的是否在列表中，如果存在，则使用 "symbols.remove(symbol)" 将其从列表中移除。
- 代码第④行 def start_trading():这个函数是启动高频交易的入口点。它使用一个无限循环 "while True:"，每次循环遍历交易标的列表，并调用 execute_trading_strategy(symbol) 函数执行交易策略。在每次循环之间，使用 "time.sleep(1)" 控制交易频率，使系统每隔一秒钟执行一次交易。
- 代码第⑤行 def execute_trading_strategy(symbol):这个函数用于执行交易策略的具体逻辑。它接受一个参数 symbol，代表当前要执行策略的标的。在这个函数中，我们可以实现自己的交易策略逻辑，包括行情获取、数据分析、下单等步骤。这里只是一个示例，打印了一个简单的交易信号。

- 代码第⑥行代码 def execute_trading_strategy(symbol)：这是一个函数定义，名为 execute_trading_strategy，它接受一个参数 symbol，代表当前要执行策略的标的。在这个函数内部，我们可以实现自己的交易策略逻辑，包括行情获取、数据分析、下单等步骤。这个函数的目的是执行我们自己定义的交易策略，并根据标的执行相应的操作。

- 代码第⑦行用于打印交易信号。在实际的交易策略中，我们可以根据需要进行行情分析、模型计算、决策生成等操作，并根据策略结果执行实际的交易操作。这里的打印语句只是为了演示，用于展示每次执行交易策略时的标的名称。我们可以根据自己的实际需求修改这行代码，将它替换为自己的交易逻辑。

- 代码第⑧行 add_symbol("AAPL")：将三个交易标的（AAPL、GOOGL、MSFT）添加到交易标的列表中。

- 代码第⑨行 start_trading()：这行代码调用 start_trading 函数，启动高频交易系统。程序会进入一个无限循环，不断执行交易策略，并控制交易频率。

注意

这只是一个简单的框架示例，我们需要根据具体的需求和交易策略进行修改和定制。在实际的高频交易系统中，我们还需要考虑行情数据的获取、数据分析和模型应用、交易执行、风控管理等方面的细节，并选择合适的第三方库或交易平台进行接口对接。

同时，高频交易涉及风险较高，对于初学者来说，建议在模拟账户或小额资金上进行实验和验证，确保自己对策略和系统的稳定性和可行性有一定的了解和把握。同时，建议充分了解相关的法律法规，遵守交易所和监管机构的规定，保持风险控制意识。

11.6 本章总结

本章介绍了高频交易策略的基本概念和实施步骤，以及如何使用 ChatGPT 辅助执行这些策略。案例示范了具体策略制定、技术选型和算法编写。通过学习本章，读者可以了解高频交易的原理、实施方法，并如何借助 ChatGPT 进行决策支持。

AI
时代

Python 量化交易实战

ChatGPT 让量化交易插上翅膀

第12章

套利策略

套利策略是利用市场上的价格差异、利率差异、资产间关联性或其他套利机会进行交易，以从中获取利润的策略。套利交易的核心思想是买入低估的资产并卖出高估的资产，以获得价格回归或差价收敛的利润。

套利策略可以在不同的市场中应用，包括金融市场、商品市场和期货市场等。这些策略通常需要快速决策和执行，因为价格差异往往是短暂的，随着市场参与者的行动而迅速消失。

以下是几种常见的套利策略。

（1）市场套利：通过在不同市场或不同交易所之间买卖资产，利用价格差异获取利润。

（2）期货套利：利用现货市场和期货市场之间的价格差异进行交易。这包括正向套利（买入现货卖出期货）和反向套利（卖出现货买入期货）。

（3）无风险套利：利用金融工具之间的价格差异获取无风险利润。例如，利用利率差异进行利率套利或利用货币汇率差异进行套汇交易。

（4）统计套利：利用资产价格之间的统计关系或关联性进行交易。例如，对冲基金可以利用股票之间的协整关系进行配对交易，即同时买入一个股票并卖空另一个股票，以从中获得差价利润。

（5）跨品种套利：在不同但相关的商品或资产之间进行交易，以利用价格差异获利。例如，利用相关商品的价格差异进行跨市场套利。

需要强调的是，套利交易并非没有风险，因为市场条件可能变化，价格差异可能消失或逆转，导致无法获得预期的利润。因此，在实施套利策略时，风险管理和快速执行非常重要。同时，市场参与者也需要遵守相关的法律法规和交易所规定，以确保交易的合规性和透明性。

12.1 套利策略中的主要概念

在套利策略中，有一些主要的概念和术语，了解它们对于理解套利策略的运作方式很重要。以下是一些常见的主要概念。

（1）价格差异（Price Discrepancy）：不同市场或交易所中同一资产的价格之间的差异。套利策略的基础是利用这些价格差异进行交易。

（2）风险套利（Risk Arbitrage）：利用收购、合并、重组等事件引起的价格差异进行套利交易。例如，在收购交易中，收购价与目标公司股票的市场价格之间可能存在差异，可以通过买入目标公司股票并同时卖空收购者的股票进行套利。

（3）期货价差（Futures Spread）：期货市场中不同交割日期的期货合约价格之间的差异。期货价差套利是通过买入一种期货合约并同时卖出另一种期货合约，利用价格差异进行套利交易。

（4）配对交易（Pairs Trading）：基于两个相关性较高的资产之间的价格差异进行交易。配对交易通常涉及同时买入一个资产并卖空另一个资产，以从价格回归中获取利润。

（5）套利师（Arbitrageur）：执行套利交易的交易员或投资者。套利师通过快速决策和执行，利用价格差异或其他套利机会获取利润。

（6）交易成本（Transaction Costs）：执行套利交易所涉及的费用，包括佣金、交易费用和市场冲击成本等。交易成本是套利交易的重要考虑因素，因为它可能会减少套利交易的利润。

（7）套利限制（Arbitrage Boundaries）：套利交易存在的限制或风险因素。套利限制可能包括市场流动性不足、交易规模限制、法律法规限制及其他市场风险。

这些概念和术语有助于理解套利策略的基本原理和操作。在实施套利策略时，了解这些概念并进行充分的市场研究和风险管理是至关重要的。

实施套利策略

实施套利交易策略涉及以下关键步骤。

（1）识别套利机会：通过市场分析和研究，识别潜在的套利机会。这可能涉及寻找价格差异、利率差异、资产间关联性或其他市场不一致性。

（2）确定交易策略：根据识别的套利机会，制定具体的交易策略。这包括确定买入和卖出的资产、合约或衍生品，以及确定交易的时间和规模。

（3）进行市场调研：在实施套利交易之前，进行充分的市场调研和分析。了解市场参与者、交易所规则、交易成本、流动性和市场风险等因素对于决策和执行至关重要。

（4）风险管理：在实施套利交易时，进行有效的风险管理是至关重要的。这包括设置止损点、控制仓位大小、管理杠杆效应及监控市场波动和风险事件等。

（5）快速执行：套利机会通常是短暂的，需要快速决策和执行。确保在价格差异存在时能够及时进入和退出交易，以实现利润最大化。

（6）跟踪和监控：一旦进入套利交易，跟踪和监控交易的进展非常重要。持续监测市场条件、价格差异的变化及其他因素，根据情况做出必要的调整和决策。

（7）执行交易策略：根据制定的交易策略进行实际的交易操作。这可能涉及买入或卖出资产、合约或衍生品，并确保交易操作符合相关的法律法规和交易所规定。

（8）盈亏计算和结算：定期计算交易的盈亏情况，并进行结算。评估交易的绩效，确定是否需要进行调整或终止交易。

需要注意的是，套利交易存在风险，包括市场风险、执行风险和流动性风险等。在实施套利交易之前，建议进行充分的市场研究和风险评估，并考虑使用适当的工具和技术辅助决策和执行。此外，遵守相关的法律法规和交易所规定，确保交易的合规性和透明性也是至关重要的。

12.2 使用ChatGPT辅助实施套利策略

将ChatGPT作为辅助工具可以帮助交易者实施套利策略。以下是使用ChatGPT辅助实施套利策略的一般步骤。

（1）了解套利策略和市场：对套利策略和相关市场有基本的了解。了解不同类型的套利策略、市场交易规则和常见的套利机会。

（2）提出问题和获取信息：可以向ChatGPT模型提出问题，获取与套利策略相关的信息。可以询问ChatGPT关于特定市场、资产、价格差异、风险管理和执行策略等方面的问题,以获得更多见解和建议。

(3)市场分析和数据研究:利用ChatGPT进行市场分析和数据研究。可以探索市场数据、价格走势、相关资产的历史表现,并利用ChatGPT提供的洞察和建议解读数据和趋势。

(4)制定交易策略:根据ChatGPT提供的信息和建议,制定具体的交易策略。可以跟ChatGPT探讨不同的买入和卖出时机、资产组合、风险管理方法和交易规模等方面的问题。

(5)风险评估和管理:使用ChatGPT进行风险评估和管理。可以询问ChatGPT关于特定交易的风险因素、市场波动性、相关风险事件等方面的问题,并根据ChatGPT提供的建议制定相应的风险管理措施。

(6)交易决策和执行:基于ChatGPT提供的见解和建议,做出交易决策并执行交易。可以咨询ChatGPT关于交易时机、价格差异、资产选择和执行策略等方面的问题,以辅助决策和执行过程。

(7)监控和调整:使用ChatGPT进行交易监控和调整。可以咨询ChatGPT关于交易进展、市场变化、盈亏评估和调整建议等方面的问题,并根据ChatGPT的回答进行相应的调整和决策。

需要注意的是,尽管ChatGPT可以提供有价值的信息和建议,但结果并不是完全准确的。交易决策和执行仍然需要经过个人的判断和专业的分析。ChatGPT仅可作为辅助工具,而不应完全依赖它。同时,保持对市场动态的关注,进行充分的风险管理和合规性操作也是非常重要的。

12.3 案例1:股票A和跨市场套利

下面通过一个具体案例介绍一下如何利用套利策略进行投资获利。

案例背景

该跨市场套利策略案例的背景主要包括以下几个方面。

(1)股票A存在跨市场价格差异,股票A的价格在上海交易所为100元人民币/股,而在香港交易所为120港币/股,存在一定的价格差异。

(2)人民币兑港币汇率与两地货币存在汇率差异,假设1港币兑换0.8元人民币。

(3)换算比例。选择合理的换算比例(换算点),可以进一步扩大价格差异带来的套利空间。

(4)交易费用。存在跨市场交易及兑换的相关费用,需要考虑在套利收益中扣除。

(5)信息延迟。价格在两地存在短暂的异动,需要及时把握价格变化以改善套利策略。

(6)其他因素。还存在交易限额等其他因素限制实施套利策略。

总的来说,该案例背景介绍了价格差异、汇率差异等主要元素,反映了实际执行跨市场套利策略需要面临的一些主要挑战和要素。

该跨市场套利策略案例的实施主要包括以下步骤。

(1)根据价格差异,确定在上海交易所以100元人民币的价格买入股票A。假设买入1000股,这使我们以低价格进入市场。

（2）在香港交易所以 120 港币的价格卖出 1000 股股票 A，获得 12 万港币。利用高价格离开市场，实现价格差异。

（3）将 12 万港币兑换为人民币。按汇率 1 港币 =0.8 元人民币，可兑换为 9.6 万人民币。运用人民币兑港币汇率差异获取更多利润。

（4）销售收入扣除购买成本（10 万人民币），净获利是 4 万人民币。结算最终收益。

该策略的实施需要注意以下几个方面。

- 及时跟踪两地价格变化。
- 调整买入卖出点以最大化差价。
- 计算账户余额及实时扣除相关费用。
- 执行多笔交易以获取最优收益。

总的来说，该案例通过详细阐述策略实施过程，有效演示了跨市场套利的工作机制。

12.4 案例2：利用美元与欧元汇率差异来套利

下面再通过一个具体案例介绍一下如何利用套利策略进行投资获利。

案例背景

汇率套利策略案例的背景包括以下几个方面。

（1）美元与欧元间存在汇率差异。假设在美国，1 美元可以兑换 1.1 欧元；而在英国，1 美元可以兑换 1.15 欧元。这就形成了汇率差价。

（2）汇率变化。汇率可能会随着时间和市场条件变化，从而影响套利策略的实施。

（3）交易成本。进行国际汇款及外汇交易存在相关费用，需要考虑在套利收益中扣除。

（4）汇率预估。需要根据汇率预测决定买入和卖出的时间点，以获取最大收益。

（5）汇率风险。汇率波动可能会影响套利收益，需要关注汇率变化带来的潜在风险。

（6）其他限制。还存在交易限额、授权等其他因素限制实施套利策略。

总的来说，这个案例主要侧重于利用美元和欧元之间的汇率差异套利。它帮助阐述在执行套利策略时需要关注的主要因素，包括汇率差异、交易成本、市场波动等。

汇率套利策略案例的实施主要包括以下步骤。

（1）在美国使用美元买入 1000 欧元，按 1.1 的汇率，需要花费 1100 美元。

（2）将 1000 欧元兑换为英镑，按 1 欧元兑 0.9 英镑计算，可兑换为 900 英镑。

（3）使用 900 英镑兑换欧元，按 1.15 的汇率，可兑换为 1035 欧元。

（4）将 1035 欧元兑换回美元，按 1.1 的汇率，可获得 941 美元。

（5）最终获取 15 美元的收益（1015-1000）。

分析：通过在美国用低汇率购买欧元，然后利用欧洲更高的汇率与美元的差异盈利。这种利用汇率差异套利的策略需要及时把握市场信息并实施交易。

总的来说，适当分解这样的套利案例可以帮助大家理解套利策略的工作原理，并构建类似的策略。

12.5 案例3：同行业相对值套利策略

同行业相对值套利策略，主要根据同一行业两只股票相对价值的差异实现套利。同行业相对值套利策略的基本思路如下。

（1）选择同一行业的两只股票，例如两家手机制造商的股票。

（2）当其中一家公司股票相对低估时，价格处于偏低水平。这时买入该股票。

（3）继续观察同一行业内其他股票的价格走势。

（4）当这两只股票的相对价值趋于正常时，卖出原来的低估股票，买入相对高估的这只股票。

（5）持续观察两只股票相对价值的变化，不断重复以上步骤，从而实现套利。

注意，同行业相对值套利策略的命名可以更清晰地突出此策略依赖同一行业两只股票相对价值的差异，而并非只看绝对价格。这样更方便理解此策略。

案例背景

2020年初，油价市场总体呈"熊市"，油企股价面临下挫压力，细节如下。

- 中国石油化工股份有限公司（600028）是一家大型石化企业，主要业务为炼油和化工。
- 中国石油天然气股份有限公司（601857）是一家大型石油勘探和开采企业，也经营炼油和化工业务。

1月初，受油价下跌影响，两只股票价格下跌。其中：

- 600028 收盘价为 3.60 元人民币；
- 601857 收盘价为 4.10 元人民币。

某交易员观察到：

- 两家公司的业务存在重叠，具有较高相关性；
- 600028 相对于 601857 明显被低估。

该交易员于1月5日，以3.60元的价格买入600028股票10000股。

1月中下旬，600028面临的油气化工压力略小，表现相对理想。1月20日，600028收盘价上涨到3.92元。而601857价格上涨较慢，收盘价为4.30元。该交易员于1月20日，以3.92元的价格卖出600028股票10000股，同时以4.30元的价格买入601857股票10000股。使用这种同行业相对值套利策略，该交易员在2020年油价下跌时期，完成了一次有效的中国石化与中国石油间的套利。

12.6 案例4：中国石油和中国石化配对交易套利过程

下面我们以中国石化和中国石化股票为例介绍一下配对交易套利实施的过程。

12.6.1 清洗数据

两只股票的背景在 12.5 节已经介绍过了，这里不再赘述。

由于两只股票数据过去的途径相同，都需要进行清洗，具体操作请查看 10.3 节清洗中国石化股票数据相关内容。代码如下。

```python
# 原始文件
inputfile = 'data/0600028 股票历史交易数据 .csv'
# 目标文件
outfile =  'data/ 中国石化 .csv'

# 打开原始文件和目标文件
with open(inputfile, 'r') as input_file, open(outfile, 'w') as output_file:
    # 逐行读取原始文件
    for line in input_file:
        # 去除行末的换行符
        line = line.rstrip('\n')
        # 判断是否为空行
        if line:
            # 写入非空行到目标文件
            output_file.write(line + '\n')

print(' 处理完成。 ')
```

程序运行成功后，会在data目录生成"中国石化.csv"，文件内容如图 12-1 所示。可见，已经没有空行数据了。

图 12-1　清洗后的中国石化股票CSV数据文件

12.6.2 读取股票数据

两只股票数据清洗完成后，我们就可以读取股票数据了。读取中国石化股票数据的代码如下。

```python
import pandas as pd
# 数据文件
f =  'data/ 中国石化 .csv'
# 读取中国石化股票历史交易数据
stock1_data = pd.read_csv(f, encoding='gbk', index_col=' 日期 ', parse_dates=True)
# 移除 "股票代码" 和 "名称" 列
stock1_data = stock1_data.drop([' 股票代码 ',' 名称 '], axis=1)
stock1_data = stock1_data.query(' 日期 .dt.year == 2021')

# 重新命名列名
column_mapping = {
    ' 日期 ': 'Date',
    ' 收盘价 ': 'Close',
    ' 最高价 ': 'High',
    ' 最低价 ': 'Low',
    ' 开盘价 ': 'Open',
}
stock1_data = stock1_data.rename(columns=column_mapping)
# 打印前 10 条数据
stock1_data.head(10)
```

使用 Jupyter Notebook 工具运行上述代码，输出 df 数据如图 12-2 所示。

日期	Close	High	Low	Open	前收盘	涨跌额	涨跌幅	换手率	成交量	成交金额	总市值	流通市值
2021-03-23	4.26	4.30	4.22	4.29	4.29	-0.03	-0.6993	0.1405	134253618	5.722791e+08	5.157634e+11	4.070761e+11
2021-03-22	4.29	4.31	4.27	4.27	4.26	0.03	0.7042	0.1586	151597465	6.500290e+08	5.193955e+11	4.099428e+11
2021-03-19	4.26	4.34	4.25	4.34	4.44	-0.18	-4.0541	0.3223	307982059	1.322718e+09	5.157634e+11	4.070761e+11
2021-03-18	4.44	4.46	4.41	4.45	4.46	-0.02	-0.4484	0.1447	138233862	6.125115e+08	5.375562e+11	4.242765e+11
2021-03-17	4.46	4.52	4.44	4.52	4.55	-0.09	-1.9780	0.1572	150215513	6.716877e+08	5.399776e+11	4.261877e+11
2021-03-16	4.55	4.59	4.52	4.58	4.61	-0.06	-1.3015	0.1216	116163072	5.283357e+08	5.508740e+11	4.347879e+11
2021-03-15	4.61	4.62	4.47	4.47	4.48	0.13	2.9018	0.2475	236540480	1.081757e+09	5.581383e+11	4.405213e+11
2021-03-12	4.48	4.52	4.43	4.50	4.48	0.00	0.0000	0.1444	137980472	6.170500e+08	5.423990e+11	4.280988e+11
2021-03-11	4.48	4.49	4.44	4.45	4.42	0.06	1.3575	0.1254	119855260	5.350162e+08	5.423990e+11	4.280988e+11
2021-03-10	4.42	4.51	4.40	4.49	4.52	-0.10	-2.2124	0.1560	149027437	6.643956e+08	5.351347e+11	4.223653e+11

图 12-2　输出 df 数据

读取中国石油股票数据的代码如下。

```python
import pandas as pd
```

```
# 数据文件
f = 'data/ 中国石油 .csv'
# 读取中国石油股票历史交易数据
stock2_data = pd.read_csv(f, encoding='gbk', index_col=' 日期 ', parse_
dates=True)
# 移除 "股票代码" 和 "名称" 列
stock2_data = stock2_data.drop([' 股票代码 ',' 名称 '], axis=1)
stock2_data = stock2_data.query(' 日期 .dt.year == 2021')

# 重新命名列名
column_mapping = {
    ' 日期 ': 'Date',
    ' 收盘价 ': 'Close',
    ' 最高价 ': 'High',
    ' 最低价 ': 'Low',
    ' 开盘价 ': 'Open',
}
stock2_data = stock2_data.rename(columns=column_mapping)
# 打印前 10 条数据
stock2_data.head(10)
```

使用Jupyter Notebook工具运行上述代码，输出df数据，如图 12-3 所示。

日期	Close	High	Low	Open	前收盘	涨跌额	涨跌幅	换手率	成交量	成交金额	总市值	流通市值
2021-03-23	4.32	4.35	4.31	4.35	4.36	-0.04	-0.9174	0.0394	63729753	275666312.0	7.906506e+11	6.995034e+11
2021-03-22	4.36	4.36	4.30	4.31	4.32	0.04	0.9259	0.0464	75187588	325738439.0	7.979715e+11	7.059803e+11
2021-03-19	4.32	4.36	4.30	4.32	4.41	-0.09	-2.0408	0.0902	146109801	632201307.0	7.906506e+11	6.995034e+11
2021-03-18	4.41	4.44	4.41	4.43	4.44	-0.03	-0.6757	0.0479	77613380	343180296.0	8.071225e+11	7.140764e+11
2021-03-17	4.44	4.45	4.39	4.45	4.47	-0.03	-0.6711	0.0574	92878001	410329613.0	8.126131e+11	7.189340e+11
2021-03-16	4.47	4.50	4.44	4.49	4.51	-0.04	-0.8869	0.0574	92965905	414855664.0	8.181038e+11	7.237917e+11
2021-03-15	4.51	4.52	4.43	4.43	4.45	0.06	1.3483	0.0886	143431847	644391276.0	8.254246e+11	7.302686e+11
2021-03-12	4.45	4.48	4.41	4.46	4.44	0.01	0.2252	0.0668	108147674	480526340.0	8.144434e+11	7.205532e+11
2021-03-11	4.44	4.45	4.39	4.42	4.39	0.05	1.1390	0.0658	106602200	471419674.0	8.126131e+11	7.189340e+11
2021-03-10	4.39	4.47	4.39	4.46	4.47	-0.08	-1.7897	0.0722	116971016	518078260.0	8.034621e+11	7.108379e+11

图 12-3　输出 df 数据

12.6.3 两只股票相关性分析

配对交易套利中需要选择相关性高的两只股票。我们可以参考 5.6.2 小节的方法计算两只股票的皮尔逊相关系数（相关行系数）。实现代码如下。

```
import numpy as np
```

```
# 计算相关系数
correlation_matrix = np.corrcoef(stock1_data['Close'], stock2_
data['Close'])
# 提取相关系数
correlation = correlation_matrix[0, 1]
print(' 皮尔逊相关系数: ', correlation)
```

运行程序，输出结果如下。

```
皮尔逊相关系数: 0.9330312695712456
```

从运行结果可见，皮尔逊相关系数为 0.9330312695712456，接近于 1，这表示两只股票之间存在非常强的线性相关性。高度相关的股票对可以作为潜在的配对，对其进行进一步的分析和交易策略的开发。

12.6.4 使用ChatGPT对相关性进行分析

针对 12.6.3 节的皮尔逊相关系数为 0.9330312695712456，我们还可以让 ChatGPT 帮助分析一下，以获得更多的参考意见。

♁ 我们向 ChatGPT 发送如下问题：

两只股票的收盘价的皮尔逊相关系数为 0.9330312695712456，帮助分析一下。

---

⑤ ChatGPT 的回答如下。

当两只股票的收盘价的皮尔逊相关系数为 0.9330312695712456 时，这表明它们之间存在较强的正相关关系。

这个相关系数接近于 1，意味着两只股票的收盘价在很大程度上同时上涨或下跌。这种正相关性可能源于它们属于相同行业、受到相似的市场因素影响或存在其他共同的影响因素。

这种强正相关性对于投资者来说可能具有一些潜在的意义。当一只股票的价格上涨时，另一只股票的价格也有较高的可能性上涨，这意味着可以通过同时持有这两只股票来分散风险并获得更好的回报。

然而，需要注意的是，相关性并不能完全预测未来的股价走势。相关系数只是描述过去的数据之间的关系，并不能保证这种关系会持续下去。因此，在使用相关性进行投资决策时，还需要考虑其他因素，如基本面分析、技术分析和市场环境等。

此外，相关系数仅衡量线性关系，可能无法捕捉到非线性的关系。因此，如果两只股票之间存在非线性的关系，皮尔逊相关系数可能不是最适合的度量指标。

最终的投资决策应该基于全面的研究和分析，包括考虑风险和回报的因素。建议在进行任何投资之前，咨询专业的金融顾问或进行更深入的市场研究。

从 ChatGPT 的分析结果可见，两只股票的相关性很高。

12.6.5 回测股票历史数据

回测是在历史数据的基础上进行的。在量化交易中，回测是一种评估和验证交易策略的方法，通过使用历史市场数据来模拟和测试交易策略的表现。回测的目的是评估交易策略在过去的市场环境中的表现，从而判断其潜在的盈利能力和风险水平。

在回测过程中，首先需要获取历史市场数据，包括股票价格、交易量等信息。然后，根据制定的交易策略，模拟按照策略进行交易的过程，计算交易的收益和风险指标，例如累计收益率、最大回撤等。通过分析回测结果，可以评估交易策略的有效性、稳定性和风险水平，并做出相应的调整和优化。

需要注意的是，回测结果仅基于历史数据进行模拟和评估，不能保证未来表现一致。市场条件会发生变化，历史数据可能无法准确预测未来的市场走势。因此，在进行回测时，需要谨慎评估策略的可靠性，并结合其他分析方法和风险管理措施进行决策。

回测两只股票的历史数据，代码如下。

```
stock1_prices = stock1_data['Close']
stock2_prices = stock2_data['Close']

# 回测两只股票的历史数据
# 将价格数据转换为 DataFrame
data = pd.DataFrame({'stock1': stock1_prices, 'stock2': stock2_prices})
                                                                        ①

# 计算两只股票的价格差异（spread）
spread = data['stock1'] - data['stock2']    ②

# 计算价格差异的均值和标准差
mean_spread = spread.mean()                 ③
std_spread = spread.std()                   ④

# 定义配对交易策略的信号
threshold = 1.5   # 设置价格差异的阈值
entry_zscore = 1.0   # 设置进入交易的 z-score 阈值
exit_zscore = 0.0   # 设置退出交易的 z-score 阈值

# 定义一个函数来执行配对交易策略
def pairs_trading_strategy(data, mean_spread, std_spread, threshold, entry_
zscore, exit_zscore):                       ⑤
    # 计算当前价格差异的 z-score
```

```
    current_spread = data['stock1'] - data['stock2']          ⑥
    zscore = (current_spread - mean_spread) / std_spread      ⑦

    # 获取最新的 zscore 值
    latest_zscore = zscore.iloc[-1]                           ⑧

    # 判断是否满足进入交易条件
    if latest_zscore > entry_zscore and np.abs(latest_zscore) > threshold:
                                                              ⑨
        # 执行买入 stock1、卖空 stock2 的交易操作
        print("进入交易：买入 中国石化，卖空 中国石油")

    # 判断是否满足退出交易条件
    if np.abs(latest_zscore) < exit_zscore:                   ⑩
        # 执行平仓交易操作
        print("退出交易：平仓")

# 遍历每个时间点，执行配对交易策略
for timestamp, row in data.iterrows():                        ⑪
    pairs_trading_strategy(data.loc[:timestamp], mean_spread, std_spread,
threshold, entry_zscore, exit_zscore)                         ⑫
```

运行程序，输出结果如下。

```
进入交易：买入 中国石化，卖空 中国石油
进入交易：买入 中国石化，卖空 中国石油
进入交易：买入 中国石化，卖空 中国石油
进入交易：买入 中国石化，卖空 中国石油
进入交易：买入 中国石化，卖空 中国石油
```

上述代码解释如下。

- 代码第①行将两只股票的价格数据转换为一个DataFrame对象，并命名为"data"。该 DataFrame包含两列，"stock1"列对应第一只股票的价格，"stock2"列对应第二只股票的 价格。
- 代码第②行计算了两只股票的价格差异（spread），通过从data中获取"stock1"列和"stock2" 列的差异。结果保存在spread变量中。
- 代码第③行使用spread的mean()方法计算了价格差异的均值，并将结果保存在mean_spread 变量中。
- 代码第④行使用spread的std()方法计算了价格差异的标准差，并将结果保存在std_spread变

量中。

- 代码第⑤行定义了一个名为 "pairs_trading_strategy" 的函数，该函数用于执行配对交易策略。函数接受 data、mean_spread、std_spread、threshold、entry_zscore 和 exit_zscore 等参数。

- 代码第⑥行计算当前价格差异的 z-score，通过从 "data" 中获取 "stock1" 列和 "stock2" 列的差异，并将结果保存在 current_spread 变量中。

- 代码第⑦行计算 z-score，即当前价格差异与均值之间的差异除以标准差，并将结果保存在 zscore 变量中。

- 代码第⑧行通过 zscore 的 iloc[-1] 方法获取最新的 z-score 值，并将结果保存在 latest_zscore 变量中。

- 代码第⑨行判断是否满足进入交易条件。如果 latest_zscore 大于 entry_zscore 并且其绝对值大于 threshold，则打印 "进入交易：买入 中国石化，卖空 中国石油"。

- 代码第⑩行判断是否满足退出交易条件。如果 latest_zscore 的绝对值小于 exit_zscore，则打印 "退出交易：平仓"。

- 代码第⑪行使用 data.iterrows() 遍历每个时间点和对应的行数据。

- 代码第⑫行调用 pairs_trading_strategy 函数执行配对交易策略，传递相应的参数。此处是逐步回测的过程，通过 data.loc[:timestamp] 获取当前时间点之前的数据进行回测。

12.6.6 使用ChatGPT对回测结果进行分析

对回测结果进行分析，目的是评估和验证一个交易策略的有效性和可行性。通过回测，我们可以模拟在历史数据上执行交易策略，以评估其过去的表现。对回测结果进行分析的目的和意义在于评估交易策略的有效性、确定风险水平、优化策略并为投资决策提供依据。通过分析回测结果，我们可以更加全面地了解交易策略的潜在表现和可行性，从而做出更明智的投资决策。

我们可以利用ChatGPT对回测结果进行分析，以获得更多的参考意见。

📡 我们向 ChatGPT 发送如下问题。

两只股票的回测股票历史数据结果如下，帮我分析一下：

进入交易：买入 中国石化，卖空 中国石油

进入交易：买入 中国石化，卖空 中国石油

进入交易：买入 中国石化，卖空 中国石油

进入交易：买入 中国石化，卖空 中国石油

进入交易：买入 中国石化，卖空 中国石油

---

⑤ ChatGPT 的回答如下。

根据提供的回测结果，可以看到在每个时间点都触发了交易信号，执行了买入中国石化和

卖空中国石油的操作。这意味着根据配对交易策略的条件判断，价格差异的 z-score 值超过了进入交易的阈值，并且超过了价格差异的阈值。

这种交易策略的目的是通过利用两只股票之间的价格差异进行交易。当价格差异超过一定阈值时，说明两只股票的价格偏离了正常的均衡状态，可以尝试通过买入一只股票的同时卖空另一只股票的方式进行配对交易。在这种策略下，交易者以买入中国石化和卖空中国石油的方式进行交易。

然而，仅凭提供的回测结果很难对该交易策略的绩效进行全面评估。如果交易者希望进行更深入的分析，可以考虑以下几个方面。

（1）背景研究：了解选定股票的基本面和市场环境，例如行业相关性、公司业绩等。这有助于更好地理解股票之间的关系及可能导致价格差异的因素。

（2）绩效评估：通过计算回报率、风险指标（如波动性）和其他相关的金融指标评估交易策略的绩效。这可以帮助交易者确定该策略的盈利能力和风险水平。

（3）参数优化：尝试不同的阈值和参数值，观察其对交易信号的影响。通过回测不同的参数组合，可以寻找最佳的参数设置，从而提高策略的表现。

（4）风险管理：考虑使用风险管理技术，如止损订单、头寸规模控制和分散投资，以保护资本并降低风险。

以下是 ChatGPT 的分析结果：

这些交易信号只是策略的一部分，对于完整的分析和决策，建议结合更多的数据和指标进行评估。投资和交易涉及风险，建议在实际交易之前进行更全面的研究和评估，并在需要时咨询专业的金融顾问。

12.7 本章总结

本章介绍了套利交易策略，包括概念和实施过程，以及如何借助 ChatGPT 进行支持。我们讨论了不同类型的套利策略，例如股票套利和汇率套利，并提供了多个案例来说明这些策略的实施。通过这些案例，我们强调了 ChatGPT 在套利交易中的作用，包括决策支持和结果分析。这有助于读者了解套利策略的基本原理和实施方法，以及如何利用 ChatGPT 来辅助决策和分析。

AI
时代
Python 量化交易实战
ChatGPT 让量化交易插上翅膀

第 13 章

机器学习策略

机器学习策略是指将机器学习算法和技术应用于金融交易和投资决策的方法。它利用机器学习模型从历史数据中学习模式和规律，并生成交易信号或预测市场走势。机器学习策略可以应用于股票、期货、外汇等金融市场，以及各种交易频率和投资风格。

13.1 机器学习策略中的主要概念

在机器学习策略中经常涉及一些重要概念。以下是对这些概念内容的介绍。

（1）特征工程：特征工程是指从原始数据中提取和构造有意义的特征，用于机器学习模型的输入。好的特征工程可以帮助提高模型的性能和泛化能力，常见的特征工程包括技术指标计算、滑动窗口统计、数据标准化等。

（2）标签：标签是机器学习模型的目标变量，即要进行预测或分类的结果。在金融领域，标签可以是价格涨跌、趋势方向、买卖信号等。

（3）监督学习和无监督学习：监督学习是一种通过已知的输入和输出数据训练模型的方法。它可以用于预测连续值（回归问题）或离散值（分类问题）。无监督学习则是从无标签的数据中寻找隐藏的模式和结构，如聚类和降维。

（4）训练集、验证集和测试集：训练集是用于模型训练的数据集，验证集用于调整模型的超参数和评估模型的性能，测试集用于最终评估模型的泛化能力。这种数据集的划分可以帮助评估模型在未见过的数据上的表现。

（5）过度拟合和欠拟合：过度拟合是指模型过度地拟合了训练数据，导致在未见过的数据上表现不佳。欠拟合则是指模型没有充分拟合训练数据，无法捕捉数据中的复杂模式。解决过度拟合和欠拟合的方法包括增加训练数据、正则化、调整模型复杂度等。

（6）泛化能力：模型的泛化能力指模型在未见过的数据上的表现能力。好的泛化能力意味着模型能够准确地预测新的数据样本。

（7）基于规则的策略与机器学习策略的比较：基于规则的策略是根据人工定义的规则和指标制定交易策略，而机器学习策略则是通过模型学习历史数据中的模式和规律制定交易策略。相对于基于规则的策略，机器学习策略更具灵活性和适应性，并能够从大量的数据中挖掘非线性关系。

以上是机器学习策略中的一些主要概念。这些概念在机器学习策略的理解和应用中起着重要的作用，可以帮助交易者构建有效的交易模型和策略。

13.2 机器学习策略分类

机器学习策略可以分为以下几类。

（1）分类策略。利用机器学习分类算法，比如 Logistic 回归、决策树、SVM 等，建立分类模型预测股票价格上涨还是下跌。根据分类结果制定交易决策。这种策略直接利用分类结果进行买卖，交易信号明显。

（2）回归策略。利用线性回归、岭回归等回归模型，建立股票价格与影响因素之间的映射关系。利用预测的股票价格制定交易策略。回归策略预测的是具体的股票价格，但准确度一般要低于分类策略。

（3）文本分析策略。利用自然语言处理手段分析相关文字信息，比如新闻报道、社交媒体等，提取有价值的信号和信息。辅助制定股票交易策略。

（4）聚类策略。利用K-means聚类等算法，将股票分为不同的群组。根据群组特征制定相应的交易策略。

（5）集成策略。综合利用上述多种机器学习策略，构建一个整体的交易决策系统。利用多个模型相互监督、补充不足，提高整体的准确性和鲁棒性。

以上概括了机器学习在股票交易领域广泛应用的几种策略类型。每种策略有其优劣势，与人工智能结合是一个有效方式。

下面我们重点介绍分类策略和回归策略。

13.3　分类策略

分类策略利用分类模型预测股价上涨还是下跌，这是最直接也是最简单的机器学习策略，只需要收集涉及股票因素的特征数据（如价格数据、量价数据等），然后建立分类模型，通过交叉验证和测试，选取表现最好的模型，根据预测结果，即可制定简单的买卖交易策略。实现这个策略的关键就在于选取合适的分类模型和特征数据。

13.3.1　Python机器学习库

在Python中，有很多常用的机器学习库可供使用。以下是一些常见的机器学习库。

（1）Scikit-learn：它是一个广泛使用的机器学习库，提供各种常用的机器学习算法和工具，包括分类、回归、聚类、降维、模型选择和评估等功能。

（2）TensorFlow：它是一个开源的深度学习库，广泛应用于构建和训练神经网络模型。它提供丰富的工具和API，使开发人员可以轻松地构建各种深度学习模型。

（3）Keras：它是一个高级神经网络库，建立在TensorFlow之上。它提供简洁的API，使构建和训练神经网络模型变得更加容易。

（4）PyTorch：它是另一个常用的深度学习库，具有动态计算图的特性，使模型的构建和调试更加灵活和直观。

（5）XGBoost：它是一个梯度提升库，可用于解决分类、回归和排序等问题。它具有高效、准确和可扩展的特点，在Kaggle等数据竞赛中得到了广泛应用。

（6）LightGBM：它是另一个梯度提升库，具有较高的训练速度和内存利用率。它在处理大规模数据集时表现出色，并支持分类、回归和排名等任务。

（7）CatBoost：它是一个基于梯度提升的机器学习库，专注于处理分类任务。它具有自适应学习率和处理类别特征的能力，同时支持GPU加速。

这只是一小部分常用的机器学习库，我们可以根据具体的需求和问题，选择适合的库进行开发和实验。

下面我们重点介绍Scikit-learn库的使用。

首先，需要安装Scikit-learn库。其可以使用pip指令进行安装，如图 13-1 所示。

图 13-1　安装 Scikit-learn 库

13.3.2 机器学习策略实施过程

使用机器学习策略预测股票走势的实施过程，可以按照以下步骤进行。

（1）收集数据：收集股票的历史交易数据，包括每日的开盘价、收盘价、最高价、最低价、成交量等信息。可以从财经网站、数据供应商或金融API获取这些数据。

（2）数据预处理：对收集的原始数据进行预处理，包括缺失值处理、异常值处理、特征选择等。确保数据的质量和完整性。

（3）特征工程：根据股票市场的特点和领域知识，进行特征工程，提取与股票走势相关的特征。这些特征可以包括技术指标（如移动平均线、相对强弱指标等）、基本面数据（如财务指标、行业数据等）及其他市场数据（如宏观经济指标、市场情绪指标等）。

（4）划分训练集和测试集：将数据集划分为训练集和测试集，用于模型的训练和评估。通常可以采用时间序列划分方法，将较早的数据作为训练集，将较新的数据作为测试集。

（5）选择模型：根据问题的需求和数据的特点，选择适合的机器学习模型。常见的模型包括线性回归、逻辑回归、支持向量机、决策树、随机森林、梯度提升树等。

（6）模型训练：使用训练集对选定的模型进行训练。根据模型的类型，可以使用相应的优化算法和训练策略进行模型参数的调整和优化。

（7）模型评估：使用测试集对训练好的模型进行评估，计算模型的预测准确率、精确率、召回率、F1 值等指标，评估模型的性能。

（8）模型调优：根据评估结果，对模型进行调优，例如调整模型的超参数、改进特征工程方法、采用集成学习方法等。

（9）预测股票走势：使用训练好的模型对未来的股票走势进行预测。根据模型的输出结果，可以进行买入、卖出或持仓等交易决策。

（10）回测和优化：对预测结果进行回测和优化，评估策略的实际效果。可以根据实际交易情况进行调整和改进，进一步提升策略的盈利能力。

以上是机器学习策略实施的一般过程，具体的实施步骤和方法可能因项目而异。在实际应用中，还需要考虑风险管理、资金管理、交易成本等因素，并不断优化和改进策略，以实现更好的投资回报。

13.3.3 案例1：使用分类策略预测苹果股票走势

Logistic 回归是分类策略一种，下面我们通过 Logistic 回归策略预测苹果股票走势。

Logistic 回归是一种常用的分类算法，用于解决二分类问题。它基于 Logistic 函数（也称为 Sigmoid 函数）进行分类预测。

具体实施过程如下。

1. 模型训练

准备好数据后，我们就可以训练模型了，具体代码如下。

```python
import pandas as pd
from sklearn.model_selection import train_test_split
from sklearn.preprocessing import StandardScaler
from sklearn.linear_model import LogisticRegression
from sklearn.pipeline import Pipeline
from sklearn.impute import SimpleImputer
from sklearn.metrics import accuracy_score
import joblib


# 数据准备和处理
data = pd.read_csv('data/AAPL.csv')
data['Close'] = data['Close'].str.replace('$', '').astype(float)
data['Open'] = data['Open'].str.replace('$', '').astype(float)
data['High'] = data['High'].str.replace('$', '').astype(float)
data['Low'] = data['Low'].str.replace('$', '').astype(float)


# 创建标签列
data['Label'] = data['Close'].diff().gt(0).astype(int)   ①


# 提取特征和目标变量
X = data[['Volume', 'Open', 'High', 'Low']]               ②
```

```
y = data['Label']                                          ③

# 划分训练集测试集
X_train, X_test, y_train, y_test = train_test_split(X, y, test_size=0.3,
random_state=1)                                            ④

# 构建 Pipeline
pipe = Pipeline([                                          ⑤
    ('imputer', SimpleImputer(strategy='mean')),
    ('scaler', StandardScaler()),
    ('model', LogisticRegression())
])

# 模型训练
pipe.fit(X_train, y_train)                                 ⑥

# 保存模型
joblib.dump(pipe, 'model.pkl')                             ⑦

# 测试集预测
y_pred = pipe.predict(X_test)                              ⑧

# 准确率
accuracy = accuracy_score(y_test, y_pred)                  ⑨
print(f"准确率: {accuracy}")
```

运行上述程序, 结果如下。

```
准确率: 0.7834101382448848
```

程序运行后, 会在当前目录下生成模型文件 "model.pkl", 这是我们训练模型的结果, 它会在时间预测的时候使用。

上述代码的解释如下。

- 代码第①行在原始数据中, 通过计算 "Close" 列的差分, 将结果是否大于 0 转换为布尔类型, 并将其转换为整数类型。这样创建了一个名为 "Label" 的新列, 用于表示股票价格上涨 (1) 或下跌 (0)。
- 代码第②行从处理后的数据中, 选择包含特征的列, 即 "Volume" "Open" "High" 和 "Low" 列, 将其存储在变量 X 中。
- 代码第③行从处理后的数据中, 选择 "Label" 列, 将其存储在变量 y 中, 作为目标变量。
- 代码第④行使用 train_test_split 函数将特征变量 X 和目标变量 y 划分为训练集和测试集, 其中测试集占总数据的 30%。划分的结果存储在变量 X_train、X_test、y_train 和 y_test 中。

- 代码第⑤行使用 Pipeline 构建一个流水线，其中包含数据填补（SimpleImputer）、特征标准化（StandardScaler）和逻辑回归模型（LogisticRegression）这三个步骤。每个步骤都有一个名称，分别为“imputer”“scaler”和“model”。
- 代码第⑥行使用流水线的 fit 方法对训练集进行拟合，即对数据进行填补、标准化，并使用逻辑回归模型进行训练。
- 代码第⑦行使用 joblib.dump 将训练好的流水线模型保存到文件“model.pkl”中。
- 代码第⑧行使用训练好的模型对测试集 X_test 进行预测，得到预测结果“y_pred”。
- 代码第⑨行使用 accuracy_score 函数计算预测结果“y_pred”与真实标签“y_test”之间的准确率，并将准确率存储在变量 accuracy 中。最后使用 print 函数打印准确率的结果。

提示

训练模型的数据集文件是“AAPL.csv”，如图 13-2 所示。该文件应该具有如下特点。

1. 样本数据：数据集应包含足够数量的样本数据。更多的样本数据可以帮助模型更好地学习数据的模式和关系，从而提高模型的性能和泛化能力。

2. 特征变量：数据集应包含用于训练模型的特征变量。特征变量是描述样本的属性或特征，用于预测目标变量。特征变量可以是数值型、类别型或其他类型的数据。

3. 目标变量：数据集应包含用于训练模型的目标变量（也称为标签或输出变量）。目标变量是要预测或分类的变量。它可以是二元分类、多类分类或连续值。

4. 数据质量：数据集应经过清洗和预处理，以确保数据质量和一致性。这包括处理缺失值、异常值、重复值等数据问题。

5. 数据平衡：对于分类问题，数据集中的类别分布应尽量均衡，避免某个类别过多或过少导致模型偏向于某个类别。

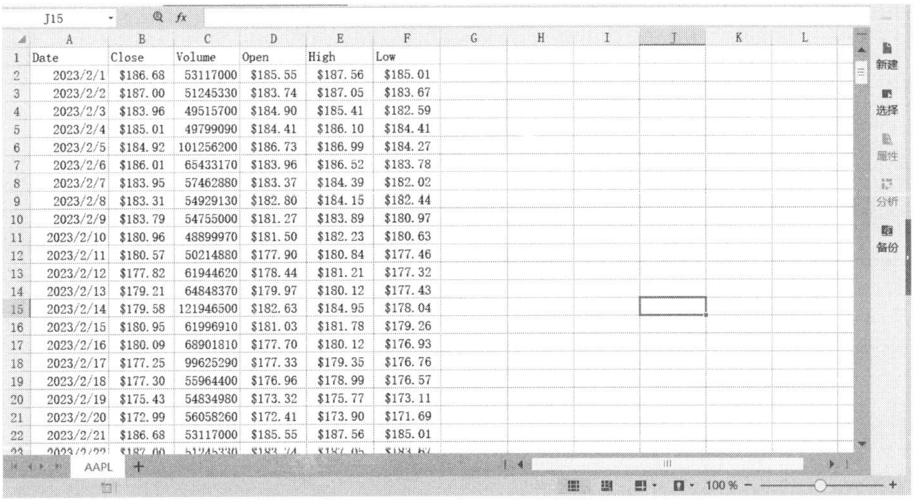

Date	Close	Volume	Open	High	Low
2023/2/1	$186.68	53117000	$185.55	$187.56	$185.01
2023/2/2	$187.00	51245330	$183.74	$187.05	$183.67
2023/2/3	$183.96	49515700	$184.90	$185.41	$182.59
2023/2/4	$185.01	49799090	$184.41	$186.10	$184.41
2023/2/5	$184.92	101256200	$186.73	$186.99	$184.27
2023/2/6	$186.01	65433170	$183.96	$186.52	$183.78
2023/2/7	$183.95	57462880	$183.37	$184.39	$182.02
2023/2/8	$183.31	54929130	$182.80	$184.15	$182.44
2023/2/9	$183.79	54755000	$181.27	$183.89	$180.97
2023/2/10	$180.96	48899970	$181.50	$182.23	$180.63
2023/2/11	$180.57	50214880	$177.90	$180.84	$177.46
2023/2/12	$177.82	61944620	$178.44	$181.21	$177.32
2023/2/13	$179.21	64848370	$179.97	$180.12	$177.43
2023/2/14	$179.58	121946500	$182.63	$184.95	$178.04
2023/2/15	$180.95	61996910	$181.03	$181.78	$179.26
2023/2/16	$180.09	68901810	$177.70	$180.12	$176.93
2023/2/17	$177.25	99625290	$177.33	$179.35	$176.76
2023/2/18	$177.30	55964400	$176.96	$178.99	$176.57
2023/2/19	$175.43	54834980	$173.32	$175.77	$173.11
2023/2/20	$172.99	56058260	$172.41	$173.90	$171.69
2023/2/21	$186.68	53117000	$185.55	$187.56	$185.01

图 13-2　训练模型的数据集文件

2. 模型评估

由前面的运行结果可知，准确率为 0.783410138248848，是不错的结果。可以借助 ChatGPT 帮我们进行分析。

> **我们向 ChatGPT 发送如下问题：**
>
> 我们训练结果如下，帮我分析一下：
> 准确率：0.783410138248848。

⑤ ChatGPT 的回答如下。

根据给出的准确率结果为 0.783410138248848，可以得出模型在测试集上的分类准确率约为 78.34%。准确率是评估分类模型性能的一种常用指标，它表示模型预测正确的样本比例。

这个准确率值可以用来评估模型的整体性能。然而，准确率本身并不能完整地描述模型的表现，因为它没有考虑不同类别之间的分布和重要性。在某些情况下，准确率可能会被其他评估指标如精确度、召回率和 F1 分数所补充。

如果有其他的性能评估指标或更多的上下文信息，我可以提供更详细的分析和解释。

3. 预测股票走势

下面我们就可以进行预测了。笔者准备了新的数据集合 "HistoricalData_1687681340565.csv" 文件，预测代码如下。

```
import pandas as pd
import joblib


# 加载模型
loaded_model = joblib.load('model.pkl')                                    ①
# 新数据准备
new_data = pd.read_csv('data/HistoricalData_1687681340565.csv')            ②
new_data['Close'] = new_data['Close'].str.replace('$', '').astype(float)   ③
new_data['Open'] = new_data['Open'].str.replace('$', '').astype(float)
new_data['High'] = new_data['High'].str.replace('$', '').astype(float)
new_data['Low'] = new_data['Low'].str.replace('$', '').astype(float)       ④


# 删除 Close 和 Date 特征列
new_data.drop('Close', axis=1, inplace=True)                               ⑤
new_data.drop('Date', axis=1, inplace=True)                               ⑥


# 预测结果
predicted_labels = loaded_model.predict(new_data)                         ⑦
```

```
# 输出预测结果
for i, label in enumerate(predicted_labels):                          ⑧
    print(f" 样本 {i+1} 的预测结果: {label}")
```

运行程序，结果如下。

样本 1 的预测结果: 1
样本 2 的预测结果: 1
样本 3 的预测结果: 1
样本 4 的预测结果: 1
样本 5 的预测结果: 0
样本 6 的预测结果: 1
样本 7 的预测结果: 0
样本 8 的预测结果: 0
样本 9 的预测结果: 1
样本 10 的预测结果: 0
样本 11 的预测结果: 0
样本 12 的预测结果: 0
样本 13 的预测结果: 0
样本 14 的预测结果: 1
样本 15 的预测结果: 0
样本 16 的预测结果: 0
样本 17 的预测结果: 0
样本 18 的预测结果: 0
样本 19 的预测结果: 0
样本 20 的预测结果: 0

上述代码解释如下。

- 代码第①行加载之前保存的模型文件"model.pkl"。joblib.load()函数用于从文件中加载模型，将加载的模型存储在loaded_model变量中。
- 代码第②行读取名为"HistoricalData_1687681340565.csv"的新数据文件，并将数据存储在new_data变量中。pd.read_csv()函数用于从CSV文件中读取数据。
- 代码第③④行这些行代码用于对new_data数据集中的Close、Open、High和Low列进行数据处理。"str.replace('$','')"将字符串中的美元符号$替换为空字符串，".astype(float)"将处理后的字符串转换为浮点数类型。
- 代码第⑤⑥行从new_data数据集中删除了Close和Date两列。drop()函数用于删除指定列，"axis=1"表示按列删除，"inplace=True"表示直接在原数据集上进行修改。
- 代码第⑦行使用加载的模型loaded_model对"new_data"进行预测。predict()方法用于对给定的输入数据进行预测，将预测结果存储在predicted_labels变量中。

- 代码第⑧行循环遍历预测结果列表 predicted_labels。enumerate() 函数用于同时获取元素的索引和值，"i"表示索引，"label"表示值。在每次迭代中，代码打印出样本的预测结果。"f'样本 {i+1} 的预测结果：{label}'"使用格式化字符串的方式输出样本索引和对应的预测结果。"i+1"将索引从"0-based"转换为"1-based"，以更符合常规的样本编号方式。

4. 分析结果

对于预测程序的输出结果，可以借助 ChatGPT 帮我们进行分析。

🗨 **我们向 ChatGPT 发送如下问题：**

我们有如下分类策略预测结果，不要考虑其他的原因，就如下结果帮我分析一下：

样本 1 的预测结果：1

样本 2 的预测结果：1

样本 3 的预测结果：1

样本 4 的预测结果：1

样本 5 的预测结果：0

样本 6 的预测结果：1

样本 7 的预测结果：0

样本 8 的预测结果：0

样本 9 的预测结果：1

样本 10 的预测结果：0

样本 11 的预测结果：0

样本 12 的预测结果：0

样本 13 的预测结果：0

样本 14 的预测结果：1

样本 15 的预测结果：0

样本 16 的预测结果：0

样本 17 的预测结果：0

样本 18 的预测结果：0

样本 19 的预测结果：0

样本 20 的预测结果：0

🟢 **ChatGPT 的回答如下。**

从结果我们可以看到：

（1）大部分样本的预测结果为"0"，"0"的占比大约为 65%（13 个"0"，7 个"1"）。

（2）出现"1"的预测结果相对较少，共 7 个样本，占 35%。

整体预测倾向于结果"0","0"的概率较"1"大。

以上分析仅基于提供的预测结果，由于"0"表示"未动"或"跌","1"表示"涨"，所以结果倾向于"跌"。

13.3.4 案例2：使用回归策略预测苹果股票走势

线性回归是一种常用的回归算法，它用于建立自变量（特征）和因变量（目标）之间的线性关系，并用于预测连续型变量的值。

线性回归的目标是找到最佳拟合直线（或超平面），使预测值与真实值之间的差异最小化。这种回归算法基于以下假设：

- 自变量和因变量之间存在线性关系；
- 预测误差服从正态分布；
- 自变量之间相互独立。

具体实施过程如下。

1. 模型训练

准备好数据后，我们就可以训练模型了，具体代码如下。

```python
import pandas as pd
from sklearn.model_selection import train_test_split
from sklearn.linear_model import LinearRegression
from sklearn.metrics import mean_squared_error
import joblib


# 1. 数据准备和处理
data = pd.read_csv('data/AAPL.csv')
data['Close'] = data['Close'].str.replace('$', '').astype(float)
data['Open'] = data['Open'].str.replace('$', '').astype(float)
data['High'] = data['High'].str.replace('$', '').astype(float)
data['Low'] = data['Low'].str.replace('$', '').astype(float)


# 提取特征和目标变量
X = data[['Volume', 'Open', 'High', 'Low']]          ①
y = data['Close']                                     ②


# 划分训练集测试集
X_train, X_test, y_train, y_test = train_test_split(X, y, test_size=0.3,
random_state=1)                                       ③


# 2. 模型训练
```

```
model = LinearRegression()                          ④
model.fit(X_train, y_train)                         ⑤
# 3. 测试集预测
y_pred = model.predict(X_test)                      ⑥
# 4. 模型评估
mse = mean_squared_error(y_test, y_pred)            ⑦
print(f" 均方误差 (MSE): {mse}")                     ⑧

# 保存模型数据
joblib.dump(model, 'model.pkl')                     ⑨
```

运行上述程序，结果如下。

```
均方误差 (MSE): 0.553726274089948
```

程序运行后，会在当前目录下生成模型文件"model.pkl"，这是我们训练模型的结果，它会在时间预测的时候使用。

💡 **提 示**

均方误差（Mean Squared Error，MSE）是一种常用的回归模型评估指标，用于衡量预测值与真实值之间的平均差异程度。

MSE的计算步骤如下。

（1）对于每个样本，计算预测值与真实值之间的差异（残差）。

（2）将每个残差平方。

（3）对所有样本的平方差求平均值。

MSE越小，表示模型的预测值与真实值之间的差异越小，预测性能越好。MSE的值始终为非负数，越接近0表示模型的拟合程度越好。

由于MSE计算残差的平方，它对较大的误差值更加敏感，即较大的误差对MSE的贡献更大。这使MSE在存在离群值（异常值）的数据集中可能会受到影响。

除了MSE，还有其他常用的回归模型评估指标，如均绝对误差（Mean Absolute Error，MAE）、决定系数（Coefficient of Determination）、R方（R-squared）等，可以根据具体需求选择合适的评估指标评估回归模型的性能。

上述代码的解释如下。

- 代码第①行中，使用data[['Volume', 'Open', 'High', 'Low']]选择data DataFrame 中的列"Volume""Open""High""Low"，并将结果存储在变量 X 中。这些列将作为特征变量用于训练模型。

- 代码第②行中的"data['Close']"选择了 data DataFrame 中的"Close"列，并将结果存储在变量 y 中。该列是目标变量，模型将试图预测它。

- 代码第③行 train_test_split 函数将特征变量 X 和目标变量 y 划分为训练集和测试集。"test_size-0.3"表示测试集占总数据集的 30%，而训练集占 70%。"random_state=1"是一个随机种子，用于确保每次运行时划分结果的一致性。将划分后的训练集特征变量、测试集特征变量、训练集目标变量、测试集目标变量分别存储在 X_train、X_test、y_train、y_test 变量中。

- 代码第④行创建了一个 LinearRegression 线性回归模型对象，并将其存储在变量 model 中。

- 代码第⑤行 "model.fit(X_train, y_train)" 用于训练（拟合）线性回归模型。它接受将训练集的特征变量 X_train 和目标变量 y_train 作为输入，并调整模型的参数以适应给定的训练数据。

- 代码第⑥行使用训练好的模型 model 对测试集的特征变量 X_test 进行预测，并将预测结果存储在变量 y_pred 中。

- 代码第⑦行 "mean_squared_error(y_test, y_pred)" 用于计算测试集目标变量 y_test 和预测结果 y_pred 之间的均方误差（MSE）。MSE 是一种衡量回归模型预测性能的指标，它表示预测值与真实值之间的差异程度。

- 代码第⑧行使用打印均方误差（MSE 值）。

- 代码第⑨行使用 "joblib.dump(model, 'model.pkl')" 将训练好的线性回归模型对象 model 保存到名为 "model.pkl" 的文件中，以便后续可以加载该模型并进行预测。

2. 模型评估

由前面运行结果可知，均方误差（MSE）为 0.553726274089948，是不错的结果。我们可以借助 ChatGPT 帮我们进行分析。

⋊ **我们向 ChatGPT 发送如下问题：**

我们训练结果如下，帮我分析一下：

均方误差（MSE）：0.553726274089948

---

⑯ **ChatGPT 的回答如下。**

根据您提供的训练结果，均方误差（MSE）为 0.553726274089948。这个数值表示线性回归模型的预测结果与真实值之间的平均差异程度。

MSE 的值为非负数，越接近 0 表示模型的拟合程度越好。在您的情况下，0.55372627408994 是一个相对较小的 MSE 值，说明您的线性回归模型对于苹果股票走势的预测效果相对较好。

然而，要综合评估模型的性能，建议与其他指标一起考虑。例如，可以使用决定系数（R-squared）衡量模型对目标变量变异性的解释程度，使用平均绝对误差（MAE）衡量模型的绝对预测误差。

　　另外，还需要注意的是，对于特定问题和应用场景，合理的MSE值的判断标准可能会有所不同。因此，建议综合考虑其他因素，如领域知识、业务需求等，评估模型的实际表现和适用性。

3. 预测股票走势

　　下面我们就可以进行预测了。笔者准备了新的数据集合 "HistoricalData_1687681340565.csv" 文件，预测代码如下。

```
import pandas as pd
import joblib

# 加载模型
loaded_model = joblib.load('model.pkl')                                    ①
# 新数据准备
new_data = pd.read_csv('data/HistoricalData_1687681340565.csv')            ②
new_data['Close'] = new_data['Close'].str.replace('$', '').astype(float)   ③
new_data['Open'] = new_data['Open'].str.replace('$', '').astype(float)
new_data['High'] = new_data['High'].str.replace('$', '').astype(float)
new_data['Low'] = new_data['Low'].str.replace('$', '').astype(float)       ④

# 删除 Close 和 Date 特征列
new_data.drop('Close', axis=1, inplace=True)                               ⑤
new_data.drop('Date', axis=1, inplace=True)                               ⑥

# 预测结果
predicted_labels = loaded_model.predict(new_data)                         ⑦

# 输出预测结果
for i, label in enumerate(predicted_labels):                              ⑧
    print(f"样本 {i+1} 的预测结果：{label}")
```

　　运行程序，结果如下。

```
预测结果： 186.8574072889791
预测结果： 186.257860664635
预测结果： 184.10770494393964
预测结果： 185.93719141281886
预测结果： 184.57037449339362
预测结果： 185.60661648948147
预测结果： 183.3857326924576
预测结果： 183.75000533180457
```

预测结果： 183.10016909961496
预测结果： 181.8261013581762
预测结果： 179.94003987015927
预测结果： 179.66272055047042
预测结果： 178.45223991648865
预测结果： 179.95636123056215
预测结果： 180.48631322458314
预测结果： 178.77667060084391
预测结果： 177.62040380763523
预测结果： 178.3089116835725
预测结果： 175.0859834552677
预测结果： 173.17338879527563

上述代码与案例 1 类似，这里不再赘述。

4. 分析结果

对于预测程序的输出结果，可以借助 ChatGPT 帮我们进行分析。

🗨 **我们向 ChatGPT 发送如下问题：**

我们有如下分类策略预测结果，不要考虑其他的原因，就如下结果帮我分析一下：

预测结果：186.8574072889791

预测结果：186.257860664635

预测结果：184.10770494393964

预测结果：185.93719141281886

预测结果：184.57037449339362

预测结果：185.60661648948147

预测结果：183.3857326924576

预测结果：183.75000533180457

预测结果：183.10016909961496

预测结果：181.8261013581762

预测结果：179.94003987015927

预测结果：179.66272055047042

预测结果：178.45223991648865

预测结果：179.95636123056215

预测结果：180.48631322458314

预测结果：178.77667060084391

预测结果：177.62040380763523

预测结果：178.3089116835725

预测结果: 175.0859834552677

预测结果: 173.17338879527563

⑤ ChatGPT 的回答如下。

根据您提供的预测结果，这些值看起来是针对某种指标或目标进行的预测。以下是对这些预测结果的简要分析：

预测结果的范围：根据给出的结果，预测值在大约 173.17 到 186.86 之间变化，涉及某个数值指标的预测。

趋势变化：在这些预测结果中，可以观察到数值的波动和变化，预测值在不同样本中有所不同。

模型评估：由于没有提供实际观测值或真实标签，我们无法准确评估这些预测结果的准确性或性能。因此，无法判断模型的预测能力。

请注意，这些预测结果的分析仅基于提供的数值本身，并且没有考虑其他背景信息、特征工程、模型选择等因素。要全面评估模型的效果和预测能力，需要考虑更多的上下文信息和模型评估指标。

5. 可视化分析

预测结果都是数字，为了能够更加形象地呈现结果，我们可以绘制图表，例如小提琴图表，以便直观地呈现数据的分布情况。

示例代码如下。

```python
import seaborn as sns

# 预测结果数据
predictions = [186.8574072889791, 186.257860664635, 184.10770494393964,
185.93719141281886, 184.57037449339362,
            185.60661648948147, 183.3857326924576, 183.75000533180457,
183.10016909961496, 181.8261013581762,
            179.94003987015927, 179.66272055047042, 178.45223991648865,
179.95636123056215, 180.48631322458314,
            178.77667060084391, 177.62040380763523, 178.3089116835725,
175.0859834552677, 173.1733887952756]

# 绘制小提琴图
sns.violinplot(y=predictions)
```

使用 Jupyter Notebook 工具运行上述代码，输出 df 数据，如图 13-3 所示。这是使用 Seaborn 库绘制的小提琴图，从中可见数据的分布情况。

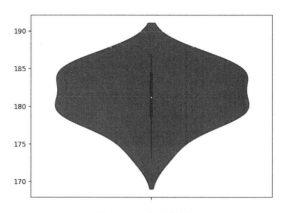

图 13-3　小提琴图

　　直方图也非常适合分析这种数据。Seaborn 的 Dist 图是一种用于可视化单个变量分布的图表，它是直方图和密度图的结合，具体实现代码如下。

```
import seaborn as sns
import matplotlib.pyplot as plt
# 设置中文显示
plt.rcParams['font.family'] = ['SimHei']
plt.rcParams['axes.unicode_minus'] = False
# 预测结果数据
predictions = [186.8574072889791, 186.257860664635, 184.10770494393964,
185.93719141281886, 184.57037449339362,
            185.60661648948147, 183.3857326924576, 183.75000533180457,
183.10016909961496, 181.8261013581762,
            179.94003987015927, 179.66272055047042, 178.45223991648865,
179.95636123056215, 180.48631322458314,
            178.77667060084391, 177.62040380763523, 178.3089116835725,
175.0859834552677, 173.1733887952756]


# 绘制 Dist 图（密度图）
sns.histplot(data=predictions, kde=True)


# 设置图表标题和轴标签
plt.title(' 收盘价分布 ')
plt.xlabel(' 收盘价 ')
plt.ylabel(' 频数 ')


# 显示图表
plt.show()
```

　　使用 Jupyter Notebook 工具运行上述代码，输出 df 数据，如图 13-4 所示。这是使用 Seaborn 库绘制的 Dist 图，从中可见预测价格主要集中在 180 左右。

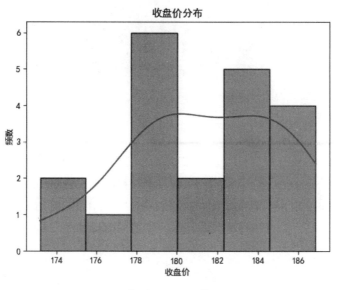

图 13-4 Dist 图

13.4 本章总结

本章介绍了机器学习策略，包括概念、分类和实施。我们讨论了分类策略和回归策略，并通过两个案例展示了它们在预测苹果股票走势中的应用。案例 1 预测涨跌，案例 2 预测价格变动。这些策略通过数据准备、特征选择、模型训练和评估等步骤实施。通过本章，读者可以了解机器学习策略的基本原理和实施方法，以及如何在金融市场中运用它们进行决策支持。再简化。